海南澄迈方言研究

张惠英　冯冬梅　吴正伟　著

中国社会科学出版社

图书在版编目（CIP）数据

海南澄迈方言研究 / 张惠英等著. —北京：中国社会科学出版社，2023.1
ISBN 978-7-5227-1201-7

Ⅰ.①海… Ⅱ.①张… Ⅲ.①闽语–方言研究–澄迈县 Ⅳ.①H177

中国版本图书馆 CIP 数据核字（2023）第 005215 号

出 版 人	赵剑英
责任编辑	张　林
责任校对	季　静
责任印制	戴　宽

出　　版	中国社会科学出版社
社　　址	北京鼓楼西大街甲 158 号
邮　　编	100720
网　　址	http://www.csspw.cn
发 行 部	010-84083685
门 市 部	010-84029450
经　　销	新华书店及其他书店
印　　刷	北京明恒达印务有限公司
装　　订	廊坊市广阳区广增装订厂
版　　次	2023 年 1 月第 1 版
印　　次	2023 年 1 月第 1 次印刷
开　　本	710×1000　1/16
印　　张	14
插　　页	2
字　　数	261 千字
定　　价	79.00 元

凡购买中国社会科学出版社图书，如有质量问题请与本社营销中心联系调换
电话：010-84083683
版权所有　侵权必究

《海南澄迈方言研究》
编辑委员会

顾　问：陈颖镇
主　任：王谋炳　　傅　敏
副主任：蔡星美　　吴克宝　　王思雄
编　委：李　子　　颜为文　　沈　冰

序

澄迈是海南三大文明古县之一，原名苟中县，自西汉元封元年（公元前 110 年）置县，至今已有 2132 年，史脉久远，人文炽盛，历史文化底蕴深厚。近年来，澄迈坚持贯彻新发展理念，抢抓海南自由贸易港建设东风，经济持续健康发展，随着对外人文交流日益密切，本土文化正在发生潜移默化的演变。在这样一个大背景下，如何传承好、弘扬好澄迈的优秀传统文化，是澄迈县政协面临的重要课题。

一直以来，澄迈县政协高度重视并不断加强对澄迈本土文化的研究、挖掘和宣扬工作，先后出版了《澄迈百村》《澄迈地名逸事》《澄迈政协志》等书籍，在文化传承与发展方面取得了一些成绩，但我们清醒地认识到，文化的传承与发展是一项长期性工作，仍需从多个角度付诸努力。

恰逢 2019 年海南省教育厅启动语言保护项目，海南师范大学专业从事语言研究工作的张惠英教授带着她的团队来到了澄迈县做调查，接洽她的正是澄迈县政协常委、澄迈教研中心教研员、民盟澄迈支部主委王思雄同志。王思雄为张惠英教授在澄开展"语保"工作给予了大力支持，不仅提供了大量参考资料，还帮助精选了张太卿、邱珠、王亮、余思琦、吴坤鹏、李颜舟等 6 位发音人，协助团队开展摄制录音等工作。张惠英教授作为方言专业工作者，在整个团队的密切配合下，顺利完成了 1000 个单字、1200 组词汇、50 句语法例句的"语保"任务，且纸笔调查部分被评为"优秀"。从这个角度来说，张惠英教授是当之无愧的方言调查专家。

2022 年初，澄迈县政协文化文史和学习委员会召集相关界别委员座谈，征求 2022 年度编撰出版文史类书籍的意见，由澄迈县政协支持张惠英教授将澄迈"语保"项目成果进行拓展丰富，出版《海南澄迈方言研究》一书。最终，在澄迈县政协的大力支持下，在张惠英教授团队和发音人的辛勤付出下，历时半年调查和撰写，历经三版校对，《海南澄迈方言研究》顺利交稿。借此机会，我们由衷地向所有为出版本书提供帮助的人，特别是向张惠英教授表示感谢，感谢你们的专业、热爱和坚持。

本书是关于海南闽语澄迈话的小册子，是一本工具书，包括语音、词汇、语法等多方面的描写和分析。我们期望能通过出版本书，为后人留下相对纯正的发音参考。由于调查还不够深入，语料占有还不够丰厚，我们仅以县城金江地区的发音为调查重点，将其作为一种尝试，作为研究澄迈方言的一个开始。我们期盼有更多热爱澄迈的人行动起来，通过各自擅长的方式，继续对本书深加耕耘，为本地区文化传承与发展作出新的更大贡献。

政协澄迈县委员会
2022 年 11 月 18 日

目 录

引论　澄迈地理、方言概述 ··· 1
第一章　语音 ··· 3
　第一节　声韵调系统 ··· 3
　　一　声母、韵母、声调 ··· 3
　　二　音系说明 ··· 4
　　三　声母韵母有连读变音 ·· 5
　第二节　澄迈方言语音演变特点 ······································· 7
　　一　声母 ··· 7
　　二　韵母 ·· 15
　　三　声调 ·· 17
　第三节　音节表 ·· 20
　第四节　同音字表 ··· 37
　第五节　训读字 ·· 59
第二章　词汇 ·· 65
　第一节　分类词汇 ··· 65
　　一　天文 ·· 65
　　二　地理 ·· 65
　　三　时令　时间 ··· 66
　　四　农事 ·· 68
　　五　植物 ·· 69
　　六　动物 ·· 70
　　七　房屋器具 ·· 71
　　八　人品 ·· 73
　　九　亲属 ·· 74
　　十　身体 ·· 74
　　十一　病痛　医疗 ·· 76
　　十二　衣服穿戴 ··· 76
　　十三　饮食 ··· 77

十四　红白大事	78
十五　迷信	78
十六　讼事	78
十七　日常生活	79
十八　交际	79
十九　商业	80
二十　文化教育	81
二十一　游戏	81
二十二　动作	82
二十三　位置	84
二十四　代词等	84
二十五　形容词	85
二十六　副词等	85
二十七　次动词等	86
二十八　儿化举例	86
二十九　量词	86
三十　数字等	87
第二节　常用词语解读	88
一　屋（宿）	88
二　徛（站）；住（徛；蹲）	89
三　我 va^{42}、我侬（我侬 va^{42}naŋ^{31}）、咱们（侬侬）	90
四　糒、粄	93
五　瞌	95
六　牸	96
七　乃（只，才，就，再）	96
八　棍（骗）	101
九　凑	102
十　伯（父）、姆（伯母：源自"奶"）	107
十一　舌头、舔（钱）	110
第三章　语法	112
第一节　语法例句 50 句（老男）	112
第二节　语法例句 200 例	117
一	117
二	119
三	121

四 ··· 123
　　　五 ··· 125
　　　六 ··· 128
　　　七 ··· 129
　第三节　语法提要 ·· 136
　　　一　澄迈话指示词即 tɕi$^{55/33}$ ································ 136
　　　二　否定词"勿" ··· 140
　　　三　量词"个" ·· 144
　　　四　能愿动词"味 ve^{22}、密 mi^{55}/mi^{33}、匿 ȵi^{33}" ······ 151
　　　五　"在、有"音 du^{44} / u^{44}，来自"住" ·················· 159
　　　六　句首"了"（接续）、句中句尾"了"（完成） ············ 163
第四章　口语语料 ·· 167
　　　一　碰糕（吴坤朋发音） ·· 167
　　　二　公期（李颜舟发音） ·· 168
　　　三　山好水好（邱珠发音） ····································· 173
　　　四　小时候（邱珠发音） ·· 178
　　　五　过年（邱珠发音） ··· 181
　　　六　在宫院（邱珠发音） ·· 189
　　　七　拾贰月（邱珠发音） ·· 192
　　　八　忆当年（邱珠发音） ·· 197
　　　九　牛郎和织女（王亮发音） ·································· 199
　　　十　我家今年（邱珠发音） ····································· 203
参考文献 ··· 211

引论　澄迈地理、方言概述

澄迈县位于海南岛西北部，地处北纬 19°23′—20°01′，东经 109°45′—110°15′。北临琼州海峡，东接海口市、定安县，南邻屯昌县、琼中县，西连儋州市、临高县。陆地东西宽 56.25 千米，南北长 70 千米，全县陆地总面积 2072 平方千米，海域面积 470.53 平方千米。

2020 年，全县年末户籍总人口 575232 人，其中男性 310838 人，女性 264394 人。2020 年第七次全国人口普查，全县常住人口 497953 人。

2020 年，全县民族种类 35 个，其中汉族常住人口 488129 人，占总人口的 98.03%，少数民族人口 9781 人，占总人口的 1.96%，其中黎族人口为最多，有 5319 人。其他依次是壮族 1596 人，苗族 1383 人，瑶族 237 人。苗族、瑶族分布在少数村镇，黎语主要分布在老城镇、仁兴镇。苗语分布在金江镇、老城镇、仁兴镇、福山镇。他们都兼通汉语普通话和海南话。

本县的汉语方言属闽语区琼文片府城小片。各处乡镇有当地的口音。互相都能听懂。

附　方言发音人
（一）方言中老年男
姓名：张太卿
单位：海南省澄迈县第二中学
出生年月：1959 年 10 月
出生地：海南省澄迈县金江镇第一居委会
文化程度：师专
职业：教师
（二）方言中老年女
姓名：邱珠
单位：家庭妇女
出生年月：1965 年 1 月
出生地：海南省澄迈县金江镇

文化程度：中学

职业：家庭妇女

（三）方言青男

姓名：王亮

单位：澄迈县委统一战线工作部

出生年月：1994年10月

出生地：海南省澄迈县金江镇向阳小区

文化程度：大专

职业：公务员

（四）方言青女

姓名：余思琦

单位：澄迈县金江大拉幼儿园

出生年月：1991年6月

出生地：海南省澄迈县金江镇

文化程度：大学本科

职业：幼儿园教师

（五）方言男

姓名：吴坤朋

出生年月：1999年

出生地：海南省澄迈县老城镇

职业：海南师范大学学生

（六）方言女

姓名：李颜舟

出生年月：1999年

出生地：海南省澄迈县老城镇

职业：海南师范大学学生

第一章 语音

第一节 声韵调系统

一 声母、韵母、声调

声母 22 个

ɓ 八飞病爬赔	m 明问糜（饭）	f 蜂法犯	ɸ 派片婆泼匹 v 味月副麦
ɗ 东多甜毒竹茶	t 想谢丝三城	n 南脑软	l 老蓝连路
ts 姐井静	s 草贼全床初清		z 热用余
tɕ 张酒钱借	ɕ 手抽车	ȵ 女弱	ʑ 日炎认
k 高共九县	g 牛鹅	ŋ 熬硬牙	h 好响权讨 ɦ 天年云货瓦
ø 安温药王			

（注：青男王亮，少了声母ɸ，并入声母 f。有卷舌清擦音ʂ"锄冲充除畜初柴"。青男吴坤朋，声母g都发成k，如"牛鹅咳个"等。）

韵母 47 个

	i 丝戏试年	u 猪副书鱼
a 饱鸭搭拍拉杂	ia 写瓦谢壁席	ua 山官辣活
e 坐茶星师捏	ie 截	
ɔ 歌糖宝托	iɔ 笑桥尺叶	
ai 排母爱海		uai 鞋眉块肺
au 豆走脑老	iau 表交孝校	
oi 赔贝八雪		
ɔu 苦五雨布		
	iu 油手酒抽	
		uei 开皮几鬼
am 贪潭南暗	iam 杉减咸尖	
	iəm 浸心沉林	

ɔm 蘁
an 难脍单兰　　　　　　　　　　　　uan 宽欢惯全
　　　　　　　　in 变品面藤凳　　　un 暖船分春
aŋ 重蜂封侬　　　iaŋ 双江窗章　　　uaŋ 光慌王旺
eŋ 证升剩兴灯
oŋ 猛棚讲通　　　ioŋ 凶熊雄
ap 鸽盒十　　　　iap 接贴协汁
　　　　　　　　iəp 立习集急
ɔp 簏（罩）
at 法达歇节　　　iat 跌一　　　　　uat 挖刷刮绝
　　　　　　　　it 七别列得　　　　ut 脱滑骨出
ak 刻塞目北　　　iak 烛赎曲绿菊　　uak 郭
ek 色测格益
　　　　　　　　ik 特得直极
ɔk 霍握或国局粥　iok 肉叔石
（模仿普通话的韵母 er 等不计在内）

声调 9 个
1. 阴平 22：东该灯风　通开天春　路乱靴豆料庙轿味卖
2. 阳平 31：门龙牛油　铜皮糖红
3. 阴上 42：懂古鬼九　统苦讨草　买老
4. 阴去 24：冻怪半四　痛快寸去　帽
5. 阳去 44：硬　动罪近后　坐有祸　地卖善件任验寿右具
6. 阴入 5：谷（粟）百搭节急
　　　　　哭拍塔切刻脱　接碟协吸及憋挖
7. 阳入 3：毒十目别灭滑
8. 长阴入 55：塔拍折甲插鸭法八切
9. 长阳入 33：白盒罚腊叶辣月热箧

二　音系说明

声母

1. 有双唇内爆音 ɓ，如"八、飞、爬"。有舌尖前内爆音 ɗ，如"多、东"。
2. 有齿唇清擦音 f，如"蜂"，有齿唇浊擦音 v，如"副"。有 f、v 的清浊对立。
3. 有双唇清擦音 ɸ，如"派、片、婆"。
4. 有舌尖塞擦音擦音 ts、s、z 和舌面塞擦音擦音 tɕ、ɕ、ȵ、ʑ。其中 ʑ、

ʑ是浊擦音。

5. 有舌根塞音 k、ŋ、g，如"鹅、牛、讲"。还有舌根清擦音 h，如"讨、权"和浊擦音 ɦ，如"天、年"的对立。

6. 没有送气塞音送气塞擦音。

韵母：

1. 没有撮口呼韵母 y（y-）。
2. 鼻音尾韵母有 -m -n -ŋ。
3. 入声韵母韵尾有 -p -t -k。没有喉塞音韵尾 -ʔ。

声调

1. 阴平是低平调 22。有一些古浊上浊去的字也读阴平调。
2. 阳平是中降调 31。
3. 阴上 42 调，起点略高于阳平的 31 调。
4. 阴去 24 调。这在澄迈、大昌至黄流都有共同之处。
5. 阳去调是 44 调，古浊上浊去的字多数读阳去调。
6. 阴入阳入分别是带有辅音韵尾 p- t- k- 的促声 5 和 3。
7. 长阴入长阳入分别是失去辅音韵尾的舒声 55 和 33。
8. 声调一共九个。和黄流、大昌一致。

未见连读变调等。

三　声母韵母有连读变音

在口语语流中，没见连读变调，而声母韵母有连读变音。例如：

个，单字音 kai^{44} / kɔ^{44} / ke^{44}/ke^{22}。

没发生变音的例如：

食午个（吃午饭）tɕia^{33} hɔu^{44} ke^{22}

亲个（亲事）ɕin^{22} ke^{44}

语流中变音的，如：

病个（病了）ɓe^{22} ɔ^{44}——元音韵尾后，"个"失落声母。

知个（知道了）tai^{22} ɔ^{44}——同上。

别个（懂了）ɓat^{5} ɔ^{44}——此处读"ɔ^{44}"，可见"个"的 ɔ^{44} 音已经定型。

作生意个（商人）tɔ^{55} te^{22} i^{24} ai^{44}——同上。

雨停个（雨停了）hɔu^{42} heŋ^{31} ŋɔ^{44}——鼻音韵尾后，"个"读 ŋ- 声母。

风停个（风停了）uaŋ^{22} heŋ^{31} ŋɔ^{44}——同上。

路红个（都红了）lou^{44} aŋ^{31} hɔ^{44}——鼻音韵尾后，"个"读 h- 声母。

半日个（半天了）bua^{24} ʑit^{3} hɔ^{44}——塞音尾后，"个"读 h- 声母。

勿早个咯（不早了）vɔ^{33} + a^{42} hɔ^{44} lɔ^{33}——元音尾后，"个"读 h- 声母。

作娘个（妓女）tɔ⁵⁵ȵiaŋ³¹kai²²——鼻音韵尾后，"个"读k-声母。
耳聋个（聋子）hi²² laŋ³¹gai²²——鼻音韵尾后，"个"读g声母。
差明个（瞎子）sa²² me³¹gai²²——元音韵尾后，"个"读g声母。
哑个（哑巴）ɵe⁴² gai²²——同上。
个 gɔu⁴⁴（句末语气词？——语料四小时候）

芦 lu³¹：
葫芦 hɔu³¹ ɓu³¹——"芦"的 l 声母，受前面和后面"u"的夹攻而读成"ɓ"。

围 uei³¹：
粟围（粮仓）ɕiak⁵ kuei³¹——"围"因前字"粟"的-k 尾，跟着来了个 k-声母。

远 uei²²：
踢远（跳远）hek⁵（k）uei²²——"远"因前字"踢"的-k 尾，跟着来了个 k-声母。

店 ɗiam²⁴：
药店 iɔ⁵⁵ ɗiam²⁴ / iɔ⁵⁵ liam²⁴——"店"作为后字时，声母ɗ可和 l 混读。

旦 ɗa²²：
现旦（现在）ɦin²²ɗa²²——此处未变。
今旦（今天）kin²²hua²⁴
玄旦（明天）hin³¹hua²⁴
"今旦、玄旦"中，可能"旦"的声母"ɗ"和"今、玄"的韵尾"n"相重叠，后字变读零声母（海口话"今旦"kim²⁴nua³⁵），于是零声母和舌根擦音"h / ɦ"混读，又带出一个-u-介音。

银 ŋin³¹：
个银（一元钱） kai⁴⁴ in³¹——"银"的 ŋ-声母，受前字"个 kai⁴⁴"-i 韵尾的影响，而同化为零声母 i。

毕 ɓi⁵⁵：
毕业 ɓi（n）⁵⁵ ȵiap³——"毕业"前字"毕"，受后字"业"的鼻音声母影响，而同化为读有鼻音尾-n。

织 tɕi³³（织布 tɕi³³ɓɔu²⁴）：
织女 tɕit⁵nu⁴²——"织"单字读长阳入，失去古读 t 尾，而在后字"女"字的 ȵ-声母前，"织"受影响读有-t 尾 tɕit⁵。

着 ɗɔ³³：
忆着（记住）ik⁵ ɗiɔ³³——"着 ɗɔ³³"在"忆 ik⁵"之后，受 i 音影响而读ɗiɔ³³。

第二节　澄迈方言语音演变特点

方言语音的演变，各有特点，有时是连成片连成一个地区的。澄迈方言，作为海南闽语的一员，谈不上多少个别特色。而它在古今语音演变中的表现，在整个海南闽语地区，倒是有一定程度的代表性。

澄迈方言语音演变特色，可分声母、韵母、声调三方面来说。

一　声母

声母方面的特点是，如果从古今声母演变规律看，那么海南澄迈话声母的演变简直就是一次"大迁移""大轮转"。别说和北方话、吴语、粤语、客赣语不同，就是和福建闽语也有很多不同。甚至，从内爆音的产生情况看，跟更早的本岛原住民的儋州话也有不同。主要的特点是：

一是没有送气音声母。古送气音声母今读擦音。

二是有内爆音ɓ、ɗ；没有双唇清塞音 p，古帮母字都读ɓ；古端母字都读ɗ。

三是古心母生母字今读 t；古精组、知组、庄组、照组的清音浊音声母字，有不少字读 t-声母。

四是古见组浊塞音群母字、古晓组浊擦音匣母字已经清化为同部位的 k 或 h 或零声母。

五是新生的浊擦音 v　z　ʑ　ɦ。

分别说明如下。

1. 古送气声母今读擦音

古送气清塞音清塞擦音声母和一些古浊塞音浊塞擦音声母今读擦音声母，甚至进一步变成零声母。可以总括为送气声母擦音化。例如：

古清塞音清塞擦音：

配ɸai^{24}，破ɸua^{24}，铺动ɸu^{22}，派ɸai^{24}

吞 hun^{22}，土 hɔu^{42}，胎 hai^{22}

错 sou^{24}，村 suei^{22}

刺 ɕi^{24}

初 sɔ^{22}，吹 suei^{22}

契 huai^{24}，器 hi^{24}，敲 ha^{24}，欠 hiam^{24}

课 hua^{24}，苦 hɔu^{42}

值得注意的是，古浊音并母定母群母的一些字也读为擦音了：

古平声并母有些字今读擦音 f：婆菩培赔皮平盆朋蓬

古平声定母有些字变擦音 h /ɦ /∅：潭头桃图 堂螳唐塘，弹~琴han³¹
古仄声定母有些字今读 h：动 haŋ⁴⁴，读 hak³
古群母平声有些字今读 h /ɕ：群狂强权（h-）球（ɕiu³¹）

以上的语音演变为我们提供了一个信息，古送气声母擦音化，在海南北部闽语中是一个大趋势，一个普遍现象。以致古浊音声母字清化时无论平仄都有跟着走的，显然，在送气声母擦音化发生在浊音声母清化之前。

需要再看琼南地区海南闽语乐东、三亚保留送气音声母的情况，不只古送气音声母继续保留至今，而且一些古浊音声母字在清化过程中，也先保留读送气音声母，如下面的"动读桃台皮婆"等：

	澄迈	定安	海口	乐东	三亚	五指山	东方
破	ɸua²⁴	fa³⁵	fua³⁵	phuə²⁴	phuə²⁴	phua³⁵	phua⁴⁵
派	ɸai²⁴	phai³⁵	fai³⁵	phai²⁴	phai²⁴	phai³⁵	phai⁴⁵
胎	hai²²	hai²⁴	hai²³	thai⁴⁴	thai³³	hai⁴⁴	hai¹³
汤	hɔ²²	o²⁴	ho²³	thɔ⁴⁴	thɔ³³	ho⁴⁴	ho⁴⁴
开	huei²²	xui²⁴	xui²³	khui⁴⁴	khi³³	hui⁴⁴	khui⁴⁴
徛	hia⁴²	xia³³	xia³³	khiə⁴²	khiɛ⁴⁴²	khia⁴²	khia¹³
动	haŋ⁴⁴	haŋ³³	haŋ³³	thaŋ⁵³	thaŋ⁴⁴²	haŋ⁴²	—
读	hak³	hak³	hak³³	thaʔ³	tha⁴⁴²	hak³	hak³
桃	hə³¹	ho³¹	ho²¹	thau²¹	thau³¹	ho²²	hau²¹
台	hai³¹	hai³¹	hai²¹	thai²¹	thai²²	hai²²	hai²¹
皮	ɸuei³¹	foi³¹	foi²¹	phuə²¹	phuə²²	phoi²²	phui²¹
婆	ɸɔ³¹ ɓɔ³¹（家婆）	fo³¹	ɓo²¹白 fo²¹文	phɔ²¹	pho²²	pho²²	pho²¹

"破、派、胎、汤、开、徛（站立）"六字是古送气清音声母字，"动、读、桃、台、皮、婆"是古浊音声母字。琼北的澄迈、定安、海口三处，不只古送气声母字读擦音，而且古浊音声母字无论平仄都读擦音。而代表琼南的乐东、三亚，不只古送气声母字都读送气声母，而且那几个古浊音声母字无论平仄也读送气声母。

到此，我们可以明确，原来琼北海南闽语古浊音声母清化过程中，也经历了无论平仄都读同部位送气声母这个过程。而那个"婆"字，在"家婆（婆婆）"词中，澄迈和海口又表现了随大流读内爆音声母，显然这是后起现象。

2. 内爆音 ɓ、ɗ 来自古清塞音和清化了的浊塞音

内爆音 ɓ、ɗ 分别来自古清塞音帮母端母，以及清化了的古并母定母。内爆音是清音，不是浊音。

澄迈话的内爆音ɓ、ɗ，ɓ来自古帮组清塞音和部分并母字，以及少数非母敷母字。ɗ来自古端组知组清塞音端母和知母字，以及部分定母澄母字。由于浊音声母已经清化，所以内爆音的来源本身就是清音。简单罗列如下：

ɓ（帮组帮母）：饱百饼拜

（帮组并母）：盘排牌病办白

（非组非母奉母）：飞放伏

ɗ（端组知组）：刀斗东丁、知张、亭定弟地　转桌捶茶迟场着

古浊塞音浊塞擦音浊擦音清化的情况简述如下：

一是古浊塞音浊塞擦音擦音化。由于古浊塞音清化时有一个读送气音的过程，这些送气音连同古送气清塞音清塞擦音就一起擦音化。

二是部分浊塞音浊塞擦音清化为同部位的清音。

古并母字读同帮母，一起变为内爆音ɓ。

古定母字读同端母，一起变为内爆音ɗ。

古群母字读同见母 k。

古澄母字多数读同端母，一起变为内爆音ɗ。少数字读擦音 s。

古船母字读同端母 t。

古从母邪母禅母字或读同端母，或擦音化：t /ts / tɕ/ s。

古匣母平声变读清塞音 k，仄声读 h/ɦ/ø。

三是古浊擦音的演变也各有特色。

具体介绍如下：

并母：

古平声并母有些字今读内爆音ɓ：盘排牌

古平声并母有些字今读擦音 f：婆菩培赔皮平盆朋蓬

古仄声并母字今读内爆音ɓ：部步败币弊备

奉母：

罚 ɦuat³

定母：

古平声定母有些字今读内爆音ɗ：亭庭廷甜藤条堤题提蹄

古平声定母有些字变擦音 h /ɦ /ø：潭头桃图堂螳唐塘

古仄声定母有些字今读内爆音ɗ：豆道断队弟地

古仄声定母有些字今读 h：动读

澄母：

变内爆音ɗ：茶迟场肠着箸

变清擦音 s：除储除

变清塞擦音 tɕ：治

从母：
平声变读清擦音 s：才财材蚕
平声变读清塞擦音 tɕ：钱
平声变读清塞音 t：前
仄声变读清塞音 t：罪
仄声变读清塞擦音 ts：坐

邪母：
平声邪母有些字今读 s / ɕ：祠 se^{31}；词ɕi^{31}
平声邪母有些字今读 t：斜
仄声邪母有些字今读 t：谢；有些今读ɕ：寺

崇母：
平声变读擦音 h /ɦ /ø：锄
平声变读清擦音 s：柴
仄声变读清塞音 t：助

船母：
平声变读清塞音 t：蛇船
仄声变读清塞音 t：射

禅母：
平声变读清塞音 t：纯
平声变读清擦音 s：常
仄声变读清塞音、清塞擦音、清擦音 t/ tɕ/ ɕ：寿 tiu^{44}/上 tɕiɔ^{44}/树ɕiu^{44}

群母：
平声群母今多读清擦音 h：群狂强权球；少数字读 k：裙 kun^{31}；茄 kiɔ^{3}
仄声变读清塞音 k：近共舅旧

匣母：
平声变读清塞音 k：行寒
平声仄声变读 h/ɦ/ø ：河户或活学夏/华壶/下鞋

喻母：
今读 h：雨 hɔu^{42}
今读 ø：芋øɔu^{22} 姨øi^{55}
今读 z：裕 zuei^{22}，野 ze^{42}，匀 zun^{31}，运 zun^{44}
今读 ʐ：余ʐi^{31}

关于古浊音清化，以北京话为例，是以声调为前提：平声字读送气清声母，仄声字读不送气清声母。

澄迈话的浊音声母清化，走的是完全不同的一条路。从琼南地区不少古並母定母读送气音来看，类似客赣语的古浊音今读送气音。没跟上这一潮流的就清化为同部位的帮母端母，再进一步一起演变为内爆音ɓ和ɗ。

如果说，海南闽语古今声母演变的擦音化，是一种求容易求省力的缘故，那么，内爆音ɓ、ɗ的产生，同样的道理，是求放松求省劲。闭塞音p、t 的双唇闭塞程度和舌、龈的闭塞程度是较紧的，而内爆音的闭塞完全谈不上是紧，而是松，是一点接触而已。

3. 李方桂论海南话内爆音：清音

关于内爆音，从传统语言学、口耳之学看，是清音，不是浊音。李方桂先生根据自己的实践，凭着他的口耳调查做出明确判断。在他晚年的口述史中还特别提到。

《李方桂先生口述史》说到1930年在海南岛调查的内爆音时，"令我印象极深的是 b 和 d's（引者注，即今所用的ɓ、ɗ）并不属于浊音。人们总以为它们是浊音 b 和 d's，但我认为不是。我认为它们是所谓的内爆破音（implosive）b 和 d's（引者注，即今所用的ɓ、ɗ）。后来我发现它们与越南语的 b 和 d's（引者注，即今所用的ɓ、ɗ）极其相似，也与傣语的 b 和 d's 非常相似。"[①]

赵元任先生对此也有涉及，看来出发点不同。赵说根据机器实验，李说根据口耳分析。

赵元任在《中国方言当中爆发音的种类》（1935）一文中，说到海南岛的内爆音，还有上海浦东、松江、浙江永康的内爆音，是浊音。说这是"李方桂在调查海南岛方言时候用音浪计证明的"（引者注，这和《李方桂先生口述史》中结论有出入）。[②]

其实，赵先生的听感，和我们说的口耳之感是一致的。请看：

赵元任《现代吴语的研究》第 27 页说到吴语的浊音 b、d、g 时，"听起来很'浊'似的"，第 82 页说到上海浦东内爆音（包括松江的）"饱ʔb、东ʔd"时说"真带音"，"因为是阴调，所以听起来好像不'浊'"。

赵先生这段话清楚地告诉我们，我们的听感是一致的，就是内爆音听着"不浊"。

附　文昌、黎安内爆音ɓ和浊音 b 相对立

还有一点可供大家参考的是，海南闽语如文昌话、黎安镇话，有浊音声母 b，由古明母变来，浊音声母 b 字还不少，和内爆音相对立。例字见下。

---

① 《李方桂全集》，清华大学出版社 2003 年版，第 42—43 页。
② 《赵元任语言学论文集》，商务印书馆 2007 年版，第 447 页。

（文昌点，据张惠英 2016 年的调查，刊于詹伯慧、张振兴主编《汉语方言学大词典》下册；黎安话据张惠英 2021 年 7 月的调查，发音人吴贤桩。）

第一，文昌话的浊音 b-声母字。

马 be^{31}，马母（母马）be^{31} bo^{31}（作亲属称谓是 mai^{31}）

卖 boi^{53}

味 bi^{24}/bui^{24}

谜 bi^{22}

米 bi^{31}

肥 bui^{22}

文 bun^{22}

袜 but^{3}

麦 be^{33}

第二，黎安话的浊音 b-声母字。

马 be^{42}

买 boi^{42}、卖 boi^{44}

米 bi^{42}

眉 bai^{31}

煤 boi^{31}

味 bi^{22}

猫 ba^{31}

庙 biau^{44}

万 ban^{44}

袜 baʔ^{3}

墨 baʔ^{3}

麦 be^{33}

4. 古塞擦音擦音 t 音化

由于上面说到的古端母已经演变为内爆音 ɗ，于是古精组知组庄组章组的塞擦音擦音声母无论清浊都乘虚而入，移至端母位置，多变读 t 少数读 ts 或 tɕ。

具体的情况是古心母邪母生母书母禅母今多数读 t-；其他精组、知组、庄组、照组的清音浊音声母字，也有不少字读 t-；古塞擦音只在今开口呼韵中读 ts 声母，齐齿呼韵中读 tɕ 声母。

澄迈语保调查的 1000 个单字中，有 90 多个字就读 t-声母。

左所沙写斜谢蛇射租作做所书主输世西洗罪知徙（移）四死字丝时衫追水糙箫蒜走凑修寿杂三杉心十伞山产扎杀线善设前先节切酸算选转传

砖船绝雪新身虱蹲孙卒笋准顺纯屎索想像壮霜伤削桩双镯剩升蝇息色式生省城席锡粽送族松宋中终缩粥熟重赎属

当然，古从母心母邪母生母书母禅母多数 t-化时，还是留下一些 s-声母字，如"星贼舒除储肃叔师私司丝思（思考）祠磁使且史驶醒妾事惜彻"等。

  ts- 只出现在今开口呼韵中：争芝姐井者坐静——e 韵
           遭糟招蚤沼罩赵召造躁——au 韵
  tɕ- 只出现在今齐齿呼韵中：资紫指姊煎制致稚至置治志——i 韵
           椒蕉上少借照浆痒上石——iɔ 韵
           枕锦诊疹浸妗——iəm 韵

5. 浊擦音 v、z、ʑ、ɦ 的再生

这四个唇音、舌尖音、舌面音、舌根音部位的浊擦音，并非古浊擦音奉母邪母禅母的遗留，而是古明母微母日母疑母喻母的演化，以及古浊擦音清化以后的重新生成。例如：

v 马武买卖米煤眉梅媒费味尾猫万袜月越运物防朋墨麦篾
——多数来自古明母，少数来自古微母

z 野完院匀育容用褥热闰裕遇荣永营（非 i 韵或 i-介音韵母前）
——多数来自古云母以母，少数来自古日母，个别来自古疑母（遇）

ʑ 余右延儿任入认日让玉一（i 韵或 i-介音韵母前）
——多数来自古喻母古日母，个别来自古疑母古影母

ɦ 货瓦花化华图壶锄梯系坏喜休贴碟协天年显还罚血吞婚魂粉云慌窗听厅通痛桶啼（哭）风
——来自古晓母古匣母古透母古定母古初母，个别来自古非母（风）

需要说明的是，过去资料上记录的 x 和 h 对立，在我调查到的一些海南闽语方言中，有的只有 h，如琼南的黄流；有的有 h 和 ɦ 的对立，如澄迈、海口大昌。陈有济在 2014 年的《儋州话研究》第 5 页中就说道，"[x]摩擦强烈，有时前面带有送气音[kh]"。

《海南省志（方言志）》（南海出版公司 1994 年版）第 267 页载有 ɦ 声母"号"。作者陈波特别说明，"ɦ 是喉部浊擦音，有变体 h。在跟齐齿呼、合口呼韵母相拼时，往往分别读成半元音 j、w。有些人在读该声母的某些字时，完全失去声母，变得没有摩擦。"这句话就说明有的地方有些人已经没有 ɦ 的声母，h、ɦ 的对立正在变化之中；所以梁猷刚等人关于"x、h"的标音就需要特别关注，认真对待。

实际上，在文昌方言中，ɦ 至少在一些地方，是一个喉部浊流音。

我们在调查文昌市头苑村话时，就注意到这个浊流音已经完全失落读同零声母。不只头苑村，还有翁田村、大致坡村，都是如此。临近的琼海

市嘉积镇话，也都如此。

6. 澄迈话古浊音清化之途，和儋州话、黄流话的比较

要看清澄迈话古浊音清化的途径，只有跟周围方言做比较，容易看得清楚些。

先看儋州话。

儋州话文读音和白读音古浊音清化有所不同。据丁邦新《儋州村话》（"中央研究院"历史语言研究所1986年）记录：

文读音古并母字平声今读送气 ph（皮婆），仄声不送气，读同清音声母 ɓ（弊备）。古定母字平声今读擦音 h（头题），仄声字读清音声母 ɗ（弟地）。

我们发现，儋州话文读音对古浊音并母定母的今读，和北京话对古并母定母的今读一致，平声字分别读送气音 ph、h（由 th 变来），仄声字分别读内爆音 ɓ、ɗ。

儋州话白读音古并母平声送气今读 ph（陪瓢），仄声今也读送气 ph（败弊）。古定母字平声今读擦音 h（头台），仄声今读内爆音 ɗ（窦导），或擦音 h（豆头）。

我们发现，儋州话白读音，对古并母字不分平仄今都读送气音，和黄流话基本一致，黄流话只有少数古并母字今读 ɓ，如"平"。古定母字的读法，和黄流话也略有不同。黄流话"条、铜"今读 ɗ，当然是少数字而已，多数古定母字仄声都读 ɗ，或擦音 h。可以认为，儋州话白读音和黄流话，在古浊音清化的路子基本一致。

	澄迈	定安	海口	乐东	三亚	五指山	东方
破	ɸua²⁴	fa³⁵	fua³⁵	phuə²⁴	phuə²⁴	phua³⁵	phua⁴⁵
派	ɸai²⁴	phai³⁵	fai³⁵	phai²⁴	phai²⁴	phai³⁵	phai⁴⁵
胎	hai²²	hai²⁴	hai²³	thai⁴⁴	thai³³	hai⁴⁴	hai¹³
汤	hɔ²²	o²⁴	ho²³	thɔ⁴⁴	thɔ³³	ho⁴⁴	ho⁴⁴
开	huei²²	xui²⁴	xui²³	khui⁴⁴	khi³³	hui⁴⁴	khui⁴⁴
徛	hia⁴²	xia³³	xia³³	khiə⁴²	khiɛ⁴⁴²	khia⁴²	khia¹³
动	haŋ⁴⁴	haŋ³³	haŋ³³	thaŋ⁵³	thaŋ⁴⁴²	haŋ⁴²	—
读	hak³	hak³	hak³³	thaʔ³	tha⁴⁴²	hak³	hak³
桃	hə³¹	ho³¹	ho²¹	thau²¹	thau³¹	ho²²	hau²¹
台	hai³¹	hai³¹	hai²¹	thai²¹	thai²²	hai²²	hai²¹
皮	ɸuei³¹	foi³¹	foi²¹	phuə²¹	phuə²²	phoi²²	phui²¹
婆	ɸɔ³¹ ɓɔ³¹(家婆)	fo³¹	ɓo²¹白 fo²¹文	phɔ²¹	pho²²	pho²²	pho²¹

上表中"破、派、胎、汤、开、徛（企，站立）"六字是古送气清音声

母字,"台、动、读、桃、皮、婆"是古浊音声母字。琼北的澄迈、定安、海口三处,不只古送气声母字读擦音,而且古浊音声母字无论平仄都读擦音。而代表琼南的乐东、三亚,不只古送气声母字都读送气声母,而且那几个古浊音声母字无论平仄也读送气声母。当然,一定还有少数例外的情形。

所以,澄迈话及琼北闽语,浊音清化的路子,不同于儋州话。

从古並母看,古平声字有分化的演变,多数清化为送气音,少数清化为同部位的清音ɓ。古仄声字则都清化为同部位的清音。就是后来的内爆音ɓ。

从古定母看,则是不分平仄,一部分清化为送气音变到擦音;一部分清化为同部位的清音内爆音ɗ。

而琼南的黄流、三亚,浊音清化,显然还经停在送气塞音这个阶段:古浊音字"台、动、读、桃、皮、婆"今读送气塞音 th、ph;五指山和东方,则经停在送气塞音阶段的情况就已经在减少了,没有送气塞音 th,只有送气塞音 ph 了。

再看看澄迈话

古浊音並母:

古平声並母有些字今读内爆音ɓ:盘排牌

古平声並母有些字今读擦音 f:婆菩培赔皮平盆朋蓬

古仄声並母字今读内爆音ɓ:部步败币弊备

古浊音定母:

古平声定母有些字今读内爆音ɗ:亭庭廷甜藤条堤题提蹄

古平声定母有些字变擦音 h /ɦ/ø:潭头桃图堂螳唐塘

古仄声定母有些字今读内爆音ɗ:豆道断队弟地

古仄声定母有些字今读 h:动读

二 韵母

1. 总述

澄迈话韵母的特点,从总体看,一是没有撮口 y(y-)韵母,这在海南闽语中带有普遍性。二是保留古阳声韵的-m、-n、-ŋ 韵尾(部分失落鼻韵尾)。这在海南闽语也有普遍性。三是保留古入声-p、-t、-k 辅音韵尾(部分失落辅音韵尾)。这在琼北闽语属普遍,在琼南,如黄流镇话,已经失落这三个辅音韵尾,合流为喉塞音尾 -ʔ。

2. 古流摄和古效摄今读的纠葛

古流摄三等字今读 iu 韵母,一二等字已经读同效摄 au 韵母。例如:

流摄三等 iu：修收秀绣刘柳溜受州周舟州洲鸠纠酒咒就寿售秋抽丘手首守球求优油

流摄一等 au：茂贸豆斗钩够沟头偷后猴遘透呕

效摄一二等 au：包胞鲍爆茅锚帽貌岛导道盗

这种情况，在海口话及整个琼北地区，有一定的普遍性。

3. 古咸摄山摄字韵尾-m 或-n 的留存和失落

古阳声韵部分字留存鼻尾韵，部分字失落鼻尾韵，读同阴声韵（元音尾韵）。

古咸摄山摄的字，一种就是分别保留古-m 尾韵或-n 尾韵，一种就是失落这些韵尾，和古效摄蟹摄有些字合流为 a、ua 韵：

am　贪潭含函喊探（咸摄舒声）

an　安庵暗刊旱炭坎罕限（山摄舒声）

a　衫三　胆担（咸摄舒声）

　　（古效摄）饱豹猫早炒教咬敲骹

　　（古蟹摄）柴

　　（古假摄）雅

ua 山肝汗官宽欢缓换旱碗炭（山摄舒声）

（有意思的是，古咸山摄入声部分字，也失落-p、-t 尾而读同 a、ua 韵。a：答达杂蜡踏塔塌鸭杀甲协虼；ua：拨泼辣热擦刷割刮渴阔活。）

古山摄一二三等字多数读 an、uan 韵，和古宕江梗通摄的 aŋ、uaŋ 韵保留区别，不像海口话这些摄都合并为 aŋ、uaŋ 韵。

4. 古宕江摄字今读鼻尾韵的保留和失落

古宕江摄有些字今读保留鼻尾，有些字今读失落鼻尾，读同古果摄遇摄效摄假摄字 ɔ、iɔ 韵。例如：

aŋ　忙芒莽蟒网方纺仓苍桑昌常唱烘巷康

ɔ　疮床缸钢汤糠糖肠

ɔ　（古果摄遇摄效摄）歌鹅可河　初所　好浩耗袄奥懊

ci　箱相箱厢襄祥详想

iɔ　（古效摄假摄）钓烧桥叫轿　借茄

5. 古梗摄字今读鼻尾韵的保留和失落

古梗摄有些字今读保留鼻尾韵，有些字今读失落鼻尾，读同古假摄字 e、ia 韵：

eŋ　禀丙秉进併并明铭贞蒸增征精争轻

e　病猛冷更（三更）耕星醒姓争

e　（古假摄）　马骂茶家虾假嫁价下姐

ia 兵饼命名岭正声情请听定鼎营赢兄（按，古通摄的"痛"读 ia 韵属例外）

ia （古假摄）斜写谢社蔗赦捨泄（泄露）

6. 古宕江摄和古通摄今读的分和混

古宕江摄和古通摄今读的部分字混合读 aŋ、uaŋ，古通摄部分字读 oŋ，宕江摄个别字今读 oŋ。例如：

aŋ （宕江摄） 帮绑榜放谤忙芒（又 moŋ31）方纺访仿防莽蟒网
（通摄） 东冬铜同桐封冯重粽送宋聋笼侬脓

uaŋ （宕江摄）桩莊壮霜荒慌王
（通摄）风疯洪

oŋ （通摄）终松总踪隆农弄拢充冲僧聪嵩懂董冻洞
（宕江摄）芒（又 maŋ31）讲

7. 古臻摄有的字今读同蟹摄止摄字

我从微信上看到一条农谚，是《海南日报》记者陈耿 2010 年 2 月 19 日微信所发并注方言韵脚：

雨水雨水（sui），

打狗不出门（mui）。

古臻摄合口一等三等字失落-n 尾读同蟹摄止摄合口字，海南闽语南部北部都有。例如：

	本臻合一	门臻合一	村臻合一	问臻合三
澄迈	ɓuei42	muei31	suei22	muei22
大昌		muei22	suei34	muei34
黄流		mui21	sui44	
三亚	ɓui31	mui22	sui33	mui33
海口	ɓui214	mui21	sui24	mui24

海南闽语臻摄合口字读同蟹摄止摄合口的情形，和山东、河南、陕西等地的读法相类，这就是为什么近代白话文献中人称代词"我们"写作"我每""贤门"写作"贤每"的真实来源。

三 声调

澄迈话九个声调，值得仔细看看。声调古今演变特点可简单归纳为以下几点：

1. 古清音平声今读阴平。古浊音去声部分字也读同阴平调

古平声清音声母今读阴平调 22，如：东该灯风家通开天春。而古浊音声母去声部分字也读同阴平调，如：大袋路乱裕坏二[zi22]豆料庙轿昧卖望

梦硬定重。

这个情况在海南闽语中有一定代表性。如海口话的"病夏袋轿吏砚艾饿"等也读阴平调。

2. 古浊音平声今读阳平调

古浊音平声今独立为阳平调 31：门龙牛油铜皮糖红。这一点在其他海南闽语中也是这样。

3. 古清音上声和古次浊音上声今读阴上调

古清音声母和古次浊声母上声字 42，今读阴上调：懂古鬼九 统苦讨草 买老。这和北京话上声调的来源很相似。

4. 古清音声母去声今读阴去调

古清音声母去声今读阴去调 24：冻怪半四 痛快寸去 帽（例外）。阴去调的演变比较简单，整个海南闽语差不多都如此。

5. 古全浊声母上声字和部分古浊音去声字今读阳去调

古全浊声母上声字和部分古浊音去声字合并为今阳去调 44：动罪近后地卖坐善件任验寿右后祸具。这和北京话的古全浊上今读去声的现象基本一致。

6. 古入声分化为四个入声：阴入、阳入、长阴入、长阳入

古入声今读四个调类：阴入 5、阳入 3，阴长入 55，阳长入 33。

留存古辅音韵尾 -p、-t、-k 的促声，按古声母的清浊今读阴入、阳入。例如：

阴入：益 ek5、角 kɔk5、粟 ɕiak5、福 hɔk5、竹 diəp5、畜~生 sok5、叔 tɕiok5、缩 tiak5、粥 tɔk5、育 zɔk5、菊 kiak5

阳入：木 ɓɔk3、鹿 diak3、毒 ɗak3、族 tɔk3、目 mak3、服 hɔk3、肉 hiok3、熟 tiak3

古次浊音来母就可有两读：六 lak3 / lɔk5 。次浊音者今读可清可浊也。

失落古辅音韵尾 -p、-t、-k 的古入声，已经舒化，但自成独立调类，古声母的清音声母入声字今读长阴入；古浊音声母入声字多数今读长阳入。例如：

长阴入 55：甲协歇塔鸭壁拆拨泼杀擦刷割刮渴阔惜彻浙格隔作各托尺缺瞌雪节

长阳入 33：疙咳（-嗽）塌蝶（飞-：蝴蝶）驿辣热麦捏额索着（着火）学石席

长阴入、长阳入是失落辅音韵尾的入声。海南闽语的"长阴入""长阳入"就是音韵学的促声舒化的活化石，失落古入声的辅音韵尾，完全舒声化，但还自成调类。古清音声母入声字舒化为"长阴入"：搭塔杀歇。古浊

音声母入声字舒化为"长阳入"：月食席石。

笔者 2016 年调查文昌（文成）点时，第一次得到四个入声的结果[①]。我当时对这四个入声，没有太动心，只是觉得记录到了一个事实。到 2018 年调查黄流镇方言时，觉得很有收获，值得关注这四个入声。到 2019 年调查澄迈县和海口大昌土话，又是四个入声，而且调值都是阴入 5、阳入 3；长阴入 55、长阳入 33 时，我就可以总结出，原来海南闽语有四个入声的这个演变阶段！附近的海口话，语言发展变化快，只有三个入声调：阴入、阳入、长入（相当于长阴入）；长阳入 33 调已经和阳去调混同了。列表如下：

澄迈金江话：阴入 5　粟百急刻
　　　　　　阳入 3　六麦毒白
　　　　　　长阴入 55　搭塔杀歇
　　　　　　长阳入 33　月食席石

乐东黄流话：阴入 5　百急搭刻
　　　　　　阳入 3　六毒墨绿
　　　　　　阴长入 55　节法阔割
　　　　　　阳长入 33　月罚热划

海口大昌话：阴入 5　百搭切刻
　　　　　　阴入 3　六麦毒罚
　　　　　　长阴入 55　塔雪缺各
　　　　　　长阳入 33　月额泼截

文昌文城话：阴入 5　督发失湿粟角脊客胛饰摘缚勺抹药疾落₂卜忆激
　　　　　　阳入 3　罚毒实十侄袜目日伯颚合热薄
　　　　　　长阴入 55　答塔缺胛脊跋鸭阿甲（手~：指甲）
　　　　　　长阳入 33　杂麦白月食帕昨姥炸（水里煮）

海口话（据陈鸿迈 1998）：阴入 5　笔北德竹
　　　　　　　　　　　　阳入 3　直易极握
　　　　　　　　　　　　长（阴）入 55　杀辣尺阔锡　祖相借要
　　　　　　　　　　　　长阳入/阳去 33　食辣物玉蝶　伴祸贺两

（陈鸿迈用"长入、阳去"名，笔者引用时加上"长阴入、长阳入"以便比较）

海口话阳去 33 调，实际上也曾经是长阳入。而古阳上阳去的混合调也读成 33 调了："杂辣食杓玉跋热活蝶踏，伴祸贺两"等，混同了。可见琼南琼北很一致，调类调值一致，只是海口的长阳入和阳去调先进一步合并

[①] 《文昌方言调查报告》，载詹伯慧、张振兴主编《汉语方言学大词典》下册，广东教育出版社 2008 年版，第 189 页。

在一起了。

表小的"挐",都读长阴入55调,南北一致。

第三节 音节表

说明:音节表次序按韵母表排列。写不出字的用方框"□"表示,加脚注释义。

韵\调声	i							u						
	阴平	阳平	阴上	阴去	阳去	长阴入	长阳入	阴平	阳平	阴上	阴去	阳去	长阴入	长阳入
	22	31	42	24	44	55	33	22	31	42	24	44	55	33
ɓ m f ɸ v	边 面 披 鼻	棉 枇 皮	比 弥 匹 辟 米	币 密	备 味	鳖 箆	物	铺	浮	牡 府 武	雾 副	妇	扑	
ɗ t n l	丝	迟 时 梨	底 死 吕	扇 丽	地 战		绕理?	猪 书	蜍	赌 主 驴	杜 注	薯 灵		落
ts s z								舒	除		肃			叔
tɕ ȵ ɕ ʑ	资 尼 施 二	钱 染 池 儿	紫 逆 取	制 匿 刺	治 市	折	舌 识 玉							
k g ŋ h ɦ	枝 义 区 天	棋 奇 年	举 齿 喜	见 艺 器	渠 耳 系	剧 铁		龟 牛 胡		久	锯 去 图	旧		
∅	希	圆	体	戏	姨			墟	鱼	许	戊	有		

韵调声	a 阴平 22	a 阳平 31	a 阴上 42	a 阴去 24	a 阳去 44	a 长阴入 55	a 长阳入 33	ia 阴平 22	ia 阳平 31	ia 阴上 42	ia 阴去 24	ia 阳去 44	ia 长阴入 55	ia 长阳入 33
ɓ m f ɸ v			饱	豹 □			拔 猫	兵 命	饼 名				壁	
					拍 拍									
ɗ t n l	旦 三		胆 早	担	搭 背	踏 杂 乃 蜡		定 声	鼎 斜	写 领	摘 谢		削	席 掠
						拉								
ts s z		柴	炸 炒		眨 插									
tɕ ȵ ɕ ʑ								正 车	情	餲 请	蔗 也		胛	食 勺
k g ŋ h ɦ	肩	敢 骸		甲 敲	屹 咳 塔			行 听	囝 骑	寄 徛 痛	徛 歇		黑	歇
∅	刮			鸭		一		蚁	营				拆	蝶

注释：ma42：拔：～草。

韵\调声	ua 阴平 22	ua 阳平 31	ua 阴上 42	ua 阴去 24	ua 阳去 44	ua 长阴入 55	ua 长阳入 33	e 阴平 22	e 阳平 31	e 阴上 42	e 阴去 24	e 阳去 44	e 长阴入 55	e 长阳入 33
ɓ m	搬	盘麻	粄满	半		拨	疫	病暝	爬	把猛	柄		百骂	白
f				判									帕	
ɸ				破			泼							
v								味		马				麦
ɗ t n l	大山烂	蛇揉	纸	带线	惰	杀		袋生	茶	短省螺	带问处所姓冷		担舍	捏
						辣		辣						
ts s z			歪			擦	热	争师	祠	姐使野		妾	事	坐惜
tɕ ȵ ɕ ʑ														
k g ŋ h ɦ	官宽花	和华	擀	挂课		割祸	阔	耕个硬虾		假衙	嫁		格夏客	额合
∅	拖		碗	炭			活	下	桁	哑			下	隘

韵\调\声	ie							ɔ						
	阴平 22	阳平 31	阴上 42	阴去 24	阳去 44	长阴入 55	长阳入 33	阴平 22	阳平 31	阴上 42	阴去 24	阳去 44	长阴入 55	长阳入 33
ɓ m f ɸ v								宝望坡	暴磨婆	孵摸		薄破拇	陌 勿
ɗ t n l						猎		刀霜两螺	塘	躲左	倒	二	剁作	着 落
ts s z								初	床					
tɕ ɲ ɕ ʑ				晢	截									
k g ŋ h ɦ								歌个汤	鹅河	钢好	个耗	饿煨	各托	
∅								尔	影	檐			学	

韵\调\声		uai 阴平 22	阳平 31	阴上 42	阴去 24	阳去 44	长阴入 55	长阳入 33	oi 阴平 22	阳平 31	阴上 42	阴去 24	阳去 44	长阴入 55	长阳入 33
ɓ				拔		辈	八		杯	赔	把	贝		八糜	
m															
f				美											
ɸ															
v		卖	眉	买	费		把								
ɗ		低		底		递					底				
t		多	齐	洗			雪					细		雪	切
n															
l		例	黎		厉				犁						
ts															
s						粞	帅								
z															
tɕ															
ȵ															
ɕ															
ʑ															
k		街	悬	改	怪										
g															
ŋ															
h		溪			快	蟹	却								
ɦ		坏													
∅		坏	鞋	矮	怨										

第一章 语音

韵 调 声	uei 阴平 22	uei 阳平 31	uei 阴上 42	uei 阴去 24	uei 阳去 44	uei 长阴入 55	uei 长阳入 33	au 阴平 22	au 阳平 31	au 阴上 42	au 阴去 24	au 阳去 44	au 长阴入 55	au 长阳入 33
ɓ	杯	肥	本					包			抱	鲍		
m	问	门	每						毛	牡	帽	貌		
f	胚	培	被	配				抛	袍		泡			
ɸ			皮		屁	被								
v		肥	尾				月							
ɗ			转	对	断			豆	岛	斗		道		
t	追		水	算	罪	嘬		糙		走	灶	造		
n			软	镰	卵						脑	闹		
l	乱	雷	累		类			捞	楼	老		陋		
ts	追							遭		蚤	赵	造		
s	村	随		碎	啜			抄		草				
z				瑞								凑		
tɕ														
ȵ														
ɕ														
ʑ														
k	瓜		几	贵	柜			钩	猴	九		狗		
g														
ŋ			危								熬	藕		
h	开	横	火	气	划			偷	头	讨		靠		
ɦ	花	黄		货		血							套	
∅	希	锤	碗	岁	话	划	划					后		

韵\调声	iau							ɔu						
	阴平 22	阳平 31	阴上 42	阴去 24	阳去 44	长阴入 55	长阳入 33	阴平 22	阳平 31	阴上 42	阴去 24	阳去 44	长阴入 55	长阳入 33
ɓ	彪		表								命	布	步	
m			苗	秒										
f	飘	嫖	漂	票										
ɸ				票									簿	
v				庙								哺		
ɗ	刁	条	调	吊	调	萧								
t	萧			数				租		祖	凑			
n										奴				
l	料	鹩	了		疗			路					都	
ts														
s												错		
z														
tɕ	焦		鸟	皱										
ȵ					孽									
ɕ	梢	朝		臭										
ʑ		姚	爪	肘										
k	交		绞	轿				菇	糊	古				
g													个	
ŋ								五	吴	藕				
h				巧	孝			箍		土	裤	户		
ɦ														
∅	妖	尧	柱	要	校			芋	湖		乌			

声\调\韵	iu							am						
	阴平	阳平	阴上	阴去	阳去	长阴入	长阳入	阴平	阳平	阴上	阴去	阳去	长阴入	长阳入
	22	31	42	24	44	55	33	22	31	42	24	44	55	33
ɓ m f ɸ v														
ɗ t n l		绸 修	泗 秀	岫 住 柳		溜					缆	蓝	站 南 揽	
ts s z									参					
tɕ ȵ ɕ ʑ	州 秋	酒 囚 由	纽 手 友	就 宿 右	树									
k g ŋ h ɦ		九 休	球		九			甘 贪	含 潭	感	喊	岩 酽		
∅	优	油	西	幼	柚			安			暗			

韵调声	iam							iəm						
	阴平 22	阳平 31	阴上 42	阴去 24	阳去 44	长阴入 55	长阳入 33	阴平 22	阳平 31	阴上 42	阴去 24	阳去 44	长阴入 55	长阳入 33
ɓ m f ɸ v														
ɗ t n l	衫 黏		甜 闪	点	店	垫			林			心		
ts s z														
tɕ ȵ ɕ ʑ	针 念 签	潜 炎	盏	占 拈	堑 验 染				侵	沉	浸 沈	妗 渗 任		
k g ŋ h ɦ	啗 谦	严 钳	咸	减 险	剑 欠			金 琴			禁			
∅	添		盐	险	厌			音		饮				

韵调声	ɔm 阴平 22	ɔm 阳平 31	ɔm 阴上 42	ɔm 阴去 24	ɔm 阳去 44	ɔm 长阴入 55	ɔm 长阳入 33	an 阴平 22	an 阳平 31	an 阴上 42	an 阴去 24	an 阳去 44	an 长阴入 55	an 长阳入 33
ɓ								班		板	办			
m								慢	蛮		蔓			
f								攀	凡	反	泛	犯		
ɸ														
v												万		
ɗ								钉	陈	痄				
t										产				
n									难					
l								麟	懒					
ts										斩	赞	绽		
s								搀	朦	铲	颤	膳		
z									然					
tɕ														
ȵ														
ɕ														
ʑ														
k				憨				间		简				
g														
ŋ								间	颜					
h			黯	勘				牵	弹	坎	趁	限		
ɦ								滩	淡	坦				
∅			揞					安			案			

韵\调声	uan							in						
	阴平	阳平	阴上	阴去	阳去	长阴入	长阳入	阴平	阳平	阴上	阴去	阳去	长阴入	长阳入
	22	31	42	24	44	55	33	22	31	42	24	44	55	33
ɓ					涩			编		扁	变	便		
m								面	民					
f								篇	贫		骗			
ɸ				判				苹			品			
v														
ɗ	端			段				颠	神	典	凳			
t		泉	选		传			新	蝇		信	善		
n														
l		拦							连			欽		
ts	专													
s	闩	全	喘	串										
z		原		院										
tɕ								毡		促	进	战		
ȵ									言					
ɕ								亲	陈	浅	秤			
ʑ									延	演		认		
k	关		管	惯				根		紧	建	近		
g														
ŋ		顽							银					
h			款					轻	芹	肯	劝			
ɦ	番										显			
∅	翻	还	腕	焕	患			烟	铅	引	印			

第一章　语音

声\韵调	un 阴平 22	un 阳平 31	un 阴上 42	un 阴去 24	un 阳去 44	un 长阴入 55	un 长阳入 33	aŋ 阴平 22	aŋ 阳平 31	aŋ 阴上 42	aŋ 阴去 24	aŋ 阳去 44	aŋ 长阴入 55	aŋ 长阳入 33
ɓ	分	喷		奋				封	房	绑	放			
m	闷							梦	忙	网				
f	分	盆		奋				蜂	旁	访				
ɸ		盆						方		纺				
v		闻							防					
ɗ	墩	唇		顿	值			东	铜	等	荡	洞		
t	孙	船	笋	蒜	顺			松	丛	党	送	脏		
n			暖	嫩					侬					
l		轮			论				聋	朗	浪			
ts	尊										葬			
s	春	存	蠢	寸				葱	常		唱			
z	闰	云			运									
tɕ														
ȵ														
ɕ														
ʑ														
k	军	裙	卷	棍				刚			共			
g														
ŋ								戆						
h	熏	群	捆	恨				烘	虫		抗	动		
ɦ	吞	云		粉				堂	桶	趁				
∅	温	魂	稳	混	问			红						

韵\调\声	iaŋ							uaŋ						
	阴平 22	阳平 31	阴上 42	阴去 24	阳去 44	长阴入 55	长阳入 33	阴平 22	阳平 31	阴上 42	阴去 24	阳去 44	长阴入 55	长阳入 33
ɓ m f ɸ v														
ɗ t n l	伤	重 粮		谁 亮				桩			壮			
ts s z								霜			闯 创			
tɕ ȵ ɕ ʑ	张 商	娘 让	肿 厂 详	种 唱 壤	匠 像 养									
k g ŋ h ɦ	江 筐 窗	穷 强	蒋	奖				光 荒 风	狂	广 旷				
∅	央		响					疯	王	枉	旺			

韵\调\声	eŋ							oŋ/ioŋ（限于ɗ、ø声母，见脚注）						
	阴平	阳平	阴上	阴去	阳去	长阴入	长阳入	阴平	阳平	阴上	阴去	阳去	长阴入	长阳入
	22	31	42	24	44	55	33	22	31	42	24	44	55	33
ɓ	冰		丙	并				崩				泴		
m		明							孟 蒙	猛				
f	拼	平						锋	棚		碰	凤		
ɸ		平												
v														
ɗ	灯	澄	顶	邓						懂	冻	蹲		
t	升		省	胜	剩			中			总	踪		
n		能							农					
l	另	零		令					隆	㭫				
ts	蒸	晴	整	证	郑			棕				仲		
s	青	程	惩		净			充	鱅	宠		颂		
z		迎							荣	永		用		
tɕ														
ȵ														
ɕ														
ʑ														
k	经		景	竟				公		拱		共		
g											讲			
ŋ														
h	轻	停	挺	庆				丰	蓬	孔		凤		
ɦ								通	洪					
ø	应							翁	拥					

注释：ɗioŋ²² 终。ɗioŋ⁴² "底样"的合音：怎么。øioŋ²² 凶。øioŋ³¹ 熊。øioŋ⁴² 拥。øioŋ⁴⁴ 勇。

韵 调 声	ap 阴入5	ap 阳入3	iap 阴入5	iap 阳入3	iəp 阴入5	iəp 阳入3	ɔp 阴入5	ɔp 阳入3	at 阴入5	at 阳入3	iat 阴入5	iat 阳入3	uat 阴入5	uat 阳入3	it 阴入5	it 阳入3
ɓ m f ɸ v							别 法	别 袜			末 发				笔 密 匹	灭
ɗ t n l	十 凹		涩		竹 立		达 节 力	毒	跌				夺 绝 浊	绝	得 设 列	直 实 历
ts s z	□						漆	贼					越	悦		
tɕ ɕ ɲ ʑ			接 摄		习 业 入							一			佚 撤	日
k g ŋ h ɦ	鸽 □ 疟 贴	贴	夹		急 及 憨	□	丢 刻 雹				刮				杰	
Ø	盒	帖			憨	习					挖				一	

注释：sap⁵：筹（钱）、凑（钱）。ŋap³：堵，塞（堵车）。hɔp⁵：一种陶制罐。

韵\调声	ut 阴入5	ut 阳入3	ak 阴入5	ak 阳入3	iak 阴入5	iak 阳入3	uak 阴入5	uak 阳入3	ek 阴入5	ek 阳入3	ik 阴入5	ik 阳入3	ɔk 阴入5	ɔk 阳入3	iɔk 阴入5	iɔk 阳入3
ɓ m f ɸ v		佛	北 曝	缚 物 墨		目					逼	劈	博 莫 福	不 木 伏		
ɗ t n l	卒	秫 律	毒 落		熟	赎 绿	德 息			历	特 翼		箸 粥	族 六		
ts s z	出		□				积 策						烛 畜 育	属 褥		
tɕ ɕ ȵ ʑ					烛 鹊	弱									叔	
k g ŋ h ɦ	骨 脱	滑	角 壳	菊 鹤	郭 曲		极 踢		击 忆		角 福	服		肉		
∅			沃		浴		活		益		忆		恶		约	欲

注释：tsak⁵：且～（老花眼）。

韵\调声	iɔ							ai						
	阴平	阳平	阴上	阴去	阳去	长阴入	长阳入	阴平	阳平	阴上	阴去	阳去	长阴入	长阳入
	22	31	42	24	44	55	33	22	31	42	24	44	55	33
ɓ m f ɸ v	庙		表					排		板	拜母			
							派							
ɗ t n l	烧		想	钓像				知	前	坮屎				
			两					来	里					
ts s z									蚕		菜		织	
tɕ ȵ ɕ ʑ			借	笑	上 尺	石								
k g ŋ h ɦ	姜		茄	叫	向		叶	该 胎	台		戒 海	瞎		
∅	腰	摇			样	药					爱			

第四节 同音字表

本表排列，先以韵母为序，再以声母为序，最后以声调为序。

韵母次序：i u a ia ua e ie ɔ iɔ ai uai oi au iau ou iu uei
am iam iəm mɛ ɔm an uan in un aŋ iaŋ uaŋ eŋ oŋ ioŋ
ap iap iəp ɔp at iat uat ak it ut iak uak ek

声母次序：ɓ m f ɸ v ɗ t n l ts s z tɕ ɕ ȵ z k g ŋ h fi ø

声调次序：阴平 22　阳平 31　阴上 42　阴去 24　阳去 44
阴入 5　阳入 3　长阴入 55　长阳入 33

括弧中的说明，有的说明又读，有的说明字义、用法，有的是说明哪个发音人，如"吴"指吴坤朋，"太"指张太卿，"邱珠"是一个女发音人名。"文"表示文读。"口"表示口语。标问号"？"表示不敢确信。方框"□"表示写不出的字。"～"表示要注的字。

i

ɓi^{22} 边

ɓi^{42} 比鄙

ɓi^{24} 币弊蔽闭婢臂避庇碧壁？

ɓi^{44} 备

ɓi^{55} 鳖毕

mi^{22} 面

mi^{31} 棉迷

mi^{42} 弥秘泌

mi^{24} 密（吴）

mi^{33} 乜物 mi^{33}/vut^3 密（要，会。又^{55}调 邱珠）

fi^{22} 披鼻 名,动 笓（梳 tiu^{22}）

fi^{31} 枇（枇杷）

fi^{24} 辟僻

ɸi^{22} 鼻

ɸi^{31} 皮

ɸi^{42} 匹（吴。太：fit^5）

vi^{42} 米

vi^{44} 味

vi^{33} 篾

ɗi^{31} 迟缠递□（～帽：戴帽）

ɗi^{42} 底（又 ɗai^{42}、ɗuai^{42}、ɗoi^{42}）

ɗi^{44} 弟地口（满）

ti^{22} 丝（丝瓜；又 te^{22} 丝线-tua^{24}；又 tai）诗

ti^{31} 时匙

ti^{42} 死

ti^{24} 世四扇帝

ti^{44} 战是氏视闪豉

li^{22} 绕（理？）

li^{31} 梨离鳌

li^{42} 吕李礼

li^{24} 丽隶利笠

tɕi^{22} 资蜘支姿咨滋之芝（又 tse^{22} 灵芝）枝（荔枝）

tɕi^{31} 钱脐舌

tçi⁴² 紫指子（李子）姊旨止趾址

tçi²⁴ 煎制际（坤朋 ki?）滞（停滞）智致稚至置（置办）志

tçi⁴⁴ 治自 tçi⁴⁴（又 tse⁴⁴）痔既荸

tçi⁵⁵ 折（动词。又 ³³ 调）摺质即（这。又 ³³ 调）

tçi³³ 舌舔（舌，又 tuei⁴⁴）执折（又 ⁵⁵）织隻（文读。口 tçia⁵⁵）即（这）

ɲi³¹ 泥（水泥）尼口（轮胎）疑

ɲi⁴² 女染（又 ziam⁴²）

ɲi²⁴ 逆

ɲi⁵⁵ 匿（要，欲。海口 mɔ⁵⁵）口（一点儿：差～团）

çi²² 雌斯施狮尸迁鲜

çi³¹ 徐池饲驰瓷祠辞（辞职）词慈持

çi⁴² 取此玺徙耻

çi²⁴ 刺柿试尝（试）势（势力）赐次肆（放肆）示鳍（指鱼刺）思（意思）似祀巳（巳蛇）伺（伺机）嗣饲士仕柿赤（赤子）斥（排斥）释

çi⁴⁴ 市寺（寺庙）

çi³³ 识饰昔席（文，口 çiɔ³³）适析

zi²² 二 zi²²/nɔ⁴⁴ 遇宇

zi³¹ 余儿娱宜仪遗

zi⁴² 以已

zi²⁴ 逝

zi⁴⁴ 语（语言）

zi³³ 玉狱欲浴

ki²² 饥枝肌基机屐

ki³¹ 棋舷（际，边缘）旗

ki⁴² 举纪济（～南）己几（几何；又"几个"kuei²²kai⁴⁴）

ki²⁴ 见祭（祭祀）计继（继续）痣纪忌季箭（弓箭）

ki⁴⁴ 记渠技妓

ki⁵⁵ 剧辑迹（痕迹）

ki³³ 砌（砌墙）击激寂

gi³¹ 畦（塍畦）

ŋi²² 义

ŋi²⁴ 艺

hi²² 区欺口（土～：蚂蟥。蛆？）

hi³¹ 奇齐（文读：齐国，白读 tuai³¹）祈（祈求）

hi⁴² 牙（齿）起企起杞（枸杞）岂（岂敢）

hi²⁴ 器弃泣

hi⁴⁴ 耳

hi⁵⁵ 铁

fii²² 天

fii³¹ 年哭（啼）其期

fii⁴² 喜

fii⁴⁴ 系

ø²² 希牺嬉稀（又 ka²⁴：汤～）依夕亦译易

ø³¹ 圆啼（哭）

ø⁴² 体启（启动）倚喜矣耳

ø²⁴ 剃戏意艺（吴，又 ŋi²⁴）谊义议易异（诧异）亿抑疫役

ø⁴⁴ 係（吴）肄

ø⁵⁵ 姨

u

mu⁴² 牡

mu²⁴ 雾幕牧

fu³¹ 浮

fu⁴² 府

fu^{24} 富副负瀑
fu^{44} 付妇腐（腐败。又 u^{44}:豆腐）负
fu^{33} 扑仆幅腹覆
ɸ/fu^{22}（老/吴）谱铺
vu^{42} 武
ɖu^{22} 猪/豕朱（姓。又 tsu^{22} 朱红）
ɖu^{31} 厨
ɖu^{42} 赌箸
ɖu^{24} 杜
ɖu^{44} 住（在，有）
ɖu^{33} 督
tu^{22} 书输字（书）书
tu^{31} 蜍（石-：癞蛤蟆）
tu^{42} 主煮拄（拄棍）阻著箸
tu^{24} 注
tu^{44} 薯
lu^{31} 驴
lu^{24} 录

lu^{33} 落（又 lak^5/ lɔ^{33}）萝（~葡）
su^{22} 舒
su^{31} 除储
su^{24} 肃
su^{33} 叔（今称成年男性：阿叔）
ku^{22} 句龟舅白顾
ku^{42} 久灸故
ku^{24} 锯
ku^{44} 旧
gu^{31} 牛
hu^{31} 胡（~萝卜）
hu^{24} 去
ɦu^{31} 图壶锄
ø^{22} 墟口（膝盖：骹~）突忽（忽然）
ø^{31} 鱼
ø^{42} 许øu^{42}（又 hou^{42}）
ø^{24} 戊
ø^{44} 有务腐（豆腐。又 fu^{44}）

a

ɓa^{42} 饱
ɓa^{24} 豹壩
ma^{42} □（拔：~草）
fa^{31} 杷（枇杷）
fa^{55} 拍（吴）
ɸa^{55} 打（拍）拍
va^{31} 猫
ɖa^{22} 担旦（又 hua^{24}：玄旦 hin^{31}hua^{24} 明天，连读变音而致）
ɖa^{42} 胆
ɖa^{24} 担
ɖa^{55} 搭答达
ɖa^{33} 踏
ta^{22} 衣（衫）三
ta^{42} 早

ta^{55} 背（背负）
ta^{33} 杂昨（昨晡 ta^{33}vɔu^{22}：昨日。又 tɔ^{55}：昨日 tɔ^{55}ʑit^3；大昨日 ɖua^{22} tɔ^{55}ʑit^3）
na^{44} 乃（刚才；刚巧；才；只；再）
la^{24} 拉
la^{33} 蜡
tsa^{24} 炸
sa^{22} 沙（文读）□（~目 sa^{22}me^{33}：瞎眼。也读 se^{22}me^{33}）
sa^{31} 柴
sa^{42} 炒
sa^{44} 诧（诧异）
sa^{55} 插
ka^{22} 剪（铰）胛（肩）鸦（鸦鹣：

乌鸦）嘉（嘉积[地名]）柑□（拍～菜ɸa⁵⁵ka²²sai²⁴：打喷嚏）
ka⁴² 敢搅（吵：吵架 ka⁴²ke²⁴）
ka²⁴ 稀（汤～ ka²⁴：又 i²² ）教（教书。口语 mai²⁴）咬尬（尷～）
ka⁵⁵ 甲协（协力）
ka³³ 虼（～蚤：跳蚤）
ga³³ 咳（～嗽）

ha²² 脚（骹）□（～惊：恐怕）
ha⁴² 骹（爪：鸡爪）
ha²⁴ 敲
ha⁵⁵ 塔
ha³³ 塌
øa²² □（风吹、刮）
øa⁵⁵ 闸（隘）鸭 一（语料）
øa³³ 一（语料）

ia

ɓia²² 兵
ɓia⁴² 饼
ɓia⁵⁵ 壁
mia²² 命
mia³¹ 名
ɗia²² 定
ɗia⁴² 鼎
ɗia⁵⁵ 摘
tia²² 声赊[吴]
tia³¹ 斜城
tia⁴² 写赦捨[吴]
tia²⁴ 泄（泄露）
tia⁴⁴ 谢社（公社）
tia⁵⁵ 削锡摘
tia³³ 席射
lia⁴² 领岭
lia³³ 抓（掠）
tɕia²² 正（正月）
tɕia³¹ 情
tɕia⁴² 淡（餂）
tɕia²⁴ 正（正反）蔗

tɕia⁵⁵ 脊（胛脊：背脊）
tɕia³³ 食（吃食）戚
ɕia²² 车
ɕia⁴² 请（文：seŋ⁴²）
ɕia³³ 勺
ʑia⁴² 也惹
kia³¹ 行（行走）
kia⁴² 子（囝）
kia²⁴ 寄镜
hia³¹ 骑煆（烧）
hia⁴² 倚
hia⁴⁴ 竖（倚）
hia³³ 黠
ɦia²² 瓦听（听见）兄
ɦia²⁴ 痛
ɦia⁵⁵ 歇
øia²² 蚁（又 ⁴⁴）
øia³¹ 赢营
øia⁵⁵ 拆
øia³³ 蝶（飞－：蝴蝶）驿额

ua

ɓua²² 搬般
ɓua³¹ 盘（碟）

ɓua⁴² 粄
ɓua²⁴ 半

ɓua⁵⁵ 拨
mua³¹ 麻
mua⁴² 满
mua³³ 疫（疫情。训读"殁"？）
fua²⁴ 判
ɸua²⁴ 破
ɸua⁵⁵ 泼
ɗua²² 大（又ɗai²⁴）
ɗua²⁴ 带（又ɗe²⁴：什么地方）散伞
ɗua⁴⁴ 懒（惰）
tua²² 沙山
tua³¹ 蛇
tua⁴² 纸徙 吴
tua²⁴ 伞线绩
tua⁵⁵ 杀
nua²² 烂
nua³¹ 揉
lua³³ 辣
sua⁴² 歪

sua⁵⁵ 擦刷
zua³³ 热（又ʑit³nau⁴⁴：热闹）
kua²² 肝看汗官荠（～菜/苦 hɔu⁴² 菜）
kua⁴² 擀裹
kua²⁴ 挂（挂囝：怀孕）旰（上～：上午）
kua⁵⁵ 割刮（～稻）口（敲）
hua²² 宽欢
hua³¹ 和（文读）
hua²⁴ 课旦（今旦：今天）
hua⁴² 缓
hua⁴⁴ 祸
hua⁵⁵ 渴阔
ɦua²² 花
ɦua³¹ 华
øua²² 拖外换旱
øua⁴² 碗
øua²⁴ 炭
øua³³ 活（天～：晴天）

e

ɓe²² 病
ɓe³¹ 爬口（挠：～痒）
ɓe⁴² 把（又ɓoi⁴²：拿）
ɓe²⁴ 柄
ɓe⁵⁵ 百
ɓe³³ 白父（伯）
me³¹ 暝（夜）
me⁴² 猛（快）
me⁴⁴ 骂
fe²⁴ 帕
ve²² 味（口：快、就）
ve⁴² 马
ve³³ 麦
ɗe²² 袋

ɗe³¹ 茶
ɗe⁴² 短
ɗe²⁴ 带（什么地方，又ɗua²⁴，tuai²⁴ 带）
ɗe⁵⁵ 叠（压）
ɗe³³ 捏
te²² 生
te⁴² 省
te²⁴ 姓处（带）
te⁴⁴ 舍社口（处？都、全——语法句9）
le³¹ 螺（吴；张 lɔ³¹）
le⁴² 冷里（即～：这里。又 lai⁴²：宿～）
tse²² 争芝（灵芝，又 tɕi²²）

tse⁴² 姐井者（作者）
tse⁴⁴ 坐静自（又 tɕi⁴⁴）
se²² 师星（又 seŋ²²）私司丝（丝线 -tua²⁴；又 ti²²）思（思考）
se³¹ 祠磁
se⁴² 使且（而且 ɔk⁵se⁴²）史驶醒
se²⁴ 妾
se⁴⁴ 事
se⁵⁵ 惜彻澈（文读）浙
ze⁴² 野（野外）
ke²² 更（三更）耕家个（食午个）稼
ke⁴² 假（真假）哽
ke²⁴ 嫁价
ke⁵⁵ 格隔

gе²² 个（又 gɔ⁴⁴/²²、kai⁴⁴）
ŋe²² 硬
ŋe³¹ 衙蜈（～蚣）
ŋe³³ 额文（又 øia³³ 白）
he²² 虾
he⁴⁴ 夏
he⁵⁵ 客宿（住宿，即"歇"）歇吓（恐吓）澈（干净）
he³³ 合许（答应：～声：答应《海口方言词典》第 81 页作"诺"）
øe²² 下（又 øe⁴⁴）
øe³¹ 桁（檩）暇吴
øe⁴² 哑
øe³³ 窄（隘）

ie

lie³³ 猎
tɕie⁵⁵ 哲

tɕie³³ 截

ɔ

ɓɔ⁴² 宝菠保堡
ɓɔ²⁴ 暴
ɓɔ⁴⁴ 孵
ɓɔ⁵⁵ 薄
ɓɔ³³ 陌不（琼剧音。又读ɓɔk³）
mɔ²² 望（又 muaŋ²²）
mɔ³¹ 磨（名、动）毛（头～：头发。又 mau³¹：毛泽东）膜
mɔ⁴² 摸（又 mak³）
mɔ²⁴ 帽冒寞
fɔ²² 岸（坡）剖
fɔ⁴⁴ 破文读
ɸɔ³¹ 婆
vɔ³¹ 佛婆菩

vɔ⁴² 拇
vɔ³³ 勿
dɔ²² 刀多（又 tuai²²）□（剩）
dɔ³¹ 长（～短，又 tsaŋ⁴²：局长）塘肠
dɔ⁴² 躲
dɔ²⁴ 倒（～酒）
dɔ⁵⁵ □（切：～开。剁？）
dɔ³³ 索着（～火）
tɔ²² 装（又 tuaŋ²² 装箱）霜
tɔ⁴² 所左锁嫂□（鼻～涕）
tɔ⁵⁵ 作（做）濯（漱）
nɔ²² 两二（又 ʑi²²）
lɔ³¹ 锣螺文（又 le³¹）

lɔ³³ 落（落里：进去。又 lu³³，lak⁵）
sɔ²² 初疮
sɔ³¹ 床桌（糜桌）
kɔ²² 歌缸
kɔ²⁴ 钢告（告上法庭）
kɔ⁵⁵ 各□（吸）
gɔ²² 个（又 gɔ⁴⁴，kai⁴⁴）
gɔ³¹ 鹅
gɔ⁴⁴ 个（又 kai⁴⁴）
ŋɔ⁴⁴ 饿
hɔ²² 汤糠号

hɔ³¹ 行（又：kia³¹，haŋ³¹）河糖荷（-花）桃逃文
hɔ⁴² 可好
hɔ²⁴ 浩（人名）耗
hɔ⁴⁴ □（煨）
hɔ⁵⁵ 托
øɔ³¹ 禾
øɔ⁴² 影影（荫）袄
øɔ²⁴ 奥懊□（霸道）
øɔ⁴⁴ □（檐：屋～）
øɔ³³ 学

ci

ɓiɔ²² 庙
ɓiɔ⁴² 表（手表，表格。又 ɓiau⁴²：表达）
fiɔ²⁴ 票（吴）
ɗiɔ³¹ 肠场
ɗiɔ²⁴ 钓
ɗiɔ³³ 跃（吴）
tiɔ²² 烧箱相箱厢襄 张（量词）
tiɔ³¹ 祥详
tiɔ⁴² 想
liɔ³¹ 凉（凉茶）
liɔ⁴² 两（斤两。又 nɔ²²：～个）
tɕiɔ²² 椒蕉上（位置）
tɕiɔ⁴² 少
tɕiɔ²⁴ 借照浆
tɕiɔ⁴⁴ 痒上（动词）
tɕiɔ³³ 石
ɕiɔ²² 枪
ɕiɔ³¹ 墙

ɕiɔ²⁴ 笑
ɕiɔ⁴⁴ □（租）象像
ɕiɔ⁵⁵ 尺
ɕiɔ³³ 席白（又 ɕi³³文）
kiɔ²² 桥轿姜
kiɔ³¹ 茄
kiɔ²⁴ 叫轿（又 kiau²⁴）
hiɔ²⁴ 向（又 øiɔ²⁴）
hiɔ⁵⁵ 抾（捡，拾：广韵去其切，去劫切。玉篇双手捧取。后汉书捕捉）
hiɔ³³ 叶 （又 øiɔ³³）
øiɔ²² 腰秧香
øiɔ³¹ 摇
øiɔ²⁴ 要向（又 hiɔ²⁴）
øiɔ⁴⁴ 样（又øioŋ⁴⁴）要（被，让，给，把。又见 iau⁴⁴）
øiɔ³³ 药叶（又 hiɔ³³）页

ai

ɓai³¹ 排牌

ɓai⁴² 摆板

ɓai²⁴ 拜
ɓai⁴⁴ 败
mai³¹ 迈
mai⁴² 母娘（母）
mai²⁴ □（教。《海口方言词典》第 126 页作"示"）
mai³³ 脉
ɸai²⁴ 派配肺
ɗai²² 第
ɗai³¹ 埋（垱）
ɗai⁴² 底（又 ɗi⁴²，ɗuai⁴²，ɗoi⁴²）
ɗai²⁴ 贷戴文（又 ɗi²⁴ 白）
ɗai³³ 掷（扔，语法例句。《海口方言词典》第 129 页作"□"）
tai²² 西知
tai³¹ 前先（前）
tai⁴² 粪（屎）虱咋（底的异读?～作：怎么）
nai⁴² 内（内边）
nai⁴⁴ 耐
lai³¹ 来
lai⁴² 里（宿里：家里。又 le⁴²：即～：这里）
lai⁴⁴ 赖荔

tsai²² 灾栽
tsai²⁴ 载再
tsai⁵⁵ 织
sai²² 猜
sai³¹ 财蚕（又 san³¹）才
sai²⁴ 菜蔡赛
kai²² 该肩
kai³¹ 个（又 kai⁴⁴，ge²²，ke²²，gɔ⁴⁴）
kai⁴² 戒
kai²⁴ 盖（盖子）
kai⁴⁴ 个（又 kai³¹，ge²²，ke²²，gɔ⁴⁴）
ŋai³¹ □（抬：～头）
ŋai²⁴ 碍
ŋai⁴⁴ □（随，让）
hai²² 胎
hai³¹ 台刮（宰杀）孩
hai⁴² 海凯苋（苋菜）
hai²⁴ 瞎太泰
hai⁴⁴ 害
øai²² 哀（哀悼）埃
øai³¹ 闲
øai⁴² 偃（躺、隐——语法 16）
øai²⁴ 爱艾

uai

ɓuai⁴² 拔
ɓuai⁴⁴ 辈把（拿）
ɓuai⁵⁵ 八（又 ɓoi⁵⁵）
muai⁴² 美每（两字又读 muei⁴²）
fuai²² 批
vuai²² 卖
vuai³¹ 眉楣
vuai⁴² 买
vuai²⁴ 费

vuai⁵⁵ 把
ɗuai²² 低
ɗuai³¹ 堤题提蹄
ɗuai⁴² 底（邋底：到底。又 ɗi⁴²，ɗai⁴²，ɗoi⁴²）
抵□（忍耐。《海口方言词典》第 136 页作"抵"）
ɗuai⁴⁴ 递
tuai²² 多（又 ɗɔ²²）帚

tuai³¹ 齐（文读 hi³¹，白读 tuai³¹）
tuai⁴² 洗帚
tuai²⁴ 带（又 ɗua²⁴，ɗe²⁴）
tuai⁵⁵ 雪（又 toi⁵⁵）
luai²² 例
luai³¹ 黎（黎族，黎语）篱
luai²⁴ 厉励
suai⁴⁴ 粞（米粉。拍～：打成米粉）穗
suai⁵⁵ 帅
kuai²² 街鸡县乖
kuai³¹ 高（悬）
kuai⁴² 改解拐

kuai²⁴ 怪挂（又 kua²⁴）卦（八卦）
huai²² 溪
huai²⁴ 契块快（又 huei²⁴）会（会计。又 uei²⁴）
huai⁴⁴ 蟹
huai⁵⁵ 缺瞌（睡）
ɦuai²² 靴坏
øuai²² 坏
øuai³¹ 鞋怀淮还（～价。又 uan³¹）
øuai⁴² 矮
øuai²⁴ 替（替换）怨（怪）

oi

ɓoi²² 杯碑飞（又 ɸuei²²）
ɓoi³¹ 赔肥（又 ɓuei³¹）
ɓoi⁴² 把
ɓoi²⁴ 贝
ɓoi⁵⁵ 八
moi³¹ 饭（糜）

ɗoi⁴² 底（又 ɗi⁴²，ɗai⁴²，ɗuai⁴²）
toi²⁴ 细
toi⁵⁵ 雪（又 tuai⁵⁵）节（冬节 toi⁵⁵。又 tat⁵）
toi³³ 切
loi³¹ 犁

uei

ɓuei²² 杯碑卑悲飞（飞机。又 fuei²² 人名）糒（干饭）
ɓuei³¹ 胖（肥）
ɓuei⁴² 本
ɓuei²⁴ 背（背书；背叛）吠瘅
ɓuei⁴⁴ 倍
muei²² 问妹（又 muei⁵⁵）
muei³¹ 门们
muei⁴² 每美（两字又读 muai⁴²）
muei⁵⁵ 妹（面称。又 muei²²）
fuei²² 胚丕飞（人名）妃
fuei³¹ 培皮脾疲琵枇
fuei⁴² 被裴

fuei²⁴ 配（相配，物配：菜肴）佩肺屁呸（唾，动词）费
ɸuei³¹ 皮
ɸuei²⁴ 屁
ɸuei⁴⁴ 被
vuei³¹ 煤梅媒为（作为）
vuei³¹ 肥（又 ɓoi³¹）
vuei⁴² 尾
vuei³³ 月
ɗuei⁴² 回（转）堆
ɗuei²⁴ 对寻（转）队兑
ɗuei⁴⁴ 断队（语料五）
tuei²² 追酸砖猁

tuei⁴² 水
tuei²⁴ 醉算最缀赘追坠
tuei⁴⁴ 罪口（舔）
tuei³³ 嘬（舌，舔，吮吸。语料五）
nuei⁴² 软
nuei²⁴ 口（镰刀：铰～）
nuei⁴⁴ 卵
luei²² 乱
luei³¹ 雷
luei⁴² 累（累积）
luei⁴⁴ 类累（连累）泪（目汁）
tsuei²² 追（口语：赶 kua⁴²）锥
suei²² 村催崔吹（口语：ɓun³¹）炊虽衰（运气差）
suei³¹ 随垂
suei⁴² 髓（骨髓）
suei²⁴ 碎嘴脆喙（昌锐切）税翠粹遂隧髓（文读）
suei⁵⁵ 啜（喝）
zuei²⁴ 锐瑞
kuei²² 瓜规圭闺归光（又 kuaŋ²²）
kuei⁴² 果几（几何 ki⁴²u³¹；又几个 kuei²²kai⁴⁴）鬼诡

kuei²⁴ 过桂季贵
kuei⁴⁴ 跪柜
ŋuei³¹ 危
huei²² 开亏盔奎麾昏（暝～：夜间）
huei³¹ 横葵遳葵
huei⁴² 火
huei²⁴ 快（又 huai²⁴）气溃
huei⁴⁴ 划（计划。又 huei³¹：划船）
ɦuei²² 花梯远昏
ɦuei³¹ 园黄
ɦuei²⁴ 货
ɦuei⁵⁵ 血
øuei²² 希推灰（吴）挥徽辉威远（吴）
øuei³¹ 锤（～团）危围口（未开垦的土地。塍：已耕地）桅唯维微违
øuei⁴² 袖（袘）委毁伟口（襟：衫～。）
øuei²⁴ 岁卫秽退褪（褪色）会（开会）贿惠慧卫秽腿（鸡腿）魏汇获
øuei⁴⁴ 会画话位胃腿伪未
øuei⁵⁵ 划血（吴）
øuei³³ 劃

au

ɓau²² 包胞口（嗾，牛倒嚼）
ɓau²⁴ 抱（拥抱。又口ka⁴²）
ɓau⁴⁴ 鲍爆
mau³¹ 毛（姓。又 mɔ³¹）茅锚
mau⁴² 牡（～丹）
mau²⁴ 帽茂贸
mau⁴⁴ 貌
fau²² 抛
fau³¹ 袍刨
fau²⁴ 泡炮

ɗau²² 豆
ɗau³¹ 岛导
ɗau⁴² 斗（斗落：抽屉）祷
ɗau⁴⁴ 道盗
tau²² 糙
tau⁴² 走枣蚤（虼～：跳蚤）
tau²⁴ 灶昼扫
tau⁴⁴ 造
nau⁴² 脑扭
nau⁴⁴ 闹

lau²² 捞漏
lau³¹ 楼流劳（劳动）牢榴（石榴）留
lau⁴² 老了（语料故事。又 liau⁴²）
lau⁴⁴ 涝陋
tsau²² 遭糟招（又 tɕiau²²）
tsau⁴² 蚤沼
tsau²⁴ 罩赵召
tsau⁴⁴ 造躁
sau²² 抄钞超抄操
sau³¹ 曹槽朝（又 tɕiau²²：今朝）潮
sau⁴² 草
sau²⁴ 凑（又 zau²⁴——语法 11 句/29 句）糙韶绍
zau²⁴ 凑
kau²² 钩够沟蚯（～蚓）高（人名。又悬 kuai³¹）膏糕勾

kau³¹ 怀猴
kau⁴² 九（又 giu⁴⁴）韭稿搞（又 kau⁴², kɔ⁴²）□（～kiam²⁴：吝啬）
kau²⁴ 遘（语料）够
kau⁴⁴ 狗厚
ŋau³¹ 熬傲
ŋau⁴² 藕
hau²² 偷涛皂蒿
hau³¹ 头桃（核桃。又 hɔ³¹：桃子）陶淘抠
hau⁴² 讨口考烤犒口
hau²⁴ 靠透
hau⁴⁴ 后後
ɦau²⁴ 套（套装）□（扇风）
øau²⁴ 呕
øau⁴⁴ 后

iau

ɓiau²² 彪
ɓiau⁴² 表（表达。又 ɓiɔ⁴²）
miau³¹ 苗描
miau⁴² 秒
fiau²² 飘瓢
fiau³¹ 嫖
fiau⁴² 漂
fiau²⁴ 票（又 ɸiau²⁴）
viau⁴² 庙
ɸiau²⁴ 票（又 fiau²⁴）
ɗiau²² 刁貂
ɗiau³¹ 条
ɗiau⁴² 雕调（音调）
ɗiau²⁴ 钓吊
ɗiau⁴⁴ 调（调和）笛（箫）
tiau²² 箫销萧
tiau²⁴ 数（名、动）

liau²² 料
liau³¹ 鹩（鸦鹩：乌鸦）燎
liau⁴² 了（了结。又 lau⁴²）料
liau⁴⁴ 疗廖
tɕiau²² 焦椒朝（又 sau³¹：朝代）招（又 tsau²²）
tɕiau⁴² 鸟雀
tɕiau⁴⁴ 皱
n̠iau⁴⁴ 小（崽）
ɕiau²² 梢捎稍消宵器搜□（～huei²²：膻味）
ɕiau³¹ 朝晓
ɕiau²⁴ 臭少（少林寺）馊（又 iau²⁴）
ʑiau³¹ 姚尧
ʑiau⁴² 爪（爪子）扰绕尿
ʑiau²⁴ 肘□（猪蹄）
kiau²² 交郊胶焦浇（口语：沃 ak⁵）

kiau⁴² 较（比较）绞狡搅剿缴侥
kiau²⁴ 轿（又 kiɔ²⁴）
hiau⁴² 巧
hiau²⁴ 较窍翘孝
hiau³³ 曲（～尾：蝎子）
ɵiau²² 妖

ɵiau³¹ 尧
ɵiau⁴² 柱
ɵiau²⁴ 要（又见 iɔ⁴⁴：被，iɔk³ 欲）跳（跳绳、踢绳）窖酵孝效姚耀馊（又 ɕiau²⁴）
ɵiau⁴⁴ 校口（青春痘）

ɔu

ɓɔu⁴² 斧
ɓɔu²⁴ 布（又，～塍：种地））
ɓɔu⁴⁴ 步
ɸɔu⁴⁴ 簿
vɔu²² 晡（昨晡：昨天）
tɔu²² 租
tɔu⁴² 祖
tɔu²⁴ 凑
nɔu³¹ 奴
lɔu²² 路
lɔu⁴⁴ 口（都——语法第 42 句）
tɔu⁴² 祖
sɔu²⁴ 错
kɔu²² 菇
kɔu³¹ 糊（粘贴）
kɔu⁴² 古个（十二月个：腊月。又"蹲月（坐月子）、满月"）
gɔu⁴⁴ 个（句末语气词？——语料四：小时候）
ŋɔu²² 五
ŋɔu³¹ 吴
ŋɔu⁴² 藕午（吴）
hɔu²² 箍圈（箍）
hɔu⁴² 土苦虎雨
hɔu²⁴ 裤兔
hɔu⁴⁴ 户
ɵɔu²² 乌芋
ɵɔu³¹ 湖
ɵɔu⁴⁴ 黑（乌）
ou（仿普通话韵：斗斗争奏漏偶构购侯后皇后欧仇酬）

iu

ɗiu³¹ 绸舀巢³¹
ɗiu⁴⁴ 住籼（稻）
tiu²² 修收
tiu³¹ 泅
tiu²⁴ 秀绣
tiu⁴⁴ 岫（窝）受
liu³¹ 刘琉馏
liu⁴² 柳
liu⁴⁴ 溜
tɕiu²² 州周舟州洲鸠纠
tɕiu⁴² 酒
tɕiu⁴⁴ 昼宙咒就寿售
ȵiu⁴² 纽（纽约）
ɕiu²² 秋抽丘树须（鬍鬚）
ɕiu³¹ 囚愁
ɕiu⁴² 鼠手首守
ɕiu²⁴ 屋（宿）
ɕiu⁴⁴ 树抽寿

ʑiu³¹ 柔由游犹乱（吴）
ʑiu⁴² 友
ʑiu⁴⁴ 右又
ɡiu⁴² 九（又 kau⁴²，ɡiu⁴⁴）
ɡiu⁴⁴ 九（又 kiu⁴²，kau⁴²）
hiu²² 休

hiu³¹ 球求
øiu²² 优休（吴忧悠）幽
øiu³¹ 油
øiu⁴² 酉
øiu²⁴ 幼
øiu⁴⁴ 又柚

am

tam²⁴ 站（车站）栈
nam³¹ 南男　²⁴玩
lam²² 绳（缆）
lam³¹ 蓝□（～酒：酿酒）篮
lam⁴² 抱（揽）
lam²⁴ 榄
sam²² 参
kam²² 甘监尴（～尬）
kam³¹ 含□（腻，厌烦，无聊）

kam⁴² 感橄
ŋam³¹ 岩
ham²² 贪
ham³¹ 潭含函
ham²⁴ 喊探赚（趁）舀（瓢）
ham⁴⁴ 罩（鬵）
øam²² 安庵
øam²⁴ 暗晚（暗）

iam

ɗiam³¹ 甜
ɗiam⁴² 点
ɗiam²⁴ 店
ɗiam⁴⁴ 垫
tiam²² 杉
tiam⁴² 闪
liam²² 黏
tɕiam²² 尖针
tɕiam⁴² 盏展
tɕiam²⁴ 占粘占
tɕiam⁴⁴ 暂
ȵiam²² 念粘（跟）
ȵiam²⁴ 拈（～菜：拣菜）
ȵiam⁴⁴ 验
ɕiam²² 签深
ɕiam³¹ 潜

ʑiam³¹ 炎
ʑiam⁴² 染（又 ȵi⁴²）
kiam³¹ 咸
kiam⁴² 减检
kiam²⁴ 剑
ŋiam²² 啱（恰，刚好）
ŋiam³¹ 严沿
hiam²² 谦
hiam³¹ 钳搛（夹菜）
hiam⁴² 险
hiam²⁴ 欠歉
øiam²² 添阉
øiam³¹ 盐嫌
øiam⁴² 险阉腌
øiam²⁴ 厌

iəm

tiəm²² 心砧
liəm³¹ 林淋临磷菱凌（冰淇淋）
tçiəm⁴² 枕锦诊疹
tçiəm²⁴ 浸
tçiəm⁴⁴ 妗
çiəm²² 侵森参（人参）深钦
çiəm³¹ 沉
çiəm⁴² 沈审

çiəm²⁴ 渗
ziəm⁴⁴ 任刃
kiəm²² 金
kiəm²⁴ 禁
hiəm³¹ 琴禽
øiəm²² 音阴
øiəm⁴² 饮（文）

ɔm

kɔm⁴⁴ 憾（讨厌）
hɔm²⁴ 䀆（盖）□（挤，动词）

hɔm⁴⁴ 勘（按）
øɔm⁴² 揞：找（找零钱）

an

ɓan²² 班斑颁帮□（坍塌）伴
ɓan⁴² 板版槟（～椰 laŋ³¹/lɔ³¹）
ɓan⁴⁴ 扮排便（便宜。又方便：ɓin⁴⁴）
man²² 慢（口：缓）
man³¹ 蛮□（小孩皮）
man²⁴ 蔓
fan²² 攀潘番（又 uan²²：一番）
fan³¹ 凡帆烦礬繁
fan⁴² 反
fan²⁴ 泛盼拼
fan⁴⁴ 犯范範
van⁴⁴ 万（麻将牌。又 man²²：一万）
ɗan²² 单钉（名词）丹（牡丹）耽担旦
ɗan³¹ 陈çin³¹/ɗan³¹　藤
ɗan⁴² 痯（瘦）诞等
ɗan⁴⁴ 淡弹
tan⁴² 产盏（小碟）
nan³¹ 难

lan³¹ 兰鳞栏
lan⁴² 懒
tsan⁴² 斩
tsan²⁴ 赞
tsan⁴⁴ 溅（射，喷）绽
san²² 搀餐（又 saŋ²²）参（参加）珊删灿
san³¹ 田（塍）蚕（老男：sai³¹）惭残缠禅蝉
san⁴² 铲（锹、铲）惨
san²⁴ 䞂
san⁴⁴ 单（姓）膳
zan³¹ 然（又zin³¹）燃　⁴²□（喊叫）
kan²² 监乾（干净）间奸竿艰
kan⁴² 简
ŋan²² （间）
ŋan³¹ 颜岩
han²² 牵
han³¹ 弹韩寒（伤寒）

han⁴² 坎罕
han²⁴ 赚（趁）汉 趁（从）刊旱炭
han⁴⁴ 限
ɦan²² 滩摊
ɦan³¹ 谈痰坛弹

ɦan⁴² 毯坦
øan²² 安鞍
øan²⁴ 岸焊翰案
ian（仿普通话韵母：鉴²⁴，舰²⁴，添鉆）

uan

ɓuan⁴⁴ 涩（泥）
ɸuan²⁴ 判
ɗuan²² 端
ɗuan²⁴ 段（吴）
tuan³¹ 泉
tuan⁴² 选转
tuan⁴⁴ 传(传记)钻(动词。又 tsuan²²)
luan³¹ 拦
tsuan²² 专钻（又 tuan⁴⁴）
suan²² 闩栓川
suan³¹ 全传（～达）
suan⁴² 喘犬
suan²⁴ 篡串
zuan³¹ 完原丸（食～：吃药）元原

源
zuan⁴⁴ 院愿
kuan²² 关观（观音）棺
kuan⁴² 管
kuan²⁴ 惯贯冠（冠军）罐
ŋuan³¹ 顽
huan⁴² 款
ɦuan²² 番（～豆：花生）ɦuan²²/番（～薯：红薯）
øuan²² 弯湾翻换番（又 fan²²）
øuan³¹ 还（动，副）团糰环袁
øuan⁴² 腕（手～）挽
øuan²⁴ 唤焕
øuan⁴⁴ 患

in

ɓin²² 鞭编彬宾
ɓin⁴² 扁
ɓin²⁴ 变辩辨瓣（吴）免
ɓin⁴⁴ 便（方便，便宜）
min²² 面（脸。又 麵：mi²²）
min³¹ 民棉绵皿
fin²² 篇
fin³¹ 贫
fin²⁴ 骗（口：棍）
ɸin³¹ 苹（～果）
ɸin⁴² 品片
ɗin²² 颠

ɗin³¹ 神辰藤
ɗin⁴² 典
ɗin²⁴ 凳电殿
tin²² 新身仙（又 ɕin²²）辛
tin³¹ 蝇
tin²⁴ 信肾
tin⁴⁴ 善
lin³¹ 连莲廉邻铃（马铃薯）联帘怜练邻
lin⁴⁴ 敛
tɕin²² 毯（毡）今（又 kin²²）贞真侦
tɕin⁴² 侭

tɕin²⁴ 进镇震振

tɕin⁴⁴ 战

n̠in³¹ 言

ɕin²² 亲（如）亲仙（又 tin²²）卿

ɕin³¹ 陈ɕin³¹/ɗan³¹ 程（过程）尘辰晨臣

ɕin⁴² 浅顷

ɕin²⁴ 秤溅迅

ʑin³¹ 延仁（也指蛋黄：卵仁）匀然（又 zan³¹）

ʑin⁴² 演忍

ʑin⁴⁴ 认

kin²² 根筋京津经兼（吴 kian²²）斤

kin⁴² 紧谏卷谨

kin²⁴ 建健践（实践 tit³~）荐绢倦进

kin⁴⁴ 件近

ŋin³¹ 银龈因寅

hin²² 轻

hin³¹ 勤玄（玄旦 hin³¹hua²⁴）芹乾（乾坤）拳虔（虔诚）秦

hin⁴² 肯

hin²⁴ 劝

ɦin⁴² 显

øin²² 烟冤恩因殷晕

øin³¹ 铅炎言填（~表）

øin⁴² 引艳焰隐

øin²⁴ 现印陷验限雁燕晏羡宪献印幸

un

ɓun²² 分

ɓun³¹ 喷

ɓun²⁴ 畚（~箕）

mun²² 闷

fun²² 分（分开）□（潘：猪食。）

fun³¹ 盆喷

fun²⁴ 奋

ɸun³¹ 盆坟

vun³¹ 闻文

ɗun²² 墩敦

ɗun³¹ 唇

ɗun²⁴ 顿

ɗun⁴⁴ 盾

tun²² 孙

tun³¹ 船纯旬巡循

tun⁴² 笋准

tun²⁴ 扽（抖）蒜

tun⁴⁴ 顺盾

nun⁴² 暖

nun²⁴ 嫩

lun³¹ 轮伦论崙

lun⁴⁴ 论（讨论）

tsun²² 尊

sun²² 春

sun³¹ 存纯

sun⁴² 蠢（丑，羞）损

sun²⁴ 寸衬

zun²² 囵

zun³¹ 匀云

zun⁴⁴ 运

kun²² 均军

kun³¹ 裙

kun⁴² 卷滚

kun²⁴ 棍（骗）棒（棍）

hun²² 熏昆坤荤

hun³¹ 群

hun⁴² 困（饿）捆垦

hun⁴⁴ 恨菌（幼菌：细菌）

ɦun²² 吞婚

ɦun³¹ 魂云

ɦun⁴² 粉

øun²² 温瘟吞恩（吴。太：in²²）婚昏
熏（吴）训

øun³¹ 痕魂云

øun⁴² 稳蚓（蚯～）粉

øun²⁴ 混

øun⁴⁴ 恨问（学问）

aŋ

ɓaŋ²² 帮封

ɓaŋ³¹ 房冯

ɓaŋ⁴² 绑榜

ɓaŋ²⁴ 放谤

maŋ²² 梦

maŋ³¹ 蚊（蠓）忙芒（又 moŋ³¹）

maŋ⁴² 莽蟒网

faŋ²² 蜂芳（香。又 iɔ²²）

faŋ³¹ 旁奉防

faŋ⁴² 访仿

ɸaŋ²² 方

ɸaŋ⁴² 纺

vaŋ³¹ 防

ɗaŋ²² 东（ɗoŋ²² 人名）冬

ɗaŋ³¹ 铜同桐

ɗaŋ⁴² 迎（等）党

ɗaŋ²⁴ 荡

ɗaŋ⁴⁴ 洞

taŋ²² 松重丧

taŋ³¹ 丛

taŋ⁴² 扎党等

taŋ²⁴ 粽送宋藏（西藏）

taŋ⁴⁴ 脏

naŋ³¹ 人（侬）脓侬囊

laŋ³¹ 聋笼

laŋ⁴² 朗

laŋ²⁴ 浪弄

tsaŋ²⁴ 葬

saŋ²² 葱仓苍桑昌

saŋ³¹ 常

saŋ²⁴ 唱

kaŋ²² 蚣（蜈蚣）冈刚钢公（公司。
又 kaŋ²²）功工

kaŋ⁴⁴ 共（表和、与。又 koŋ⁴⁴）

ŋaŋ³¹ 戆

haŋ²² 烘巷康慷

haŋ³¹ 虫

haŋ²⁴ 趟抗

haŋ⁴⁴ 项动

ɦaŋ³¹ 堂螳唐塘行航杭

ɦaŋ⁴² 桶筒

ɦaŋ²⁴ 趁（从，又读 haŋ²⁴）

øaŋ³¹ 红虹

iaŋ

liaŋ²⁴ 亮

ɗiaŋ³¹ 层（重）

ɗiaŋ⁴⁴ 谁（底侬）

tiaŋ²² 伤双

liaŋ³¹ 龙（又 loŋ³¹）良粮（米粮：粮
食）量（动词）

liaŋ⁴⁴ 亮量（重量）

tɕiaŋ²² 张章脏（口：luat³/uei²⁴）

tɕiaŋ⁴² 肿长（局长。又 ɗɔ³¹：长短）掌
tɕiaŋ²⁴ 种丈杖仗
tɕiaŋ⁴⁴ 舂（舂米）降将匠
niaŋ³¹ 娘（又niɔ³¹：婆称大媳"大娘"，小媳"姨娘"）
ɕiaŋ²² 商伤
ɕiaŋ⁴² 厂（山厂：山谷）赏
ɕiaŋ²⁴ 俊（相）唱畅
ɕiaŋ⁴⁴ 像（穿）尚
ziaŋ²² 让
ziaŋ³¹ 洋杨阳

ziaŋ⁴² 壤仰（又 iaŋ²² 人名）
ziaŋ⁴⁴ 养
kiaŋ²² 江穷将疆僵薑姜（姓。又 kiɔ²²）
kiaŋ³¹ 贫（穷）
kiaŋ⁴² 蒋
kiaŋ²⁴ 奖降
hiaŋ²² 筐腔
hiaŋ³¹ 强襁（姑襁：哥称妹）
ɦiaŋ²² 窗（向）
øiaŋ²² 央仰（人名。又ziaŋ⁴²）
øiaŋ⁴² 响享

uaŋ

tuaŋ²² 桩莊
tuaŋ⁴⁴ 壮撞（又 foŋ²⁴ 碰）
suaŋ²² 霜桑
suaŋ⁴² 闯
suaŋ²⁴ 创
kuaŋ²² 光（又 kuei²²）
kuaŋ⁴² 广
huaŋ²² 荒慌

huaŋ³¹ 狂（又 uaŋ³¹）
huaŋ²⁴ 旷晃矿
ɦuaŋ²² 慌风（又 foŋ²²：风俗）
øuaŋ²² 风疯（吴）望（又 mɔ²²）
øuaŋ³¹ 王洪
øuaŋ²⁴ 枉
øuaŋ⁴⁴ 旺忘

eŋ

ɓeŋ²² 冰口（拔，拽）
ɓeŋ⁴² 禀丙秉
ɓeŋ²⁴ 迸併並
meŋ³¹ 明铭
feŋ²² 拼妍
feŋ³¹ 平评凭屏萍苹
ɸeŋ³¹ 平
ɗeŋ²² 灯登升丁
ɗeŋ³¹ 澄（又 seŋ³¹）承丞亭庭廷
ɗeŋ⁴² 顶
ɗeŋ⁴⁴ 邓瞪订定（口：ɗia⁴⁴）
teŋ²² 升腥

teŋ⁴² 省
teŋ²⁴ 胜圣
teŋ⁴⁴ 剩盛
neŋ³¹ 能宁
leŋ²² 另
leŋ³¹ 零（又 laŋ：~钱）陵灵铃
leŋ²⁴ 令
tseŋ²² 贞蒸增征精争茎晶经（吴：念经）
tseŋ³¹ 晴
tseŋ⁴² 整拯
tseŋ²⁴ 证症憎

tseŋ⁴⁴ 郑
seŋ²² 清青星（又 se²²）称撑筝（风筝）倾
seŋ³¹ 程橙澄（又ɖeŋ³¹）乘呈程成
seŋ⁴² 惩逞
seŋ⁴⁴ 净（口：澈 he⁵⁵）
zeŋ³¹ 迎（欢迎）盈赢（文。又 ia³¹，白）营

keŋ²² 经更庚耕鲸荆
keŋ⁴² 耿景警颈
keŋ²⁴ 更竟敬竞径
heŋ 轻
heŋ³¹ 停形腾刑型琼
heŋ⁴² 挺艇
heŋ²⁴ 兴庆杏（~子）
øeŋ²² 应鹰莺鹦樱英婴

oŋ

ɓoŋ²² 崩
ɓoŋ⁴⁴ 泥（涩）
moŋ²² 孟
moŋ³¹ 萌蒙盟
moŋ²⁴ 猛
foŋ²²风（foŋ²² 风俗。又 ɦuaŋ²²）丰(太 huaŋ²²) 锋
foŋ³¹ 朋棚蓬逢缝
foŋ²⁴ 撞（碰）奉俸
foŋ⁴⁴ 凤
ɖoŋ⁴² 懂董
ɖoŋ²⁴ 冻
ɖoŋ⁴⁴ 蹲口（衫~：兜）洞
toŋ²² 中（又 tiaŋ²²）终松（松树）
toŋ⁴² 总（都）
toŋ²⁴ 踪
noŋ³¹ 浓农
loŋ³¹ 隆
loŋ⁴² 拢
tsoŋ²² 棕（棕色）众
tsoŋ⁴⁴ 仲

soŋ²² 充冲僧聪嵩
soŋ³¹ 鳙（~鱼）曾（姓）从
soŋ⁴² 宠
soŋ²⁴ 颂诵
soŋ⁴⁴ 像（语料五：勿像）
zoŋ³¹ 荣容绒茸蓉
zoŋ⁴² 永
zoŋ⁴⁴ 用
koŋ²² 公（爷）公宫恭攻弓
koŋ⁴² 拱
koŋ⁴⁴ 共（文。又 kaŋ⁴⁴）口（拥挤）供
goŋ⁴² 讲
hoŋ²² 丰轰
hoŋ³¹ 蓬缝衡横宏童
hoŋ⁴² 孔统恐
hoŋ⁴⁴ 凤孔（孔子）控
ɦoŋ²² 通
ɦoŋ³¹ 恒洪虹（又 aŋ³¹）
øoŋ²² 翁
øoŋ⁴² 拥（又øioŋ⁴²）

ioŋ

ɖioŋ²² 终
ɖioŋ⁴² [底样]（"底样"的合音：怎么）
øioŋ²² 凶雍胸兇

øioŋ³¹ 熊雄庸
øioŋ⁴² 拥（又 øoŋ⁴²）

øioŋ⁴⁴ 勇样（又 cioŋ⁴⁴）

ap

tap³ 十
nap³ □（凹）
sap⁵ □（筹钱、凑钱）
kap⁵ 鸽蛤（青蛙）合（合计，合起来）□（打结：～hat⁵）
ŋap³（□鱼：一种鱼？）□（～车：塞车）
øap³ 盒

iap

tiap⁵ 涩
tɕiap⁵ 接蛰汁
ɲiap³ 业
ɕiap⁵ 摄涉

kiap⁵ 夹抢（劫）
hiap⁵ 痞（坏：～侬。口语）□(镊子)
ɦiap³ 贴碟协
øiap⁵ 帖（吴）

iəp

diəp⁵ 竹
liəp³ 立粒
tɕiəp³ 习（又 iəp³）集
ziəp³ 入

kiəp⁵ 急吸级疾极
hiəp³ 及
øiəp⁵ 憋
øiəp³ 习（人名）

ɔp

lɔp⁵ 簏（罩）

hɔp⁵ □（一种泥土制的罐）

at

ɓat⁵ 别（识，会）
ɓat³ 别（别人）
fat⁵ 法（又 fa⁵⁵：法办）
fat³ 乏
vat³ 袜墨
ɗat⁵ 达
ɗat³ 毒
tat⁵ 节虱

lat³ 劲（力）力
sat⁵ 漆
sat³ 贼
kat³ 丢（《海口方言词典》第 271 页 kak³ 写作"弃"）
hat⁵ 塞刻踢（又 hek⁵）
hat³ 雹（冰雹）□（累）

第一章　语音

iat
ɟiat⁵ 跌　　　　　　　　　　ziat³ 一（又øit⁵）

uat
muat⁵ 末沫没（又mɔt³ 昊）　　luat³ □（浊）
fuat⁵ 发（发热 huat⁵ʑit³）　　zuat⁵ 越
ɗuat³ 夺　　　　　　　　　　zuat³ 悦阅
tuat⁵ 刷　　　　　　　　　　kuat⁵ 刮
tuat³ 绝　　　　　　　　　　øuat⁵ 挖

it
ɓit³ 笔　　　　　　　　　　lit⁵ 列裂
mit⁵ 密　　　　　　　　　　lit³ 历
mit³ 灭蜜　　　　　　　　　tɕit³ 侄秩
ɸit⁵ 匹　　　　　　　　　　ɕit⁵ 撒七拭（擦）湿
ɗit⁵ 得　　　　　　　　　　ʑit³ 日热（热闹 nau⁴⁴。又 zua³³）
ɗit³ 直　　　　　　　　　　kit⁵ 杰结决吉橘掘爵（伯爵）
tit⁵ 设失翼（翅膀）　　　　 øit⁵ 一（又ziat³）
tit³ 实

ut
ɓut³ 佛　　　　　　　　　　sut⁵ 出
vut³ 物（又 mi³³）　　　　　kut⁵ 骨
tut⁵ 卒　　　　　　　　　　kut³ 滑
tut³ 秫（～米：糯米）　　　 hut⁵ 脱坑（窟）
lut³ 律

ak
ɓak⁵ 剥北幅　　　　　　　　lak⁵ 落（又 lu³³）
ɓak³ 缚　　　　　　　　　　lak³ 六（又 lɔk⁵）力
mak³ 眼（目，又 ai⁴²：龙眼 lian³¹ ai⁴²）　tsak⁵ □（目～：老花眼）
　　目摸　　　　　　　　　 kak⁵ 角
fak⁵ 晒（曝）　　　　　　　hak⁵ 壳
vak³ 墨　　　　　　　　　　hak³ 鹤读
ɗak³ 毒　　　　　　　　　　øak⁵ 沃（淋）

iak

tiak⁵ 缩熟
tiak³ 赎
liak³ 鹿绿
tɕiak⁵ 烛嘱
ɕiak⁵ 雀谷（粟）鹊（～母：麻雀）

ȵiak³ 弱
kiak⁵ 菊
hiak⁵ 曲玉觉（语料³）
øiak³ 浴

uak

kuak⁵ 郭

øuak⁵ 活

ek

ɓek³ 逼
ɗek⁵ 德
tek⁵ 息熄色式
lek³ 历暦
tsek⁵ 积值则责职

sek⁵ 侧测厕（厕所）策册（又 se⁵⁵）
kek³ 极
hek⁵ 踢（～绳。又 hat⁵）刻克
øek⁵ 益

ik

ɸik⁵ 劈
ɗik³ 特直
tik⁵ 翼

kik⁵ 击
hik⁵ 忆
ik⁵ 忆

ɔk

ɓɔk⁵ 博
ɓɔk³ 不（琼剧音；又读 ɓo³³。）
mɔk⁵ 莫（姓）
mɔk³ 木
fɔk⁵ 福
fɔk³ 服伏复
ɗɔk⁵ 箬（烟箬：旱烟）笃（笃尾）
tɔk⁵ 镯粥触俗
tɔk³ 族
lɔk³ 六（又 lak³）录略（贿赂）洛络

乐陆
tsɔk⁵ 足烛筑
tsɔk³ 属
sɔk⁵ 畜（畜生）戳触赎束
zɔk⁵ 育
zɔk³ 褥
kɔk⁵ 国瓶（角）
hɔk⁵ 霍福括
hɔk³ 或服局
øɔk⁵ 恶握

tɕiɔk⁵ 叔

hiɔk³ 肉

iɔk

øiɔk⁵ 约

øiɔk³ 要（欲。又 iau²⁴，iɔ⁴⁴：被）

第五节 训读字

了解海南闽语，必然会碰到训读字、训读音这个方言现象。因为海南闽语的训读现象比较突出。所以澄迈话的字词读音也必然会碰到同样的问题，不能回避。而且，在我的调查中，不止碰到了已经被记录的大家熟知的训读字，还不断碰到年轻人中新出现的训读字。

关于训读字，1984 年，梁猷刚在《琼州方言的训读字》一文中，简单地交代为："在琼州方中，有些字用口语中的同义字（词或词素）的音作为白读音，姑且叫做训读音。"（第 146 页）

1993 年，陈鸿迈《琼州方言训读字补》（第 42 页），进一步说明：

> 所谓训读，是指在方言里常借用某个字（或词）的读音，去读另一个同义的字，被读的字叫称训读字，借读的音叫训读音。
>
> 在训读字中，借用的训读音，有时是方言字（或词）的读音，如："脚"训读"骹"[xa²⁴]，"田"训读"塍"[saŋ²¹]，"高"训读"悬"[kɔi²¹]；有时是常用字的读音，如："首"训读"头"[hau²¹]，"谷"训读"粟"[siak⁵]，"腹"训读"肚"[ʔdɔu²¹³]。

又说：

> 琼州方言的训读字跟本字，一般是一对一的关系，但也有两三个训读字共用一个本字的，不过这种情况较少。前者如："晒"训读为"曝"[fak³]，"迎"训读为"等"[ʔdaŋ²¹³]；后者如："卧、躺"皆训读为"偃"[ai²¹³]、"耻、羞、丑"均训读为"蠢"[sun²¹³]。

杜依倩对训读字作出说明："训读是方言与共同语接触过程当中产生的一种现象。在共同语的词汇向方言渗透时，方言区的人面对陌生的字词，发音时借用自己熟悉的同义或近义的词取而代之，书面上却仍使用共同语的字形，与共同语保持一致，于是就出现了训读字。"[①]

梁猷刚列举了 95 条训读字，陈鸿迈补了 62 条，杜依倩又补充了 15 条，其中有 2 条是补充材料，就算 13 条，一共 170 条。笔者以为，他们的研究

[①] 《海口方言语音研究》，第 130 页。

很有成绩，当然难免有不周之处，需要进一步深入或厘清。

澄迈话的训读字，作为老一辈的读法，基本相同。笔者在海南调查了文昌文城、海口大昌、乐东黄流、澄迈金江四个点，这四个点的古入声今读都有四个调类完全对应：阴入 5、阳入 3、长阴入 55、长阳入 33。这对我通过多点比较来认识训读本字，有一定的帮助。现在就澄迈方言的常见训读字，收录如下：

语保 1000 个单字中，就有 72 个字有训读，其实还有一些发音人用书面音读了，如"剧（戏）、走（行）"等，加上语保词汇 1200 条、语保语法 50 句，和以后增加的语法 200 句、语料 10 篇，所用训读字要多很多。例如："穿（像）、脱（解）、系（缚）、躺（偃）、镯（箍）、记（忆）、疫（没）、鸟（雀 tɕiau^{42}）"等。

澄迈语保千字中的训读就有 74 个：

1. 多 tuai^{22}（齐）
2. 牙 hi^{42}（齿）
3. 爷 koŋ^{22}（公）
4. 夜 me^{31}（暝）
5. 做 tɔ^{55}（作）
6. 如 ɕin^{22}（亲）
7. 数 tiau^{24}（账）
8. 竖 hia^{44}（徛）
9. 盖 hɔm^{24}（瞰）
10. 罩 ham^{24}（瞰）
11. 埋 ɗai^{31}（坮）
12. 晒 fak^{5}（曝）
13. 泥 ɓoŋ^{44}（涬）
14. 回 ɗuei^{42}（转）
15. 移 tua^{22}（徙）
16. 子 kia^{42}（囝）
17. 字 tu^{22}（书）
18. 衣 ta^{22}（衫）
19. 嘴 suei^{24}（喙）
20. 抱 lam^{42}（揽）
21. 高 kuai^{31}（悬）/ kau^{22}
22. 抓 lia^{33}（掠）
23. 小 ȵiau^{44}（挈）

24. 抖 tun²⁴（拸）
25. 袖 ɵuei⁴²（䘼）
26. 愁 mun²²（闷）
27. 瘦 ɗan⁴²（痟）
28. 毯 tɕin²²（毡）
29. 淡 tɕia⁴²（餀）
30. 赚 han²⁴（趁）
31. 闸 ɵa⁵⁵（隘）
32. 懒 ɗua⁴⁴（惰）
33. 看 mɔ²²（望）
34. 岸 fɔ²²（坡）
35. 眼 mak³（目）
36. 骗 kun²⁴（棍。棒也读"棍"）
37. 剪 ka²²（铰）
38. 田 san³¹（塍）
39. 先 tai³¹（前）
40. 圈 hɔu²²（篓）
41. 饭 moi³¹（糜）
42. 晚 ɵam²⁴（暗）
43. 弯 hiau³³（曲。在语保词汇"弯"中出现）
44. 发 ₓ₌ₓ mɔ³¹（毛）
45. 贫 kiaŋ³¹（穷）
46. 人 naŋ³¹（侬）
47. 劲 lat³（力）
48. 俊 ɕiaŋ²⁴（相）
49. 粪 tai⁴²（屎）
50. 蚊 maŋ³¹（蠓）
51. 娘 mai³¹（母）
52. 抢 kiap⁵（劫）
53. 尝 ɕi²⁴（试）
54. 脚 ha²²（骸）
55. 胖 ɓuei³¹（肥）
56. 棒 kun²⁴（棍）
57. 撞 foŋ²⁴（碰）
58. 桌 sɔ³¹（床）

59. 层 ɗiaŋ³¹（重）

60. 黑 ɵɔu⁴⁴（乌）

61. 绳 lam²²（缆）

62. 打 ɸa⁵⁵（拍）

63. 坑 hut⁵（窟）

64. 择 kai⁴²（拣）

65. 窄 ɵe³³（隘）

66. 迎 ɗaŋ⁴²（等）

67. 瓶 kɔk⁵（角）

68. 笛 ɗiau⁴⁴（箫）

69. 吃 tɕia³³（食）

70. 谷_{稻谷} ɕiak⁵（粟）

71. 哭 hi³¹（啼）

72. 屋 ɕiu²⁴（宿）

73. 宿_{住宿, 宿舍} he⁵⁵（歇）

74. 鸟 tɕiau⁴²（雀）

训读也常有地区特点和个人特点，如琼南乐东县的黄流，还有野 pho⁴⁴（坡）、壶 ɓan²¹（瓶）、如 ɗan²¹（同）、杯 tɕiaŋ⁴⁴（锺）、找 ɓeu⁴²（补）、叫 han²⁴（喊）、岸 khan²⁴（坎）、折 thiɔʔ⁵（拆）、杀 thai²¹（刣）、卷 khun⁴²（捆）、剧 hi²⁴（戏）、木 sa²¹（柴）、终 tɕin⁵³（尽）等。海口东郊大昌则有：饿（困）、土（塗）、刺（戳）、找（算）、小（细）、黏（糊）、匀（均）、响、哭（吼）等。

笔者对海南闽语中这么多训读字，原来只是调查记录而已，未作任何考虑。这次记录吴坤鹏的《方言调查字表》发音，小吴是海南师范大学地理系学生，他语文修养很好，普通话也讲得很好，对家乡澄迈白莲村母语很有感情。我在他的发音中，逐渐体会到，海南闽语的训读现象，不只过去有，现在还会存在一段时间，因为它还在原来的基础上继续生发。例如：

读丫为奴。大概因为"丫鬟、丫头"和"奴婢、奴仆"属同类，所以"丫"读为"奴"。

读夸为扬。大概，"夸大、夸张、夸赞"和"张扬、表扬"有关联而致。

读跨为迈。"跨"和"迈"同义。

读傻为戆 ŋɔ⁴⁴ 或鹅 gɔ³¹。海南闽语多地"傻"读"戆 ŋɔ⁴⁴（阳去调）"，而在海口话中，"鹅"可用作形容词表示傻（《海口方言词典》第 111 页）。笔者调查的长流土话称"鹅"为"笨"（张惠英 2014，第 207 页）。而且，李方桂的《龙州土语》第 269 页"鹅、笨"同音 pən¹¹。《临高汉词典》第 197 页称鹅为 fun⁴，《黎语调查研究》第 399 页堑对方言称鹅为 bun⁵，都是用"笨"来称鹅。

读剐为割 kua⁵⁵。"剐、割"义通。

读窪为窟。这和海南闽语读"坑"为"窟"一致。

读邪为恶。邪、恶同义。

读斜为翘。斜，不直不平，和"翘"义通。

读髯为鬚。"胡须"今人多不分，"髯"即"鬚"也。

读捕为掠。这和"抓"训读"掠"相同。

读蛆为虫。"蛆"亦"虫"也。

读扯为 beŋ⁴²（绷）。我在揣测，相扯时被扯物都得绷紧，是否和"绷"有关？

读细为幼。犹如读"小"为"孥 ȵiau⁴⁴"。"孥"即幼也，海南俗写字。

读雉为鸡。"雉"，崇明话说"野鸡"。雉亦鸡也。

读翅为翼。"翅、翼"同义。

读唾为呸。有意思！"唾弃"之义和"呸"声一致。

读鳍为刺。鱼鳍也是一种鱼刺。

读几（茶几）为床。海南闽语读"桌"为"床"。今北方有炕之家必有炕桌。"床、桌"为一也。

读爪（鸡爪、狗爪）为骹。犹如读"脚"为"骹"。崇明话"脚爪"连用，专指动物之爪。

读吵（～架，～闹）为搅。"吵、搅"义通。

读锹为铲。"锹、铲"同用，都是掘土工具。

读悄为静 tse⁴⁴。静悄悄，就是静。

读小为细 tuai²⁴为孥 ȵiau²²。可见训读不完全是一对一的情况，可以一对多，或多对一。此"读小为细为孥"是一对多，下条"羞、丑读蠢"多对一。

读羞、丑为蠢。今崇明话怕羞说"蠢来"，长得丑也说"蠢来"。可见"蠢"的多义用法，吴语、闽语都有存留。梁猷刚的训读字中是"耻、羞、丑"都读"蠢"。

读压为叠。"压、叠"同义。

读舔为舌。"舌"是名词，"舔"是动词。"舔"读为"舌"，可理解为名、动同源。

读淹为浸。"淹、浸"意通。

读碟为盘。"碟、盘"同用。

读协为合（ka⁵⁵，～力）。协作和合作义同。

读找为转（阴去）。有的人读"找"为"补"。大概因为"找"有到处转悠寻找的意思，就读转悠的"转"了。

读姊为姎。海南闽语尊称女性长者称"姎"。

读荫为影。"阴影"连用，有其关联之处。因而训读。

读杆为棍。也有读"棒"为"棍"。所以"杆、棒"都读"棍"。

读擦为拭。"擦、拭"同义。

读按（按印）为勘。"勘"核定意，"按（印）"即核定。所以"按"读"勘"。

读列为行。"行列"一词，"行"和"列"同义。

读遍为次。"遍、次"都是动量词。

读肩为胛。今普通话"肩胛"指肩膀，"肩、胛"义通。

"吃药"说"食丸"。读"吃"为"食"，读"药"为"丸"。都是同义训读。

读旋为转。"旋转"同义。

读穴、坑为窟。犹如《说文》读"窑"为"窟"。

读跟为黏 ȵiam[22]。《海口方言词典》第 196 页"冉"，"跟随"意。

读疤、纹为痕。"疤、纹"是有痕印的。

读很为真。这是说，澄迈话副词用"真"代替"很"。

读巾为帕。"巾、帕"同义。

读劲为力。"劲、力"同义。

读豚为猪。豚是小猪，小猪大猪都是猪。

读蹲为坐。"蹲、坐"义近，通用。

读核为仁。"核、仁"义近，都是果内之物，通用。

读细菌为幼菌。这是读"细"为"幼"的衍生。

读默为静。犹如读"悄"为"静"。

读嚼为哺。普通话"哺乳、哺育"的喂养义，海南闽语不用了，只用了《广韵》暮韵薄故切"食在口也"的咀嚼义（参见《海口方言词典》第 170 页）。所以"嚼、哺"同义。

读茎为根。"根、茎"同为植物之重要部分，故通。

读切为削。"切、削"义近可通。

读剖、劈为破。"剖、劈、破"用作动词时义近。

读兜为洞（衫洞：衣兜）。

读秘为密（秘书：密书）。

所以，这一代年轻人，还在继续使用，继续生成，继续传承。

第二章 词汇

第一节 分类词汇

（主要据丁声树《方言调查词汇表》，吴坤朋发音）

一 天文

太阳　日头 ʑit³ hau³¹
月亮　月娘 vuei³³ȵio³¹
阴凉地儿　树荫 ɕiu²² ɔ⁴²
大风　大风 ɗua²² uaŋ²²
小风　孥风 ȵiau⁵⁵ uaŋ²²
　　　风囝 uaŋ²² kia⁴²
顺风　顺风 tun⁴⁴ uaŋ²²
刮风　透风 ɦiau²⁴ uaŋ²²
风停了　风停个 uaŋ²² heŋ³¹ ŋɔ⁴⁴
打雷　拍雷 fa⁵⁵ luei³¹
大雨　大雨 ɗua²² hɔu⁴²
小雨　孥雨 ȵiau⁵⁵ hɔu⁴²
　　　雨囝 hɔu⁴² kia⁴²
雨点　雨点 hɔu⁴² ɗiam⁴²
雨停了　雨停个 hɔu⁴² heŋ³¹ ŋɔ⁴⁴
淋雨　沃雨 ak⁵ hɔu⁴²
下雪　落雪 lu³³ tuai⁵⁵
雪化了　雪化 tuai⁵⁵ uei²⁴
　　　雪融 tuai⁵⁵ zoŋ³¹
冰棍儿　冰枝 ɓeŋ²² ki²²
冰淇淋　冰淇淋 ɓeŋ²² ki³¹ liəm³¹

冰冻　冰冻 ɓeŋ²² ɗoŋ²⁴
　　　结冰 kit⁵ ɓeŋ²²
冰雹　冰雹 ɓeŋ²² ɓau⁴⁴
露水　雾露水 mɔu⁴⁴ lɔu⁴⁴ tuei⁴²
雾　雾露 mɔu⁴⁴ lɔu⁴⁴
虹　虹 aŋ³¹
天气　天气 i²² huei²⁴，
天晴　天旱 i²² ua²²
阴天　阴天 iəm²² i²²

二 地理

平地　平地 feŋ³¹ ɗi⁴⁴
山顶　山顶 tua²² ɗeŋ⁴²
山腰　山腰 tua²² iau⁵⁵
山脚　山骹 tua²² ha²²
堤岸　壩 ɓa²⁴
河边　溪舷 huai²² ki³¹
水灾　发大水 uat⁵ ɗua²² tuei⁴²
井　井 tse⁴²
一口井　一妚井 ʑiat³ mɔ⁵⁵ tse⁴²
小石子儿　石囝 tɕiɔ³³ kia⁴²
温水　暖水 nun⁴² tuei⁴²
土坯　涂坯 hɔu³¹ fuai²²

土砖　涂砖 hou³¹ tuei²²
石灰　石灰 tɕiɔ³³ uei²²
砖块　砖块 tuei²² huai²⁴
泥土　涩 ɓoŋ⁴⁴
泔水　猪潘水 ɗu²² fun²² tuei⁴²
煤炭　煤炭 vuei³¹ han²⁴
着火了　着火 ɗɔ³³ uei⁴²
水银　水银 tuei⁴² in³¹
玉　玉 ʑi³³
玉石　玉石 ʑi³³ tɕiɔ³³
樟脑丸　臭丸 ɕiau²⁴ zuan³¹
硫磺　硫磺 liu³¹ uaŋ³¹
地方　地方 ɗi⁴⁴ faŋ²²
城市　城市 tia³¹ ɕi⁴⁴
乡村　农村 noŋ³¹ suei²²,
乡下　村里 suei²² lai⁴²
菜园　菜园 sai²⁴ uei³¹
赶集　上市 tɕiɔ²² ɕi⁴⁴
　　　去市 hu²⁴ ɕi⁴⁴
公路　公路 koŋ²² lou²²
走路　行路 kia³¹ lou²²
大路　大路 ɗua²² lou²²
小路　挈路 ȵiau⁵⁵ lou²²
近路　近路 kin⁴⁴ lou²²
抄近路　行近路 kia³¹ kin⁴⁴ lou²²
码头　码头 ve⁴² hau³¹
墓　墓 mɔu²²
墓园　墓园 mɔu²² uei³¹
石碑　石碑 tɕiɔ³³ ɓoi³¹
村名举例：
南兴村 nam³¹ heŋ²² suei²²
　又名"三十九"（39 公路的碑）
　　　ta²² tap³ kau⁴²
昌广村 saŋ²² uaŋ⁴² suei²²
青岭村 se²² lia⁴² suei²²

仁心村 ʑin³¹ tiəm²² suei²²
那统村 na²² hong⁴² suei²²
富豪村 fu²⁴ hau³¹ suei²²
美巢村 muai⁴² sau³¹ suei²²
美乐村 muai⁴² lɔk³ suei²²
白莲墟 ɓe³³ lin³¹ u²²
罗驿村 na³¹ ia³³ suei²²
群吴村 hun³¹ ŋɔu²² suei²²
美椰村 muai⁴² laŋ³¹ suei²²
美亭村 muai⁴¹ ɗeŋ³¹ suei²²
黄竹村 uei³¹ diəp⁵ suei²²
大拉村 ɗua²² la⁵⁵ suei²²
马村 ve⁴² suei²²
大场村 ɗua²² diɔ³¹ suei²²
东水港 ɗaŋ²² tuei⁴² kaŋ⁴²
谭城村 ham³¹ tia³¹ suei²²
谭池村 ham³¹ ɕi³¹ suei²²

三　时令　时间

今年　今年 kin²² i³¹
去年　去年 hu²⁴ i³¹
明年　明年 me³¹ i³¹
后年　后年 au⁴⁴ i³¹
前年　旬年 tun³¹ i³¹
大后年　大后年 ɗua²² au⁴⁴ i³¹
前几年　前几年 tai³¹ kuei⁴² i²²
　像=年 ɕiaŋ⁴⁴ i³¹
年初　出年 sut⁵ i³¹
年中　年中 i³¹ toŋ²²
年终　年终 i³¹ toŋ²²
年底　年底 i³¹ ɗoi⁴²
　年尾 i³¹ vuei⁴²
前半年　前半年 tai³¹ ɓua²⁴ i³¹
　上半年 tɕiɔ²² ɓua²⁴ i³¹
下半年　下半年 e⁴⁴ ɓua²⁴ i³¹

后半年　au⁴⁴ ɓua²⁴ i³¹
春天　春天 sun²² i²²
夏天　夏天 he⁴⁴ i³¹
秋天　秋天 ɕiu²² i²²
冬天　冬天 ɗaŋ²² i²²
月初　月初 vuei³³ sɔ²²
月中　月中 vuei³³ toŋ²²
　月半 vuei³³ ɓua²⁴
月底　月底 vuei³³ ɗuai⁴²
这个月　即个月 tɕi⁵⁵ kai⁴⁴ vuei³³
上个月　上个月 tɕiɔ²² kai⁴⁴ vuei³³
下个月　下个月 e⁴⁴ kai⁴⁴ vuei³³
上半月　上半月 tɕiɔ²² ɓua²⁴ vuei³³
　前半月 tai³¹ ɓua²⁴ vuei³³
下半月　下半月 e⁴⁴ ɓua²⁴ vuei³³
　后半月 au⁴⁴ ɓua²⁴ vuei³³
上旬　上旬 tɕiɔ²² tun³¹
中旬　中旬 toŋ²² tun³¹
下旬　下旬 e⁴⁴ tun³¹
一旬　一旬 ziat³ tun³¹
腊月　过雪 kuei²⁴ tuai⁵⁵
节气　节气 tat⁵ huei²⁴,
闰月　闰月 zun²⁴ vuei³³
农历　农历 noŋ³¹ lit³
公历　新历 tin²² lit³
星期一　星期一 seŋ²² hi³¹ ziat³
星期二　星期二 seŋ²² hi³¹ zi²²
星期三　星期三 seŋ²² hi³¹ ta²²
星期四　星期四 seŋ²² hi³¹ ɕi²⁴
星期五　星期五 seŋ²² hi³¹ ŋɔu²²
星期六　星期六 seŋ²² hi³¹ lak³
初一　初一 sɔu²² it⁵
初二　初二 sɔu²² zi²²
初三　初三 sɔu²² ta²²
廿一　廿一 zi²² it⁵

廿二　廿二 zi²² zi²²
拜年　迈年 mai³¹ i³¹
元宵节　正月十五 tɕia²² vuei³³ tap³ ŋɔu²²（杀鸡祭祖，没吃汤圆的习俗。）
端午节　五月初五 ŋɔu²² vuei³³ sɔu²² ŋɔu²²
粽子　粽 taŋ²⁴
七月七　七月七 ɕit⁵ vuei³³ ɕit⁵
八月十五　八月十五 ɓoi⁵⁵ vuei³³ tap³ ŋɔu²²
　中秋节 toŋ²² ɕiu²² tat⁵
月饼　中秋饼 toŋ²² ɕiu²² ɓia⁴²
重阳节　九月九 kau⁴² vuei³³ kau⁴²
　重阳节 soŋ³¹ zian³¹ tat⁵
祭祖　祭祖 ki²⁴ tɔu⁴²（在祠堂，杀鸡，米饭）
　拜公 ɓai²⁴ koŋ²²
祭土地爷（无祭灶神习俗）　拜土地公 ɓai²⁴ hɔu⁴² ɗi⁴⁴ koŋ²²
　拜公 ɓai²⁴ koŋ²²
除夕　三十暝昏 ta²² tap³ me³¹ huei²²
历书　日历 zit³ lit³
上午　上午 tɕiɔ²² ŋɔu²²
　上旰 tɕiɔ²² kua²⁴
下午　下午 e⁴⁴ ŋɔu²²
　下旰 e⁴⁴ kua²⁴
下午　日昼 zit³ tau²⁴
中午　中午 toŋ²² ŋɔu²²（吴）
　头个 hau³¹ kai²²（太）
半天　半日 ɓua²⁴ zit³
　半旰 ɓua²⁴ kua²⁴
早上　早上 ta⁴² tɕiɔ²²
白天　白早 ɓe³³ ta⁴²
傍晚　晏上 am²⁴ tɕiɔ²²

夜晚　暝 me³¹
过夜　过暝 kuei²⁴ me³¹
上半夜　上半暝 tɕɔ²² ɓua²⁴ me³¹
下半夜　下半暝 e⁴⁴ ɓua²⁴ me³¹
打更　拍更 fa⁵⁵ ke²²
三更半夜　三更半夜 ta²² ke²² ɓua²⁴ me³¹
年景　年情 i³¹ tɕia³¹
日子　日子 ʑit³ tɕi⁴²
　　　生活 te²² ua³³
每天　每日 muei⁴² ʑit³
通宵　通宵 hoŋ²² tiau²²
整天　整日 tseŋ⁴² ʑit³
　　　全日 suan³¹ ʑit³
整年　整年 tseŋ⁴² i³¹
一年　一年 ʑiait³ i³¹
两年　两年 nɔ²² i³¹
十几年　十几年 tap³ kuei⁴² i³¹
　　　十外年 tap³ ua⁴⁴ i³¹
多年　多年 ɗɔ²² i³¹
　　　好焊年 hɔ⁴² han⁴⁴ i³¹
几天　几日 kuei⁴² ʑit³
几年　几年 kuei⁴² i³¹
什么时候　乜候 mi³³ au⁴⁴
屋　宿 ɕiu²⁴（一间宿）

四　农事

院子　家庭 ka²² ɗia³¹
粪坑　屎池 tai⁴² ɕi³¹
拾粪　拣屎 hiɔ⁵⁵ tai⁴²
施肥　放肥 ɓaŋ²⁴ ɓuei³¹
牛车　牛妈车 ku³¹ ma²² ɕia²²
黄牛　牛妈 ku³¹ ma²²
水牛　牛 ku³¹
大车　大车 ɗua²² ɕia²²

马车　马车 ve⁴² ɕia²²
自行车　单车 ɗan²² ɕia²²
套车　簏车 lɔp³ ɕia²²
装车　装车 tɔ²² ɕia²²
卸车　卸货 ia²⁴ uei²⁴
车厢　车厢 ɕia²² tiɔ²²
车轮　车轮 ɕia²² lun³¹
　　　尼 n̩i³¹
车篷　车篷 ɕia²² foŋ³¹
缰绳　索 tɔ⁵⁵
步犁　犁 luai³¹
麦子　麦 ve³³
种麦　种麦 tɕiaŋ⁴² ve³³
锄地　刮地 kuat⁵ ɗi⁴⁴
　　　刮涂 kuat⁵ hou³¹
割稻　割釉 kuat⁵ ɗiu⁴⁴
打稻　拍釉 fa⁵⁵ ɗiu⁴⁴
粮仓　粟围 ɕiak⁵ kuei³¹
风车　风车 uaŋ²² ɕia²²
锄头　锄头 ɦiu³¹ hau³¹
斧头　斧 ɓou⁴²
刀　刀 ɗɔ²²
砍刀　柴刀 sa³¹ ɗɔ²²
镰刀　铰口 kau⁴² nuei²⁴
除草　刮草 kuɔt⁵ sau⁴²
砍柴　砍柴 ham⁴² sa³¹
簸箕　畚箕 ɓun²⁴ ki²²
筐子　筐 hiaŋ²²
篮子　筐 hiaŋ²²
扁担　畚担 ɓun²⁴ ɗa²²
扫帚　扫把 tau⁴² ɓa⁴²
钉子　钉 ɗaŋ²²
钳子　钳 hiam³¹（动词是夹的意思）
链子　链 lin³¹
镊子　hiap⁵

绑　缚 ɓak⁵
绑住　缚着 ɓak⁵ ɗɔ³³
打结　□kat⁵□hat⁵
打死结　拍死结 fa⁵⁵ ti⁴² hat⁵

五　植物

稻（已经结果实）　釉 ɗiu⁴⁴
稻秧（未结果实）　禾 ɔ³¹
米　米 vi⁴²
小米　挈米 ȵiau⁵⁵ vi⁴²
玉米　玉米 ʑi³³ vi⁴²
　　珍珠 tɕin²² tu²²
糯米　秫米 tut⁵ vi⁴²
大米　大米 ɗua²² vi⁴²
籼米　籼米 san²² vi⁴²
芝麻　油麻 iu³¹ ma³¹
黑豆　乌豆 ɔu²² ɗau⁴⁴
赤豆　红豆 aŋ³¹ ɗau⁴⁴
豌豆　豆仁 ɗau⁴⁴ ʑin³¹
豇豆　长豆 ɗɔ³¹ ɗau⁴⁴
扁豆　四季豆 ti²⁴ kuei²⁴ ɗau⁴⁴
白薯　番薯 uan²² tu⁴⁴
莲子　莲子 lin³¹ tɕi⁴²
莲蓬　莲蓬 lin³¹ foŋ³¹
黄瓜　刺瓜 ɕi²⁴ kuei²²
　　刺青 ɕi²⁴ se²²
菜瓜　菜瓜 sai²⁴ kuei²²
丝瓜　丝瓜 ti²² kuei²²
苦瓜　苦瓜 hou⁴² kuei²²
竹笋　竹笋 ɗiəp⁵ tun⁴²
南瓜　南瓜 nam³¹ kuei²²
　　合团瓜 kap⁵ kia⁴² kuei²²
葫芦　葫芦 hou³¹ ɓu³¹
蒜头　蒜头 tun²⁴ hau³¹
韭菜花　韭菜花 kau⁴² sai²⁴ uei²²

苋菜　苋菜 hai⁴² sai²⁴
西红柿　西红柿 tai²² aŋ³¹ ɕi²⁴
姜　姜婆 kiɔ²² vɔ³¹
胡椒　胡椒 u³¹ tɕiɔ²²
白菜　白菜 ɓe³³ sai²⁴
生菜　煲糯菜 ɓau²² ɓuei²² sai²⁴
茼蒿　皇帝菜 uaŋ³¹ ɗi²⁴ sai²⁴
卷心菜　卷心菜 kun⁴² tiəm²² sai²⁴
萝卜　萝葡 lu³¹ɓɔk³
胡萝卜　红萝葡 aŋ³¹ lu³¹ ɓɔk³
白萝卜　白萝葡 ɓe³³ lu³¹ ɓɔk³
萝卜干　菜哺 sai²⁴ ɓou⁴²
油菜　油菜 iu³¹ sai²⁴
　　上海青 saŋ²² hai⁴² se²²
芥菜　苦菜 hou⁴² sai²⁴
　　瓜菜 kua²² sai²⁴
葵花子儿　瓜子 kuei²² tɕi⁴²
棉花　棉花 min³¹ uei²²
一棵树　一丛树 ʑiat³ taŋ³¹ ɕiu⁴⁴
树苗　树苗 ɕiu⁴⁴ miau³¹
树叶　树叶 ɕiu⁴⁴ iɔ³³
树梢　树顶 ɕiu⁴⁴ ɗeŋ⁴²
树根　树根 ɕiu⁴⁴ kin⁴²
树皮　树皮 ɕiu⁴⁴ fuei³¹
树枝　树桠 ɕiu⁴⁴ ŋe³¹
种树　种树 tɕiaŋ⁴² ɕiu⁴⁴
花草　花草 uei²² sau⁴²
种花　种花 tɕiaŋ⁴² uei²²
浇花　沃花 ak⁵ uei²²
果树　果树 kuei⁴² ɕiu⁴⁴
拔草　□草 ma⁴² sau⁴²
水果　水果 tuei⁴² kuei⁴²
干果　干果 kan²² kuei⁴²
枣树　枣树 tau⁴² ɕiu⁴⁴
红枣　红枣 aŋ³¹ tau⁴²

枇杷　枇杷 fi³¹ fa³¹
石榴　番石榴 uan²² tɕiɔ³³ lau³¹
番石榴　石榴 tɕiɔ³³ lau³¹
柚子　柚 iu³¹
橘子　柑橘 kan²² kit⁵
木瓜　番瓜 uan²² kuei²²
龙眼　龙眼 liaŋ³¹ ai⁴²
荔枝　荔枝 lai⁴⁴ tɕi²²
甜瓜　番瓜 uan²² kuei²²
竹　竹 ɗiɔk⁵
玫瑰　玫瑰 vuei³¹ kuei⁴⁴
梅花　梅花 vuei³¹ uei²²
兰花　兰花 lan³¹ uei²²
凤仙花　指甲花 tai⁴² ka⁵⁵ uei²²
莲花　莲花 lin³¹ uei²²
蘑菇　香菇 iaŋ²² kɔu²²
冬菇　冬菇 ɗaŋ²² kɔu²²

六　动物

公马　马公 ve⁴² koŋ²²
猴年马月　马公落马囝 ve⁴² koŋ²² lɔ³³ ve⁴² kia⁴²
母马　马婆 ve⁴² vɔ³¹
母猪　猪婆 tu²² vɔ³¹
公猪　猪公 tu²² koŋ²²
猪崽　猪囝 tu²² kia⁴²
母牛　牛婆 ku³¹ vɔ³¹
小牛　小牛 ku³¹ kia⁴²
牛角　牛角 ku³¹ kak⁵
羊　羊 iɔ³¹
母羊　羊婆 iɔ³¹ vɔ³¹
公羊　公羊 iɔ³¹ koŋ²²
狗　狗 kau⁴²
母狗　狗婆 kau⁴² vɔ³¹
公狗　狗公 kau⁴² koŋ²²

猫　猫 va³¹
母猫　猫母 va³¹ mai⁴²
公猫　猫公 va³¹ koŋ²²
尾巴　尾 vei³¹
生蛋　产卵 tan⁴² luei⁴⁴
鸡蛋　鸡卵 kuai²² nuei⁴⁴
鸟蛋　雀卵 tɕiau⁴² nuei⁴⁴
鸡爪　鸡骸 kuai²² ha²²
鸡翅　鸡翼 kuai²² tit³
鸡头　鸡头 kuai²² au³¹
鸡脖子　鸡胭蒂 kuai²² ɗau⁴² ɗi⁴⁴
鸭　鸭 a⁵⁵
小鸭子　鸭囝 a⁵⁵ kia⁴²
鸭蛋　鸭卵 a⁵⁵ nuei⁴⁴
公鸭　鸭阳 a⁵⁵ ziaŋ³¹
母鸭　鸭母 a⁵⁵ mai⁴²
小鹅　鹅囝 kɔ³¹ kia⁴²
狮子　狮子 ɕi²² tɕi⁴²
老虎　老虎 lau⁴² hou⁴²
狼　狼 laŋ³¹
猴子　猴狲 kau³¹ tuei²²
熊　熊 ioŋ³¹
豹　豹 ɓa²⁴
金钱豹　金钱豹 kiəm²² tɕi³¹ ɓa²⁴
狐狸　狐狸 u³¹ li³¹
兔子　兔 fiou²⁴
老鼠　老鼠 lau⁴² ɕiu⁴²
挈鼠　n̠iau⁵⁵ ɕiu⁴²
蛇　蛇 tua³¹
爪子　骸 ha²²
□iau⁴²
乌鸦　乌鸦 ɔu²² a²²
喜鹊　喜鹊 i⁴² ɕiak⁵
麻雀　麻雀 ma³¹ ɕiak⁵
打麻将（娱乐）　拍麻雀 pa⁵⁵ ma³¹ ɕiak⁵

燕子　燕雀 i²² tɕiau⁴²
鸽子　鸽 kap⁵
　　　白鸽 ɓe³³ kap⁵
老鹰　老鹰 lau⁴² eŋ²²
啄木鸟　啄木鸟 tɔk⁵ mɔk³ tɕiau⁴²
鹦鹉　鹦鹉 eŋ²² vu⁴²
孔雀　孔雀 hoŋ⁴² ɕiak⁵
蝙蝠　飞鼠 ɓuei²² ɕiu⁴²
蚕　蚕 san³¹
蚕丝　蚕丝 san³¹ ti²²
蜘蛛　土囝 hɔu⁴² kia⁴²
　　　蜘蛛 tɕi²² tu²²
蜗牛　坡螺 fɔ²² le³¹
蛤蜊　塍螺 san³¹ le³¹
甲鱼　鳖 ɓi³³
乌龟　乌龟 u²² kuei²²
蚯蚓　狗蚓 kau⁴² un⁴²
蜈蚣　蜈蚣 ŋe³¹ kaŋ²²
蝎子　曲尾 hiau³³ uei⁴²
壁虎　□鳞 tie³¹ lan³¹（海口龙船）
蟑螂　□□ ɓiaŋ³¹ uaŋ³¹（海口 ka⁵⁵ tse³³）
虱子　虱 tat⁵
长虱子　产虱 tan⁴² tat⁵
臭虫　臭虫 ɕiau²⁴ haŋ³¹
牛虻　麻鳖 ma³¹ ɓi⁵⁵
螳螂　日头弓 zit³ hau³¹ koŋ²²
蜜蜂　蜂 faŋ²²
萤火虫　火木星 huei⁴² mak³ se²²
蜻蜓　双⁼下⁼ tiaŋ²² e²²
蝴蝶　飞蝶 ɓuei²² ia³³（吴）
蚂蟥　土□ hɔu⁴² hi²²
鲢鱼　鲢鱼 lin³¹ u³¹
金鱼　金鱼 kim²² u³¹
金枪鱼　枪鱼 ɕiɔ²² u³¹

鳗鱼　鳗鱼 man³¹ u³¹
泥鳅　鱼纽 u³¹ ȵiu⁴²
小虾　虾囝 he³¹ kia⁴²
水蛭　涂姐 hau³¹ hi²²
蛤蜊　海 hai⁴²
　　　螺 le³¹
螃蟹　蟹 ɦuai⁴²
鱼刺　鱼刺 u³¹ ɕi²⁴
鱼鳞　鱼鳞 u³¹ lan³¹
鱼头　鱼头颅 u³¹ hau³¹ le³¹
钓鱼　钓鱼 ɗiɔ²⁴ u³¹
鱼网　鱼网 u³¹ maŋ⁴²
出海打渔　出海 sut⁵ hai⁴²
鱿鱼　钩鱼 kau²² ni³¹
海带　海带 hai⁴² ɗua²⁴

七　房屋器具

房子　房 ɓaŋ³¹
院子　家庭 ka²² ɗia³¹
客厅　家厅 ke²² ia²²
　　　客厅 he³³ ia²²
走廊　走廊 tau⁴² laŋ³¹
围墙　墙 ɕiɔ³¹
篱笆　篱 luai³¹
水沟　水沟 tuei⁴² kau²²
正房　正房 tɕia²⁴ ɓaŋ³¹
客房　客房 he³³ ɓaŋ³¹
卧室　瞌厅 huai⁵⁵ ia³¹
厕所　恭房 koŋ²² ɓaŋ³¹
　　　厕所 set⁵ tɔ⁴²
厨房　灶台 tau²⁴ ɗai³¹
　　　厨房 tu³¹ ɓaŋ³¹
锅　罐 kuan²⁴
　　鼎 ɗia⁴²（铁锅）
　　陶罐 hau³¹ kuan²⁴

□ hɔp⁵（盒？泥土制的一种罐）
碗　碗 uan⁴²
盘　盘 ɓua³¹
小碟　盏 tan⁴²
煤气灶　煤气灶 vuei³¹ huei²⁴ lau²⁴
杯子　水盅 tuei⁴² tɕiaŋ²²
电磁炉　电磁炉 ɗin²⁴ se³¹ lou³¹
电饭煲　电饭煲 ɗin²⁴ fan⁴⁴ ɓau⁴²
冰箱　冰箱 ɓiŋ²² tiɔ²²
烤箱　烤箱 hau⁴² tiɔ²²
微波炉　微波炉 uei³¹ ɓɔ²² lou³¹
水龙头　水龙头 tuei⁴² liaŋ³¹ hau³¹
洗手盆　洗手盆 tuai⁴² ɕiu⁴² fen³¹
菜刀　菜刀 sai²⁴ ɗɔ²²
案板　砧 tiəm²²
水果刀　刨 fau³¹
吸油烟机　抽烟机 ɕiu²² in²² ki²²
箩　箩 hai²² 筛
牛栏　牛栏 ku³¹ lan³¹
猪栏　猪栏 tu²² lan³¹
猪槽　粪槽 fen²⁴ tɔ³¹
鸡笼　鸡笼 kuai²² laŋ³¹
鸟笼　雀笼 tɕiau³³ laŋ³¹
大门　大门 ɗua⁴⁴ muei³¹
　　　正门 tɕia²⁴ muei³¹
小门　孥门 ȵiau⁵⁵ muei³¹
前门　前门 tai³¹ muei³¹
后门　后门 au⁴⁴ muei³¹
门槛　门板 muei³¹ ɓaŋ²²
门栓　门闩 muei³¹ sua⁵⁵
锁　锁 tɔ⁴²
钥匙　锁匙 tɔ⁴² ti³¹
房梁　桁 e³¹
楼上　楼上 lau³¹ tɕiɔ²²
楼下　楼下 lau³¹ e⁴⁴

楼顶　楼顶 lau³¹ ɗeŋ⁴²
楼底　楼底 lau³¹ ɗuai⁴²
扶手　扶手 fu³¹ ɕiu⁴⁴²
窗户　向 iaŋ²²
窗帘　向帘 iaŋ²² liam³¹
阳台　阳台 zian³¹ hai³¹
床　桌 sɔ³¹
床铺　床铺 sɔ³¹ fou²⁴
床底　床底 sɔ³¹ ɗuai⁴²
床上　床上 sɔ³¹ tɕiɔ²²
床沿　床舷 sɔ³¹ ki³¹
蚊帐　蠓帐 maŋ³¹ tiɔ²⁴
被子　被 fuei⁴⁴
盖被子　盖被 ka⁵⁵ fuei²⁴
凉席　席 ɕiɔ³³
竹席　竹席 ɗiɔk⁵ ɕiɔ³³
枕头　枕头 tɕiəm⁴² hau³¹
枕头芯　枕头芯 tɕiəm⁴² hau³¹ tiəm²²
枕巾　枕头帕 tɕiəm⁴² hau³¹ fe²⁴
暖水瓶　暖水瓶 nun⁴⁴ tuei⁴² ɓaŋ³¹
水壶　水瓶 tuei⁴² ɓaŋ³¹
脸盆　面盆 min²² fen³¹
肥皂　番皂 fan²² hau²²
毛巾　帕 fe²⁴
洗澡盆　洗浴盆 tuai⁴² iak³ fen³¹
洗脚盆　洗脚盆 tuai⁴² ha²² fen³¹
衣柜　柜 kuei⁴⁴
衣服箱　衫裤箱 ta²² hou²⁴ tiɔ²²
箱子　箱 tiɔ²²
行李箱　行李箱 heŋ³¹ li⁴² tiɔ²²
包　包 ɓau²²
皮包　皮包 fuei³¹ ɓau²²
衣架　衫架 ta²² ke²⁴
桌子　床团 sɔ³¹ kia⁴²
圆桌　圆床 i³¹ sɔ³¹

竹制桌子　竹床 ɗiɔk⁵ sɔ³¹
桌布　床布 sɔ²⁴ ɓou²⁴
抽屉　斗落 tau⁴² lɔk³（老男：落斗）
椅子　椅（囝）i⁴²（kia⁴²）
椅子腿　椅骹 i⁴² ha²²
凳子　凳囝 ɗeŋ²⁴ kia⁴²
灯　灯 ɗeŋ²²
灯笼　灯笼 ɗeŋ²² laŋ³¹
灯芯　灯芯 ɗeŋ²² tiəm²²
灯泡　灯泡 ɗeŋ²² fau²⁴
瓢　瓢 fiau³¹
缸　缸 kɔ²²
玻璃　玻璃 ɓɔ²² li³¹
酒壶　酒盅 tɕiu⁴² tɕiaŋ²²
勺子　调羹 hau³¹ keŋ²²
碗柜　碗柜 uan⁴² kuei⁴⁴
扁担　粪担 ɓun²⁴ ɗa²²
火柴　火刮 huei⁴² kua³³
打火机　火机 huei⁴² ki²²
弹弓　弹弓 ɗan⁴⁴ koŋ²²
针　针 tɕiəm²²
针线　针线 tɕiəm²² tua²⁴
穿针　穿针 suan²² tɕiəm²²
炉子　炉 lou³¹
刷子　刷 tuat⁵
　　铲刷 san²² tuat⁵
剪刀　铰刀 ka⁴² ɗɔ²²
尺子　尺 ɕiɔ⁵⁵
东西　物 mi³³
鞋　鞋 kuai³¹
袜　袜 vat³
手套　手套 ɕiu⁴² hau²⁴
帽子　帽 mau²⁴
草帽　草帽 sau⁴² mau²⁴
衣服　衫裤 ta²² hou²⁴

裙子　裙 kun³¹
短袖　短衫 ɗe⁴² ta²²
短裤　短裤 ɗe⁴² hou²⁴
长裤　长裤 ɗɔ³¹ hou²⁴
内裤　裤囝 hou²⁴ kia⁴²
文胸　衫囝 ta²² kia⁴²
缝补衣服　补衫裤 ɓou⁴² ta⁴² hou²⁴

八　人品

男人　公爹 koŋ²² ɗe²²
女人　咋婆 ta³³ vɔ³¹
小孩　挈囝 ȵiau⁵⁵ kia⁴²
　　　细囝 toi²⁴ kia⁴²
男孩　公爹囝 koŋ²² ɗe²² kia⁴²
女孩　咋婆囝 ta³³ vou³¹ kia⁴²
老人　老侬 lau⁴² naŋ³¹
　　　孬老 mɔ⁵⁵ lau⁴²
兄　兄哥 ia²² kɔ²²
阿哥　阿哥 a⁵⁵ kɔ²²
弟　老弟 lau⁴² ɗi⁴⁴
阿弟　阿弟 a⁵⁵ ɗi⁴⁴
大姐　大姊 ɗua²² tɕi⁴²
阿姐　阿姐 a⁵⁵ tse⁵⁵ / a⁵⁵ tse⁴²
妹　姑襁 kou²² hiaŋ³¹
阿妹　阿妹 a⁵⁵ muei⁵⁵
父母　伯母 ɓe³³ mai⁴²
舅舅　伯爹 ɓe³³ ɗe²²
小舅　姑爹 kou²² ɗe²²
叔叔　伯爹 ɓe³³ ɗe²²
　　　名字 + 爹
　　　排行 + 爹
叔母　伯姆 ɓe³³ ɗe²²
　　　姆 ȵin³¹
　　　名字 + 姆
祖母　阿嘛 a⁵⁵ ma²²

祖父　阿公　a⁵⁵ koŋ²²
外婆　阿婆　a⁵⁵ fɔ³¹
外公　阿公　a⁵⁵ koŋ²²
城里人　城市侬　tia³¹ ɕi²² naŋ³¹
乡下人　农村侬　noŋ³¹ suei²² naŋ³¹
自己人　钢己侬　kaŋ⁴² ki⁴² naŋ³¹
自己　家己　ka²² ki⁴²
　　　钢己　kaŋ⁴² ki⁴²
　　　红己　aŋ⁴² ki⁴²
外人　外人　ua²² naŋ³¹
亲戚　亲戚　ɕin²² tɕia³³
外国人　外国侬　ua²² kɔk⁵ naŋ³¹
中国人　中国侬　toŋ²² kɔk⁵ naŋ³¹
工作　作工　tɔ⁵⁵ kaŋ²²
厨师　厨师　ɗu³¹ se²²
保姆　保姆　ɓɔ⁴² mai⁴²
奶妈　奶妈　nai⁴² ma²²
工人　工人　kaŋ²² naŋ³¹
雇工　雇工　kou²⁴ kaŋ⁴²
长工　长工　ɗɔ³¹ kaŋ²²
零工　零工　leŋ³¹ kaŋ²²
农民　农民　noŋ³¹ min³¹
　　　作农个　tɔ⁵⁵ noŋ³¹ kai⁴⁴
商人　商侬　ɕiaŋ²² naŋ³¹
　　　作生意个　tɔ⁵⁵ te²² i²⁴（k）ai⁴⁴
警察　警察　keŋ⁴² sa⁵⁵
医生　医生　i²² te²²
学生　学生　ɔk³ te²²
同学　同学　ɗaŋ³¹ ɔk³
老师　老师　lau⁴² se²²
校长　校长　iau⁴⁴ tɕiaŋ⁴²
乞丐　乞达　hit⁵ ɗat⁵
护士　护士　u²² se⁴⁴
军人　当兵个　ɗɔ²² ɓia²² kai⁴⁴
单身汉　光棍　kuaŋ²² kun²⁴

小偷　贼　sat⁵
土匪　土匪　hɔu⁴² fuei⁴²
年龄　年龄　i³¹ leŋ³¹
　　　年岁　i³¹ uei²⁴
相貌　相貌　tiɔ²⁴ mɔ²⁴

九　亲属

孙子　孙囝　tun²² kia⁴²
　　　外孙　ua²² tun²²
岳父　外家爹　ua²² ke²² ɗe²²
岳母　外家母　ua²² ke²² mai⁴²
女婿　郎家　lɔ³¹ ke²²
重孙子　息　tit⁵
舅妈　妗姩　kiəm⁴⁴ ɲin²⁴
　　　伯姩（称年纪大于自己父母的）ɓe³³ ɲin²⁴
　　　名字＋姩（称年纪小于自己父母的）ɲin²⁴
表兄、堂兄　名字＋哥　kɔ²²
表姐、堂姐　名字＋姐　tse⁴²
表弟表妹堂弟堂妹　直接叫名字
老婆　老婆　lau⁴² fɔ³¹
辈分　辈分　ɓuei²⁴ fen⁴⁴
长辈　长辈　tɕiaŋ⁴² ɓuei²⁴
晚辈　晚辈　uan⁴² ɓuei²⁴
后妈　后妈　au²² mai⁴²
后父　后伯　au²² ɓe³³
亲家　亲家　ɕin²² ke²²

十　身体

头　头颅　hau³¹ le³¹
头颅　头壳　hau³¹ hak⁵
眼屎　目屎　mak³ tai⁴²
鼻屎　鼻屎　fi²² tai⁴²
耳屎　耳屎　i⁴² tai⁴²

眼泪　目汁 mak³ tɕiap⁵
眼皮　目皮 mak³ fuei³¹
酒窝　酒盅 tɕiu⁴² tɕiaŋ²²
手指　手团 ɕiu⁴² kia⁴²
指甲　手甲 ɕiu⁴² ka⁵⁵
脚指甲　骸甲 ha²² ka⁵⁵
巴掌　巴掌 ɓa²² tɕiaŋ⁴²
胸脯　胸脯 iaŋ²² ɓɔu⁴⁴
小肚子　肚团 ɗɔu²² kia⁴²
心脏　心脏 tiəm²² taŋ⁴⁴
胃　胃 uei⁴⁴
肝　肝 kua²²
肾　肾 tin²⁴
肠　肠（团）ɗɔ³¹（kia⁴²）
肺　肺 fuai²⁴
血管　血管 uei³³ kuan⁴²
大腿　骸 ha²²
　　　腿 uei⁴²
小腿　骸 ha²²
腿肚子　骸肚团 ha²² ɗɔu²² kia⁴²
膝盖　骸突⁼ ha²² u²²
赤脚　剥⁼骸 ɓak⁵ ha²²
脚印　骸痕 ha²² uen³¹
骨头　骨 kut⁵
头　头颅 hau³¹le³¹
头发　头毛 hau³¹mɔ³¹
辫子　三辫 ta²²ɓin⁴⁴
旋　旋 tuan³¹
额头　头颅额 hau³¹le³¹øia³³
相貌　相貌 tiɔ²⁴mau²²
脸　面 min²²
眼睛　目 mak³
眼珠　目仁 mak³zin³¹
眼泪　目汁 mak³tɕiəp⁵
眉毛　目眉 mak³vai³¹

耳朵　耳 i²²
鼻子　鼻 ɸi²²
鼻涕　鼻作⁼ ɸi²²tɔ⁵⁵
擤　七⁼ɕit⁵
嘴巴　喙 suei²⁴
嘴唇　喙轮⁼suei²⁴lun³¹
口水　澜水 nua³¹tuei⁴²
舌头　舌 tɕi³³
牙齿　齿 hi⁴²
下巴　下颌øe²²ŋaŋ³¹
胡子　须 ɕiu²²
脖子　老⁼蒂　lau⁴²ɗi⁴⁴（脰蒂）/
　　　　　ɗau⁴²ɗi⁴⁴（邱）
喉咙　喉øau³¹
肩膀　肩 kai²²
胳膊　杖柄 tɕiɔ²²ɓiaŋ²⁴
手（只指手）　手 ɕiu⁴²
左手　戆手 nam²⁴ɕiu⁴²
右手　正手 tɕiŋ²²ɕiu⁴²
拳头　拳头 hin³¹hau³¹
手指　指团 tai⁴²kia⁴²
大拇指　指母 tai⁴²vɔ⁴²
食指　沾盐指 se⁴⁴øiam³¹tai⁴²
中指　中指 toŋ²²tai⁴²
无名指　无名指 vɔ³¹mia³¹tai⁴²
小拇指　细尾指团 toi²⁴vuei⁴²tai⁴²
　　　　　　　　kia⁴²
指甲　指甲 tai⁴² ka⁵⁵
腿　腿 huei⁴²
脚　骸 ha²²
膝盖　骸跌 ha²²øu²²
背　胛脊排⁼ka³³ɕia⁵⁵ɓai³¹
肚子　肚ɗɔu²²
肚脐　肚脐ɗɔu²²tɕi³¹
乳房　奶 ne²²

屁股	尻膇 ka^{22}suei^{22}	疮	疮团 sɔ^{22} kia^{42}
肛门	尻膇桶 ka^{22}suei^{22}haŋ^{22}49	痔疮	痔疮 tɕi^{44} sɔ^{22}
阴茎	雀 tɕiau^{42}	开刀	开刀 huei^{22} dɔ^{22}
女阴	牸 tɕi^{44}	摔倒	跌 diat^{5}
㞗	八 ɓoi^{55}	摔伤	跌伤 diat^{5} tiaŋ^{22}
精液	精 tɕiŋ^{22}	碰伤	碰伤 foŋ^{44} tiaŋ^{22}
来月经	来月经 lai^{31}kɔu^{22}kin^{22}	碰	碰 foŋ^{24}
拉屎	放屎 ɓaŋ^{24}tai^{42}	疤	疤 ɓa^{22}
撒尿	放尿 ɓaŋ^{24}ʑiɔ^{22}	口臭	喙臭 suei^{24} ɕiau^{24}
放屁	放屁 ɓaŋ^{24}ɸuei^{24}	青春痘	□iau^{44}
相当于"他妈的"的口头禅 八汝㞗母 ɓoi^{55}lu^{42}mɔ^{55}mai^{42}		聋子	聋团 loŋ^{31} kia^{42}
		哑巴	哑团 e^{42} kia^{42}
十一 病痛 医疗		瞎子	青盲 se^{22} me^{31}
生病	生病 te^{22} ɓe^{22}	近视	近视 kin^{22} ti^{44}
	病个 ɓe^{22} ɔ^{44}	远视	远视 uei^{22} ti^{44}
发烧	发热 huat^{5} ʑit^{3}	老花眼	目□ mak^{3} tsak^{5}
发冷	发寒 huat^{5} kua^{31}		目腐 mak^{3} fu^{44}
伤风	伤风 tiaŋ^{22} uaŋ^{22}	挂号	挂号 kua^{24} ɔ^{22}
咳嗽	咳嗽 ka^{33} tau^{42}	把脉	把脉 ɓa^{42} mai^{55}
中暑	中暑 tioŋ^{22} su^{42}	药	药 iɔ^{55}
	中热 tioŋ^{22} ʑit^{3}	抓药	抾药 hiɔ^{55} iɔ^{55}
上火	上火 tɕiɔ^{22} uei^{24}	配药	配药 fuai^{24} iɔ^{55}
火气	火气 uei^{42} huei^{24}	药铺	药店 iɔ^{55} diam^{24}
肚子痛	肚痛 dou^{22} ia^{24}	消食	消食 tiɔ^{22} tɕia^{33}
肚子胀	肚胀 dou^{22} tɕiaŋ^{44}	去湿	去湿 hu^{24} sit^{5}
拉肚子	泻屎 tia^{24} tai^{42}	去火	去火 hu^{24} huei^{24}
头疼	头颅痛 hau^{31} le^{31} ia^{24}	擦药膏	拭药 ɕit^{5} iɔ^{55}
头晕	头颅晕 hau^{31} le^{31} in^{44}	拔火罐	□罐 ɓeŋ^{22} kuan^{24}
晕车	晕车 in^{44} ɕia^{22}		
晕船	晕船 in^{44} tun^{31}	**十二 衣服穿戴**	
	晕蛇 in^{44} tua^{31}	衣袋	衫筒 ta^{22} doŋ^{31}
呕吐	呕 au^{24}	裤兜	裤筒 hou^{24} doŋ^{31}
伤寒	伤寒 tiaŋ^{22} han^{31}	领子	领 lia^{42}
精神病	走神 tau^{42} din^{31}	皮带	裤索 hou^{24} tɔ^{55}
		皮鞋	皮鞋 fuei^{31} huai^{31}

单裤　裤单　hɔu²⁴ ɗan²²
开裆裤　开裆裤　huei²² ɗaŋ²² hɔu²⁴
肚兜　肚挂　ɗɔu²² kua²⁴
眼镜　目镜　mak³ kia²⁴
书包　书包　tu²² 6au²²
耳环　耳甲　i⁴² ka⁵⁵
胭脂　胭脂　in²² tɕi²²
戒指　戒指　kai²⁴ tɕi⁴²
项链　链　lin³¹
手链　手链　ɕiu⁴² lin³¹
脚链　骸链　ha²² lin³¹
雨衣　雨衫　hɔu⁴² ta²²
拐杖　拐杖　kuai⁴² tɕiaŋ⁴⁴

十三　饮食

早饭　早糜　ta⁴² moi³¹
晚饭　暗糜　am²⁴ moi³¹
零食　物食　mi³³ tɕia³³
　　　零食　lia³¹ tɕia³³
食品　食品　tɕia³³ fin⁴²
夜宵　暝宵　me³¹ tiau²²
面条　面　mi²²
米做的一种糕点　粄　6ua⁴²
饺子　饺子　kiau⁴² tɕi⁴²
馒头　馒头　man³¹ hau³¹
包子　包子　6au²² tɕi⁴²
干饭　精　6uei²²
麦片　麦片　ve³³ fin²⁴
饼　饼　6ia⁴²
煎堆　煎堆　tɕin²² ɗe²²
咸菜　咸菜　kiam³¹ sai²⁴
剩菜　剩菜　teŋ²² sai²⁴
油豆腐　豆角　ɗau⁴⁴ kak⁵
蛋糕　卵糕　nuei⁴² kau²²
油条　油条　iu³¹ ɗiau³¹

花生米　番豆仁　uan²² ɗau⁴⁴ ʑin³¹
味道　味道　ve²² ɗau⁴⁴
颜色　颜色　ŋan³¹ tek⁵
香油　芳油　faŋ²² iu³¹
麻油　麻油　ma³¹ iu³¹
豆油　豆油　ɗau²² iu³¹
猪油　猪油　ɗu²² iu³¹
酱油　酱油　tɕɔ²⁴ iu³¹
钱包　钱包　tɕi³¹ 6au²²
酒　酒　tɕiu⁴²
米酒　米酒　vi⁴² tɕiu⁴²
白酒　白酒　6e³³ tɕiu⁴²
白糖　白糖　6e³³ ɔ³¹
红糖　红糖　aŋ³¹ ɔ³¹
冰糖　冰糖　6eŋ²² ɔ³¹
八角　八角　6oi⁵⁵ kak⁵
五香　五香　ŋɔu⁴⁴ iaŋ²²
花椒　花椒　uei²² tɕiau²²
胡椒　胡椒　u³¹ tɕiau²²
豆豉　豆豉　ɗau⁴⁴ ti⁴⁴
葱花　葱花　saŋ²² uei²²
木耳　猫儿菇　ɲiau³¹ ɲi³¹ kɔu²²
银耳　银耳　ŋin³¹ er⁴²（模仿普通话）
金针菇　金针菇　kiəm²² tɕiəm²² kɔu²²
肉　肉　ʑiɔk³
肉皮　肉皮　ʑiɔk³ fuei³¹
肉汁　肉汁　ʑiɔk³ tɕiap⁵
猪蹄　猪骸爪　ɗu²² ha²² ɕiau²⁴
鸡血　鸡血　kuai²² uei⁵⁵
猪血　猪血　ɗu²² uei⁵⁵
鸭血　鸭血　a⁵⁵ uei⁵⁵
汤　汤　fiɔ²²
茶叶　茶叶　ɗe³¹ iɔ³³
红茶　红茶　aŋ³¹ ɗe³¹
绿茶　绿茶　liak³ ɗe³¹

白茶　白茶　ɓe³³ ɗe³¹
黑茶　乌茶　ɦɔu²² ɗe³¹
喝茶　啜茶　suei⁵⁵ ɗe³¹
　　　食茶　tɕia³³ ɗe³¹
泡茶　泡茶　fau²⁴ ɗe³¹
　　　冲茶　soŋ²² ɗe³¹
煮饭　煮糜　tu⁴² moi³¹
　　　煲糜　ɓau⁴² moi³¹
洗菜　洗菜　tuai⁴² sai²⁴
摘菜　拈菜　ȵiam²² sai²⁴
炒菜　炒菜　sa⁴² sai²⁴
洗米　洗米　tuai⁴² vi⁴²
擀面杖　擀面棍　kua⁴² mi²² kun²⁴
包包子　作包子　tɔ⁵⁵ ɓau²² tɕi⁴²

十四　红白大事

婚事　婚事　un²² se⁴⁴
　　　亲个　ɕin²² ke⁴⁴
媒侬婆　媒侬婆　muei³¹ naŋ³¹ fɔ³¹
娶媳妇　落媳妇　lɔ³³ ɕit⁵ fu⁴⁴
嫁妆　嫁妆　ke²⁴ tɔ²²
伴郎　伴郎　ɓan²² lɔ³¹
伴娘　伴娘　ɓan²² ȵiɔ³¹
新房　新房　tin²² ɓaŋ³¹
婚后回娘家　转外家　tuei⁴² ua⁴⁴ ke²²
生子　生囝　te²² kia⁴²
坐月子　蹲个　toŋ²² kou²⁴
双胞胎　双胞胎　tiaŋ²² ɓau²² ɦai²²
顽皮　蛮　man²²
听话　听话　ia²² uei⁴⁴
生日　生日　te²² ʑit³
断气　咽气　in²² huei²⁴
过世　过世　kuei²⁴ ti²⁴
头七　头七　hau³¹ ɕit⁵
冥币　纸钱　ɗua²² tɕi³¹
烧纸钱　烧纸钱　tiau²² ɗua²² tɕi³¹

十五　迷信

老天爷　天公　i²² koŋ²²
佛祖　佛祖　ɓut³ tɔ⁴² / fɔ³³（吴）tɔ⁴²
神仙　神仙　ɗin³¹ tin²²
蜡烛　蜡烛　la³³ tɕiak³
香　香　iɔ²²
点香　点香　ɗiam⁴² iɔ²²
香炉　香炉　iɔ²² lou³¹
烧香　烧香　tio²² iɔ²²
念经　念经　ȵiam²² tseŋ²²
和尚　和尚　ua³¹ tiaŋ⁴⁴（吴）
出家　出家　sut⁵ ke²²
方丈　方丈　faŋ²² tiaŋ⁴⁴
土地公　土地公　hou⁴² ɗi⁴⁴ koŋ²²
阎王　阎王　ian³¹ uaŋ³¹
判官　判官　fuan²⁴ kua²²
祠堂　公庙　koŋ²² viau⁴⁴
祭祖　拜公　bai²⁴ koŋ²²
放炮仗　放炮　faŋ²⁴ fau²²

十六　讼事

打官司　拍官司　fa⁵⁵ kua²² se²²
原告　原告　zuan³¹ kɔ²⁴
被告　被告　ɓuei²² kɔ²⁴
证人　证人　tseŋ²⁴ naŋ³¹
人证　人证　naŋ³¹ tseŋ²⁴
刑事　刑事　heŋ³¹ se⁴⁴
民事　民事　min³¹ se⁴⁴
律师　律师　lut³ se²²
供词　供词　koŋ²⁴ ɕi³¹
招认　招认　tɕiau²² zin²²
贪赃　贪钱　han²² tɕi³¹
枪毙　枪毙　ɕiɔ²² ɓi⁴⁴

法办　fa⁵⁵ ɓan⁴⁴
用刑　用刑　zoŋ⁴⁴ heŋ³¹
蹲监狱　坐监　tse⁴⁴ kan²²
告示　告示　kɔ²⁴ ɕi⁴⁴
通知　通知　hoŋ²² tai²²
交代　交代　kiau²² ɗai⁴⁴
衙门　衙门　a³¹ muei³¹
免职　免职　min⁴² tsek⁵
传票　传票　suan³¹ fiau²⁴
交税　交税　tɕiau²² suei²⁴
牌照　牌照　ɓai³¹ tɕiau²⁴
护照　护照　u²² tɕiau²⁴
上任　上任　tɕiɔ²² ʑiəm²²
谢任　落任　lɔ³³ ʑiəm²²
正堂　正堂　tɕia²⁴ aŋ³¹
假释　假释　ke⁴² ɕi³³
保释　保释　ɓɔ⁴² ɕi³³
开释　开释　huei²² ɕi³³
连坐　连坐　lin³¹ tse⁴⁴

十七　日常生活

起床　起床　hi⁴² sɔ³¹
穿衣服　像⁼衫　ɕiaŋ⁴⁴ ta²²
洗脸　洗脸　tuai⁴² min⁴⁴
漱口　洗喙　tuai⁴² suei²⁴
梳头　梳毛　tiu²² mɔ³¹
剪指甲　铰指甲　ka⁴² tai⁴² ka⁵⁵
剪脚指甲　铰骸甲　ka⁴² ha²² ka⁵⁵
掏耳朵　刮耳　kuat⁵ i⁴²
上班　上班　tiɔ²² ɓan²²
下班　落班　lɔk³ ɓan²²
休息　休息　iu²² tek⁵
出门　出门　sut⁵ muei³¹
回家　转宿　ɗuei⁴² ɕiu²⁴
回来　转来　ɗuei⁴² lai³¹

玩　顽　ŋuan³¹
散步　散步　tua²⁴ ɓɔu²²
饿　肚困　ɗɔu²² hun²⁴
吃早饭　食早　tɕia³³ ta⁴²
吃零食　食物食　tɕia³³ mi³³ tɕia³³
盛饭　舀糜　ɗiu³¹ moi³¹
夹菜　钳菜　hiam³¹ sai²⁴
夹肉　钳肉　hiam³¹ iɔk³
喝茶　啜茶　suei⁵⁵ ɗe³¹
喝酒　啜酒　suei⁵⁵ tɕiu⁴²
吸烟　食烟　tɕia³³ in²²
洗澡　洗浴　tuai⁴² iak³
　　洗热　tuai⁴² zua³³
小便　放尿　ɓaŋ²⁴ ʑiau⁴²
大便　放屎　ɓaŋ²⁴ tai⁴²
点灯　点灯　ɗiam⁴² ɗeŋ²²
熄灯　熄灯　tek⁵ ɗeŋ²²
开灯　开灯　huei²² ɗeŋ²²
关灯　关灯　kuan²² ɗeŋ²²
瞌睡　目涩　mak³ tiap⁵
脱衣　解衫裤　kuei⁴² ta²² hɔu²⁴
躺下　偃落　ai⁴² lɔk³
做梦　作梦　tɔ⁵⁵ maŋ²²
失眠　失眠　tit⁵ min³¹
梦幻　梦幻　maŋ²² uei²²

十八　交际

客人　客侬　hek⁵ naŋ³¹
拜访　拜访　ɓai²⁴ faŋ⁴²
名片　名片　mia³¹ fin²⁴
礼物　礼物　li⁴² vut³
请客　请客　ɕia⁴² hek⁵
请坐　请坐　ɕia⁴² tse⁴⁴
请进　请落　ɕia⁴² lɔ³³
不送　勿送　vɔ³³ taŋ²⁴

谢谢	谢谢	tia⁴⁴ tia⁴⁴
款待	款待	huan⁴² ɗai⁴⁴
招待	招待	tɕiau²² ɗai⁴⁴
待客	待客	ɗai⁴⁴ hek⁵
不客气	勿客气	vɔ³³ hek⁵ huei²⁴
酒席	酒席	tɕiu⁴² tia³³
上菜	上菜	tiɔ²² sai²⁴
端菜	放菜	faŋ²⁴ sai²⁴
劝酒	劝酒	hin²⁴ tɕiu⁴²
干杯	干杯	kan²² ɓoi²²
邀请	邀请	iau²² ɕia⁴²

十九 商业

商号	商号	tiaŋ²² hɔ⁴⁴
招牌	招牌	tɕiau²² ɓai³¹
开铺子	开铺囝	huei²² fou²⁴ kia⁴²
开张	开张	huei²² tɕiaŋ²²
	开业	huei²² ŋiap³
关门	关门	kuan²² muei³¹
倒闭	倒闭	dɔ⁴² ɓi²⁴
柜台	柜台	kuei⁴⁴ hai³¹
账房	账房	tɕiaŋ²⁴ ɓaŋ³¹
老板	老板	lau⁴² ɓan⁴²
经理	经理	keŋ²² li⁴²
店员	店员	ɗiam²⁴ zuan³¹
伙计	伙计	uei⁴² ki²⁴
学徒	学徒	ɔ³³ u³¹
顾客	顾客	ku²⁴ hek⁵
买主	买主	vuai⁴² tu⁴²
讲价	讲价	kɔŋ⁴² ke²⁴
还价	还价	uai³¹ ke²⁴
价钱	价钱	ke²⁴ tɕi³¹
赔钱	赔钱	ɓoi³¹ tɕi³¹
赚钱	趁钱	han²⁴ tɕi³¹
算账	敲数	ha²⁴ tiau²⁴
欠账	欠账	hiam²⁴ tiau²⁴
记账	记账	ki²⁴ tiau²⁴
出账	出账	sut⁵ tiau²⁴
存款	存款	sun³¹ huan⁴²
存钱	存钱	sun³¹ tɕi³¹
发票	发票	huat⁵ fiɔ²⁴
收据	收据	tiu²² ki²⁴
货单	货单	uei²⁴ ɗan²²
算盘	算盘	tuei²⁴ ɓua³¹
零钱	零钱	leŋ³¹ tɕi³¹
路费	路费	lou²² fuei²⁴
日记	日记	ʑit³ ki²⁴
秤	秤	ɕin²⁴
本钱	本钱	ɓuei⁴² tɕi³¹
利息	利息	li⁴⁴ tek⁵
钞票	钞票	ɕiau²² fiɔ²⁴
一角钱	角钱	kak⁵ tɕi³¹
一元钱	个银	kai⁴⁴ in³¹
一分钱	分钱	un²² tɕi³¹
典当	典当	ɗiam⁴² ɗaŋ²⁴
银行	银行	ŋin³¹ haŋ³¹
文具店	文具店	vun³¹ ki⁴⁴ ɗiam²⁴
杂货铺	铺囝	fou²⁴ kia⁴²
金店	金店	kiəm²² ɗiam²⁴
图书馆	图书馆	fiu³¹ tu²² kuan⁴²
书店	书店	tu²² ɗiam²⁴
酒店	酒店	tɕiu⁴² ɗiam²⁴
饭店	糜店	moi³¹ ɗiam²⁴
茶店	茶店	ɗe³¹ ɗiam²⁴
米庄	米庄	vi⁴² tuaŋ²²
盐行	盐店	iam³¹ ɗiam²⁴
理发店	毛店	mɔ³¹ ɗiam²⁴
剪头发	铰毛	ka⁴² mɔ³¹
刮胡子	光须	kuei²² ɕiu²²
修眉毛	修眉	tiu²² vuai³¹

中分（发型）　中分 toŋ²² fen²²
偏分（发型）　偏分 fin²² fen²²
洗头　洗头颅 tuai⁴² hau³¹ le³¹
洗脚　擦骸 sua⁵⁵ ha²²
　　　洗骸 tuai⁴² ha²²

二十　文化教育

读书　读书 hak³ tu²²
　　　念书 ȵiam²² tu²²
学校　学校 ɔ³³ iau⁴⁴
去学校　去校 hu²⁴ iau⁴⁴
报名　报名 bɔ²⁴ mia³¹
考试　考试 hau²⁴ ɕi²⁴
试卷　试卷 ɕi²⁴ kin⁴²
识字　认书 zin⁴⁴ tu²²
不识字　勿认书 vɔ³³ zin⁴⁴ tu²²
文盲　文盲 vun³¹ maŋ³¹
考场　考场 hau⁴² ɗiɔ³¹
毕业　毕业 ɓi⁵⁵ ȵiap³
发卷　发卷 uat⁵ kin⁴²
发榜　发榜 uat⁵ ɓaŋ⁴²
第一名　第一名 ɗai²² it⁵ mia³¹
最后一名　第尾名 ɗai²² vuei⁴² it⁵ mia³¹
证书　证书 tseŋ²⁴ tu²²
放假　放假 ɓaŋ²⁴ ke⁴²
放学　放学 ɓaŋ²⁴ ɔ³³
寒假　寒假 kua³¹ ke⁴²
暑假　热假 rua³³ ke⁴²
作文　作文 tɔ⁵⁵ vun³¹
满分　满分 mua⁴² un²²
一百分　百分 ɓe³³ un²²
草稿　草稿 sau⁴² kau⁴²
绘画　绘画 kuei⁴⁴ uei⁴⁴
修改　修改 tiu²² kuai²⁴
零分　鸭蛋 a⁵⁵ nuei⁴⁴

钢笔　钢笔 kaŋ²² ɓit³
铅笔　铅笔 in³¹ ɓit³
毛笔　毛笔 mɔ³¹ ɓit³
水笔　水笔 tuei⁴² ɓit³
墨水　墨水 vat³ tuei⁴²
教授　教授 ka²⁴ ɕiu⁴⁴
讲台　讲台 kɔŋ⁴² hai³¹
前排　前排 tai³¹ ɓai³¹
后排　后排 au⁴⁴ ɓai³¹
黑板　乌板 fiu²² ɓan⁴²
圆珠笔　原子笔 zuan³¹ tɕi⁴² ɓit³
粉笔　粉笔 un⁴² ɓit³
笔记本　笔记本 ɓit³ ki²⁴ ɓuei⁴²
课本　课本 hua²⁴ ɓuei⁴²
大考　大考 ɗua²² hau⁴²
小考　挈考 ȵiau⁵⁵ hau⁴²
点名　点名 ɗiam⁴² mia³¹
请假　请假 ɕia⁴² ke⁴²
立正　立正 lip³ tɕia²⁴
敬礼　敬礼 keŋ²⁴ li⁴²
逃学　逃学 hɔ³¹ ɔ³³

二十一　游戏

风筝　风绳 uaŋ³¹ seŋ³¹
拔河　拔河 ɓa³³ hɔ³¹
羽毛球　羽毛球 i⁴² mɔ³¹ hiu³¹
篮球　篮球 lan³¹ hiu³¹
足球　骸球 ha²² hiu³¹
跳绳　跳绳 iau²⁴ seŋ³¹
　　　踢绳 hek⁵ seŋ³¹
捡石头（三个石子儿抛着玩）　成飞 seŋ³¹ fuai²²
捉迷藏　摸公 mak³ kɔŋ²²
游泳　游水 iu³¹ tuei⁴²
跳高　踢悬 hek⁵ kuai³¹
　　　跳悬 iau²⁴ kuai³¹

跳远　踢远　hek⁵（k）uei²²
逃命　走命　tau⁴² mia²²
打公仔(一种游戏)　拍公囝　fa⁵⁵ koŋ²² kia⁴²
打弹珠　拍宝珠　fa⁵⁵ ɓɔ⁴² tɕi²²
剪刀石头布　□□□ tɕin²² tɕiam²² tsak⁵
翻手心手背　乌白 ɔu²² ɓe³³
打牌　拍牌　fa⁵⁵ fai³¹
麻将　麻雀　ma³¹ ɕia³³
叠大细　叠大细　ɗe⁵⁵ ɗua²² toi²⁴
赌钱　博钱　ɓua³³ tɕi³¹
下棋　走棋　tau⁴² ki³¹
五子棋　五子棋　ŋɔu⁴⁴ tɕi⁴² ki³¹
象棋　象棋　ɕiɔ⁴⁴ ki³¹
围棋　围棋　uei³¹ ki³¹
棋盘　棋盘　ki³¹ ɓua³¹
棋子　棋（子）ki³¹ tɕi⁴²
将　将　tɕiaŋ⁴⁴
帅　帅　sai²⁴
相　相　tiɔ²⁴
士　士　se⁴⁴
象　象　ɕiɔ⁴⁴
车　车　ɕia²²
马　马　ve⁴²
炮　炮　fau²⁴
卒　卒　tut⁵
黑子　乌子　u²² tɕi⁴²
白子　白子　ɓe³³ tɕi⁴²
琼剧　琼戏　heŋ³¹ i²⁴
看戏　奥₌戏　ɔ²⁴ i²⁴
演戏　演戏　zin⁴⁴ i²⁴
演员　演员　zin⁴⁴ zuan³¹
电视　电视　ɗin²⁴ ti⁴⁴
电视剧　电视剧　ɗin²⁴ ti⁴⁴ ki³³
戏班　戏班　ɦi²⁴ ɓan²²

前台　前台　tai³¹ hai³¹
后台　后台　au⁴⁴ hai³¹
戏箱　戏箱　ɦi²⁴ tiɔ²²
夜戏　暝戏　me³¹ i²⁴
木偶戏　柴头戏　sa³¹ hau³¹ i²⁴
炮仗　炮　fau²⁴
放炮仗　点炮　ɗiam⁴² fau²⁴
烟花　烟花　in²² uei²²
色子　色　tek⁵

二十二　动作

摇头　摇头　iau³¹ hau³¹
点头　点头　ɗiam⁴² hau³¹
抬头　□头　ŋai³¹ hau³¹
低头　低头　ɗuai²² hau³¹
回头　转头　ɗuei⁴² hau³¹
张嘴　开喙　huei²² suei²⁴
闭嘴　闭嘴　ɓi²⁴ suei²⁴
脸红　面红　min²² aŋ³¹
生气　动火　han⁴⁴ huei⁴²
开眼　开目　huei²² mak³
眨眼　眨目　tsa³³ mak³
流眼泪　流目汁　lau³¹ mak³ thiap⁵
举手　举手　ki⁴² ɕiu⁴²
动手　动手　han²² ɕiu⁴²
放手　放手　ɓaŋ²⁴ ɕiu⁴²
拉手　□手　ɓeŋ²² ɕiu⁴²
扶着　扶着　fɔu³¹ ɗɔ³³
弹指头　叠个　ɗe⁵⁵ kai²²
踮脚尖　拎骹　neŋ⁵⁵ ha²²
跷脚　跷骹　hiau²⁴ ha²²
抖脚　拖骹　tun²⁴ ha²²
踢腿　踢腿　hat³ ha²²
弯腰　弓腰　koŋ²² iau²²
耸肩膀　拱肩　koŋ⁴² kai²²

第二章　词汇

鼻涕	鼻□（鼻~涕）fi²² tɔ⁴²	相合	作合 tɔ⁵⁵ kap⁵
	鼻作 fi²² tɔ⁵⁵	由着他	在伊 tsai⁴⁴ i³¹
打喷嚏	拍咬͡菜 fa⁵⁵ka⁴²sai²⁴	答应	答应 da³³ eŋ²⁴
打嗝	拍咬͡驴 fa⁵⁵ka⁴² lu³¹	答应我	应我 eŋ²⁴ va⁴²
站着	徛个 hia⁴² ɔ³³	拎	拎 neŋ²²
聊天儿	顺喙 tun⁴⁴suei⁴²	丢失	落着 lak³ dɔ³³
	对口 duei²⁴ hau⁴²（老城）	找到	转着 duei²⁴ dɔ³³
讲这讲那	讲又讲那 koŋ⁴² ziu⁴⁴ koŋ⁴²	躲	摸 mak³（吴）
	na²²	藏	囥 hɔ²⁴
吹牛	车大炮 ɕia²² dua²² fau²⁴	剩	剩 dɔ²²
	吹牛 suei²² ku³¹	知道了	知个 tai²² ɔ⁴⁴
	讲假话 koŋ⁴² ke⁴² uei⁴⁴	懂了	别个 ɓat⁵ (t)ɔ⁴⁴
应声（言）	言 in³¹	认得	认 zin²²
乱喊乱叫	话来话去 uei⁴⁴ lai³¹ uei⁴⁴	识字	认书 zin²² tu²²
	hu²⁴	寻思	缓缓想 hua⁴² hua⁴² tiɔ⁴²
叫	叫 kiau²⁴	决窍	窍 hiau²⁴
吵	搅 ka⁴²	主张	主张 tu⁴² tɕiaŋ²²
吵架	搅架 ka⁴² ke²⁴	相信	信 tin²⁴
骗人	棍侬 kun²⁴ naŋ³¹	怀疑	怀疑 huai³¹ ɲi³¹
	对侬 duei²⁴ naŋ³¹	当心	当心 daŋ²² tiəm²²
哄小孩	对孥囝 duei²⁴ ɲiau⁵⁵ kia⁴²	害怕	惊 kia²²
弄人	弄侬 laŋ⁴⁴ naŋ³¹	惦记	闷 mun²²
告诉	学 ɔ³³	盼望	想 tiɔ⁴²
背后说坏话的人	话囝 uei⁴⁴ kia⁴²	记住	忆着 ik⁵ diɔ³³
故意找茬	放奸 ɓaŋ²⁴ kan²²	忘记	忘忆 uaŋ⁴⁴ ik⁵
打架	拍架 fa⁵⁵ ke²⁴	眼红	目热 mak³ zit³
动手	动手 haŋ⁴⁴ ɕiu⁴²	讨厌	厌 iam²⁴
骂人	骂侬 ma²² naŋ³¹	嫉妒	忌妒 ki⁴⁴ du²⁴
嚷	嚷 zaŋ²²	发火	发火 uat⁵ uei⁴²
遇见	碰着 foŋ³¹ dɔ³³	爱惜	爱惜 ai²⁴ se⁵⁵
招待	招待 tɕiau²² dai⁴⁴	疼爱	爱 ai²⁴
马屁	马屁 ve⁴² fuei²⁴	高兴	欢喜 huan²² i⁴²
看得起	奥得起 ɔ²⁴ dik⁵ hi⁴²	喜欢	喜欢 fi⁵⁵ huan²²
看不起	奥勿起 ɔ²⁴ vɔ³³ hi⁴²	感谢	感谢 kam⁴² tia⁴⁴
合伙	合伙 kap⁵ uei⁴²		

二十三 位置

上面　上边　tɕɔ²² ɓi²²
下面　下边　e⁴⁴ ɓi²²
顶上　上顶　tɕɔ²² ɗeŋ⁴²
底下　下底　e⁴⁴ ɗuai⁴²
中间　中间　toŋ²² kan²²
左边　左边　tɔ⁴² ɓi²²
右边　右边　ʑiu⁴⁴ ɓi²²
外边　外边　ua⁴⁴ ɓi²²
里边　里边　lai⁴² ɓi²²
前面　前边　tai³¹ ɓi²²
后面　后边　au⁴⁴ ɓi²²
旁边　旁边　faŋ³¹ ɓi²²
附近　附近　fu⁴⁴ kin⁴⁴
目前　目前　mak³ tai³¹
什么地方　物物地方　mi³³ mi³³ ɗi⁴⁴ faŋ²²
哪里　带　ɗɔ²⁴
天上　天上　i²² tɕɔ²²
山上　山上　tua²² tɕɔ²²
路上　路上　lou⁴⁴ tɕɔ²²
街上　街上　kuai²² tɕɔ²²
墙上　墙上　ɕiɔ³¹ tɕɔ²²
桌上　床上　sɔ³¹ tɕɔ²²
椅子上　椅上　i⁴² tɕɔ²²
凳上　凳上　ɗeŋ²⁴ tɕɔ²²
心里　心里　tiəm²² lai³¹
手里　手里　ɕiu⁴² lai³¹
城市里　城市里　tia³¹ ɕi⁴⁴ lai³¹
农村里　农村里　noŋ³¹ suei²² lai³¹
东　东　ɗaŋ²²
西　西　tai²²
南　南　nam³¹
北　北　ɓak⁵
走进来　行落来　kia³¹ lɔ³³ lai³¹
走出来　行出来　kia³¹ sut⁵ lai³¹
左转　左转　tɔ⁴² ɗuei⁴²
右转　右转　ʑiu⁴⁴ ɗuei⁴²
坐车　坐车　tse²² ɕia²²
下车　落车　lɔk³ ɕia²²
以前　以前　ʑi⁴² tai³¹
以后　以后　ʑi⁴² au⁴⁴
今后　今后　kim²² au⁴⁴

二十四 代词等

我　我　va⁴²
你　汝　lu⁴²
他　伊　i²²
我们不包括听话人　我们　va⁴² muei³¹
　　　　　　　　我侬　va⁴² naŋ³¹
咱们　那侬　na²² naŋ³¹
　　　侬侬　naŋ³¹ naŋ³¹
你们　汝侬　lu⁴² naŋ³¹
他们　伊侬　i²² naŋ³¹
我家　我宿　va⁴² ɕiu²⁴
你家　汝宿　lu⁴² ɕiu²⁴
他家　伊宿　i²² ɕiu²⁴
大家　大家　ɗua²² ke²²
谁　[底侬]　ɗiaŋ⁴⁴
　　[底侬]个　ɗiaŋ⁴⁴ kai⁴⁴
哪个　底个　ɗi⁴² kai⁴⁴
娘家　外家　ua⁴⁴ ke²²
夫家　正家　tɕia²⁴ ke²²
我们俩　我两侬　va⁴² nɔ⁴⁴ naŋ³¹
你们俩　汝两侬　lu⁴² nɔ⁴⁴ naŋ³¹
他们俩　伊两侬　i³¹ nɔ⁴⁴ naŋ³¹
整日　整日　tseŋ⁴² ʑit³
首先　头前　hau³¹ tai³¹

二十五　形容词

好　好 hɔ⁴²
强　强 hiaŋ³¹
弱　弱 n̪iak³
不错　勿错 vɔ³³ sɔ²²
差不多　差勿多 sa²² vɔ³³ ɗuai²²
不怎么样　勿底样 vɔ³³ di⁴² iɔ⁴⁴
不算什么　勿算物 vɔ³³ tuei²⁴ mi⁵⁵
漂亮　相 ɕiaŋ²⁴
丑　蠢 sun⁴²
好看　好奥 hɔ⁴² ɔ²⁴ 《海口方言典》第 114 页"望"一读 o³⁵。俗作"瞴"。
难看　恶望 ɔk⁵ mɔ²⁴
结实　耐 nai⁴⁴
干净　澈 he³³
脏　秽 uei²⁴
淡　餰 tɕia⁴²
咸　咸 kiam³¹
肥(肥肉)　肥 ɓoi³¹
肥(猪等动物)　肥 ɓoi³¹
胖　肥 vuei³¹
瘦　瘠 tan⁴²
舒服　自在 tɕi²² tsai⁴⁴
　　好受 hɔ⁴² tiu⁴⁴
难受　恶耐 ɔk⁵ nai⁴⁴
闲　闲 ai³¹
麻烦　麻烦 ma³¹ fan³¹
啰嗦　啰嗦 lɔ³¹ sɔ²²
听话　听话 hia²² uei²²
顽皮　蛮 man³¹
行　作得 tɔ⁵⁵ ɗik⁵
缺德　缺德 huai⁵⁵ ɗek⁵
机灵　精 tseŋ

聪明　聪明 soŋ²² me³¹
笨　笨 ɓun⁴⁴
　　糊涂 u³¹ ɗu³¹
笨蛋　番薯 uan²² tu⁴⁴
　　猪骸 ɗu²² ha²²
　　狗婆 kau⁴² vɔ³¹（母狗）
热　热 zit³（热闹）
　　热 zua³³（天气热）
凉快　潮凉 ɕin²⁴ liɔ³¹
冷　寒 kua³¹
正宗　正牌 tɕia²⁴ ɓai³¹
突、凸　突 hu²²
凹　□ nap³
小气　细气 toi⁴² huei²⁴
　　叫咸 kiau⁴² kiam³¹
迟　迟 di³¹
快　快 huei²⁴
　　猛 me⁴²

二十六　副词等

刚刚　乃乃 na⁴⁴ na⁴⁴
恰（刚好）　嗟嗟 ŋiam²² ŋiam²
只、仅　乃 na²⁴
也许、恐怕　□惊 ha²² kia²²（多在句末）
差点　差滴囝 sa²² ti⁵⁵ kia⁴²
　　差□（囝）sa²² n̪i⁵⁵（kia⁴²）
一定　硬 ŋe⁴⁴（硬……乃……）
马上　马上 ve⁴² tɕiɔ²²
赶紧　赶紧 kua⁴² kin⁴²
早晚　早晚 ta⁴² han⁴²
眼看　奥奥（瞴瞴）ɔ²⁴ ɔ²⁴
多亏　生得 te²² ɗik⁵
　　生赖 te²² lai⁴⁴
当面

一起　作凑 tɔ⁵⁵sau²⁴
自己　家己 ka²² ki⁴²
　　　公己 kaŋ²² ki⁴²
　　　翁己 aŋ²² ki⁴²
　　　阿己 a⁵⁵ ki⁴²
　　　根己 kin²² ki⁴²
顺便　顺便 tun⁴⁴ ɓin⁴⁴
故意　放干 ɓaŋ²⁴kaŋ²⁴
到底　遘底 kau²⁴ ɗoi⁴²
根本　根本 kin²² ɓun⁴²
真是　真是 tɕin²² ti⁴⁴
一共　总共 toŋ⁴² koŋ⁴⁴
白吃　食澈个 tɕia³³ he⁵ gai⁴⁴
偏偏　硬 eŋ⁴⁴
乱　游 ʑiu³¹（游弄：胡来）
先去　前去 tai³¹ hu²⁴
另外　斗⁼ tau⁴²

二十七　次动词等

让座　让座 ʑiaŋ⁴⁴ tse⁴⁴
和　凑 sau²⁴
　　共 kaŋ²²
去　去 hu²⁴
扔　掷 tai³³
　　抛 fa²²
　　抨 ɓia³¹
在　有，住 ɗu⁴⁴
有　住 ɗu⁴⁴
从　从 haŋ³¹
依然　照样 tɕiau²⁴ iɔ⁴⁴
拿笔　把笔 ɓoi⁴² ɓi⁵⁵
替　替 uai²⁴
　　帮 ɓaŋ²²

二十八　儿化举例

儿尾　囝 kia⁴²
子尾　囝 kia⁴²
　　索囝 tɔ⁵⁵ kia⁴²（绳子）
　　狗囝 kau⁴² kia⁴²（狗仔）

二十九　量词

把　把 ɓa⁴²
本　本 ɓuei⁴²
枝　枝 ki²²
只　只 tɕia⁵⁵（马、狗等）
封　封 ɓaŋ²²
片　片 fin²⁴
盘　盘 ɓua³¹
件（事）　件 kin⁴⁴
件（衣服）　条 ɗiau³¹（衫、裤）
条　条 ɗiau³¹
回（一回事）　转 tuei⁴²
朵　葩 fa²²
顿　顿 ɗun²⁴（糜）
　　顿 ɗuei²⁴
辆　架 ke²⁴
　　部 ɓu⁴⁴
双　双 tiaŋ²²（手）
盏　盏 tɕiam⁴²
张（纸）　面 min⁴⁴（纸）
面（旗）　面 min⁴⁴
场　场 ɗiɔ³¹（雨、戏）
床（被）　床 sɔ³¹
棵（树）　丛 taŋ³¹
粒　粒 liəp³
块　块 huai²⁴
间　间 ŋan²²（宿）
所（房子）　间 ŋan²²（宿）

行（字） 行 ɔ³¹
段（书） 节 tat⁵
缸 缸 kaŋ²²
碗 碗 uan⁴²
杯 盅 tɕiaŋ²²
把 把 ɓai⁴²（菜）
排 排 ɓai³¹（桌子）
担 担 ɗa²⁴（米）
位 位 uei⁴⁴
付 付 fu²⁴（眼镜）
套 套 hau²⁴（书）
个 个 kai⁴⁴（人）
肚 肚 ɗɔu⁴⁴（一肚气）
身 身 tin²²
下 下 e⁴⁴
一会儿 下囝 e⁴⁴ kia⁴²
阵 阵 tun⁴⁴

三十　数字等

一 一 ziat³
二 二 nɔ⁴⁴
三 三 ta²²
四 四 ti²⁴
五 五 ŋɔu⁴²
六 六 lak³
七 七 ɕit⁵
八 八 ɓoi⁵⁵
九 九 kau⁴²
十 十 tap³
二十 有无合音 二十 zi²²tap³
三十 有无合音 三十 ta²²tap³
一百 一百 ziat³ɓe⁵⁵
一千 一千 ziat³sai²²
一万 一万 ziat³man⁴⁴
一百零五 一百零五 ziat³ɓe⁵⁵leŋ³¹ ŋɔu⁴⁴
一百五十 一百五十 ziat³ɓe⁵⁵ŋɔu⁴⁴tap³
第一 第一 ɗai²²øit⁵
二两 重量 二两 nɔ⁴⁴liɔ⁴²
几个 几个 kuei⁴²kai⁴⁴
俩 二 nɔ⁴⁴
仨 三 ta²²
个把 一个一半 ziat³kai⁴⁴ziat³ɓua²⁴
初一 初一 sou²² it⁵
初二 初二 sou²² zi²²
初三 初三 sou²² ta²²
初四 初四 sou²² ti²⁴
初五 初五 sou²² ŋɔu⁴⁴
初六 初六 sou²² lak³
初七 初七 sou²² ɕit⁵
初八 初八 sou²² ɓoi⁵⁵
初九 初九 sou²² kau⁴²
初十 初十 sou²² tap³
老大 老大 lau⁴² ɗua²²
老二 老二 lau⁴² zi²²
老三 老三 lau⁴² ta²²
老末 尾 vuei⁴²
第一 第一 ɗai²² it⁵
第二 第二 ɗai²² zi²²
第三 第三 ɗai²² ta²²
第四 第四 ɗai²² ti²⁴
第五 第五 ɗai²² ŋɔu⁴⁴
百 百 ɓe⁵⁵
千 千 sai²²
万 万 man²²
亿 亿 i²⁴
一百零一 百零一 ɓe⁵⁵ leŋ³¹it⁵
一万二 万二 man²² zi²²
三千八百 三千八 ta²² sai²² ɓoi⁵⁵

一两　一两 ziat³ liɔ⁴²　　　　　　亩　亩 mau⁴²
两斤半　两斤半 nɔ⁴⁴ kin²² ɓua²⁴　几个　几个 kuei⁴² kai⁴⁴
两钱　两钱 nɔ⁴⁴ tɕi³¹　　　　　　倍　倍 ɓuei⁴⁴
两分　两分 nɔ⁴⁴ un²²　　　　　　五分之二　五分之二 ŋou⁴⁴ un²² tse²² zi²²
两厘　两厘 nɔ⁴⁴ li³¹
丈　丈 tɕiaŋ²⁴　　　　　　　　　百分之百　百分之百 ɓe⁵⁵ un²² tse²² ɓe⁵⁵
尺　尺 ɕiɔ⁵⁵
寸　寸 sun²⁴　　　　　　　　　　结账　敲账 ha²² tiau²⁴

第二节　常用词语解读

一　屋（宿）

房屋，福建闽语俗作"厝"。海南闽语俗写也是"厝"。陈鸿迈《海口方言词典》第183页写训读字"室"。

宿，《广韵·屋韵》入声息逐切；又《广韵·宥韵》息救切。指星宿。《集韵·宥韵》息救切"宿，列星也。舍也。"舍者作名词即房舍也；作动词居留也。可见当时已经用作房舍之意了。海南闽语今读阴去调，用作名词指房屋，钱奠香《海南屯昌闽语语法研究》第2页也作"宿"。福建闽语俗作"厝"。澄迈话"宿"既可指房屋，也可指家。

1. 澄迈话"宿"指房屋，如：

一间宿：一间房，一间屋
教室：教宿 ka²⁴ɕiu²⁴
迁新居：落宿 lɔ³³ɕiu²⁴
盖房子：作宿 tɔ⁵⁵ɕiu²⁴；也说"砌宿"ki⁵⁵ɕiu²⁴。
ȵiau⁵⁵ ɕiu²⁴ lai⁴² ɓaŋ²⁴ mi³³, ɗua²² ɕiu²⁴ lai⁴² hia⁴⁴ naŋ³¹。
　孥　宿　里　放　乇，大　宿　里　徛　侬。
（小屋里放东西，大屋里住人。）

2. 澄迈话"宿"指家，如：

走亲戚：去亲戚宿 hu²⁴ɕin²²tɕia³³ɕiu²⁴
家里：　宿里 ɕiu²⁴lai⁴²
回家：　转宿 ɗuei⁴² ɕiu²⁴
我家：　我宿 va⁴² ɕiu²⁴
你家：　汝宿 lu⁴² ɕiu²⁴

他家： 伊宿 i^{22} ɕiu^{24}

窝里凶：宿里虎 ɕiu^{24}lai^{42}hou^{42}

上方邻居：上宿 dzio^{44}ɕiu^{24}

下方邻居：下宿 øe^{22}ɕiu^{24}

二 徛（站）；住（徛；蹲）

澄迈话"徛"表示站。这个站立义，很多方言都有这个用法。《广韵·纸韵》上声渠绮切："徛，立也。"吴语崇明话，就是读的阳上调gei^{242}。澄迈话"徛"的特点是，既可以用作站，也可以用作住。更值得注意的是，据吴正伟提供，琼北一些地方，"蹲"也可以用作住。如海口话：

lu^{213} tɔŋ^{31} u^{33} ɗe^{35}?

汝　蹲　有 带？　　（你住在哪里？有，表示在。）

可见，至少海南北部地区闽语，把"徛、蹲"都可用作住。这和汉语方言中"把、持、握、取"等都可用作拿的情形一样。

徛，用作站，这是海南闽语的共同特点。例如下表一"站、第一人称"（据海南《资源集》，即刊本）：

表一　站、第一人称

普通话	站	我	我们	咱们
澄迈	徛 hia^{42}	我 va^{42}	我们 va^{42} muei^{31}	那侬 na^{22} nan^{31}
			我侬 va^{42} nan^{31}	侬侬 nan^{31} nan^{31}
定安	徛 xia^{33}	我 va^{435}	我们 va^{31} moi^{31}	咱侬 nan^{31} nan^{31}
		□noŋ^{435}	我侬 va^{31} nan^{31}	
海口	徛 xia^{33}	va^{213}	我侬 va^{21} nen^{21}	曩侬 nan^{21} nen^{21}
屯昌	徛 xia^{33}	va^{325}	我侬 va^{32} nan^{31}	咱侬 nan^{32}nan^{31}
			我们 va^{32} mui^{31}	
琼海	徛 xia^{42}	ɦua^{31}	我侬 ɦua^{31}nan^{22}	伯侬 nan^{31}nan^{22}
			我伙 ɦua^{31}ɦiɛ^{31}	伯伙 nan^{45}ɦiɛ^{31}
文昌	徛 xia^{42}	ŋua^{21}	我多 ŋua^{21}toi^{34}	□多 nan^{21} toi^{34}
万宁	徛 xia^{42}	ŋgua^{31}	我侬 ŋgua^{31}nan^{22}	伯侬 nan^{31} nan^{22}
			我家 ŋgua^{31}kɛ^{44}	伯伙 nan^{31}kɛ^{44}
乐东	徛 khia^{42}	vuə^{42}	□ van^{42}	□ nan^{42}
三亚	徛 khia^{42}	vuɔ^{31}	□□nen^{31}ɗɛ^{24}	□□nen^{31}ɗɛ^{24}
五指山	徛 khia^{42}	ua^{21}	我侬 ua^{21}nan^{22}	咱侬 nan^{21}nan^{22}

东方　　徛 khia¹³ va⁵³　　　我室 va⁵³ siu⁴⁵　　我室 va⁵³ siu⁴⁵

我们看到，这个"徛"字，南部西部的海南闽语，有舌根送气塞音 kh- 声母，北部则是送气塞音擦音化。

又如澄迈例句：

1. 门口站着一群人。

　　muei³¹ hau⁴² hia⁴² ʑiat³ hun³¹ naŋ³¹（hɔ⁴² ɗe²⁴）。
　　门　口　徛　一　群　人　（许　里）。

（门口站一群人在那里）

2. 坐着吃好，还是站着吃好？

　　tse⁴⁴ ɗɔ³³ tɕia³³ hɔ⁴²，ɦia²² ti⁴⁴ hia⁴² ɗɔ³³ tɕia³³ hɔ⁴²？
　　坐　着　食　好，啊　是　徛　着　食　好？

澄迈话的"徛"还可以用作居住、住宿的意思。在语法例句调查时，就会出现"徛"表住宿的用法。例如澄迈话：

1. 别走了，在我们家住去吧。

　　vɔ³³ zoŋ⁴⁴ hu²⁴ lɔ³³，u⁴⁴ va⁴² naŋ³¹ ɕiu²⁴ hia⁴² lɔ³³。
　　勿　用　去　咯，有　我　侬　宿　徛　咯。

按，我侬宿，是我们家的意思。"徛"是住宿义。

2. 小屋里放东西，大屋里住人。

　　ȵiau⁵⁵ ɕiu²⁴ lai⁴² ɓaŋ²⁴ mi³³，ɗua²² ɕiu²⁴ lai⁴² hia⁴² naŋ³¹。
　　孥　宿　里　放　乜，大　宿　里　徛　侬。

3. 这个屋里住不下十个人。

　　tɕi⁵⁵ kan²² ɕiu²⁴ vɔ³³ hia⁴⁴ ɗik⁵ tap³ kai⁴⁴ naŋ³¹。
　　即　间　宿　勿　徛　得　十　个　侬。

4. 东厢房没住过人。

　　ɗaŋ²² iaŋ²² ɓaŋ³¹ vɔ³³ naŋ³¹ hia⁴² kuei²⁴。
　　东　厢　房　勿　侬　徛　过。

我们发现，厦门话也可以用"徛"表示居住、住宿。例如周长楫《厦门方言词典》第 40 页：

"徛" kʻia³⁵　2 居住：你徛厦门倒哪一条街
　　　　　　　　遮是徛的所在（这里是住家的地方）

又第 216 页"阮"（我、我们）条下例句：
　　阮兜徛厦门（我家住厦门）

三　我 va⁴²、我们（我侬 va⁴²naŋ³¹）、咱们（侬侬）

澄迈话第一人称单数和复数是：

单数	复数（我们，不包括对方）	复数（咱们，包括对方）
我 va^{42}	我们 va^{42} muei^{31}	那侬 na^{22} naŋ^{31}
	我侬 va^{42} naŋ^{31}	侬侬 naŋ^{31} naŋ^{31}

澄迈话第一人称单、复数的读音和来历，都值得我们注意。这里要说明的是"我"va^{42} 的读音；"们"muei^{31} 的读音；"侬"的读音和用法。

澄迈话和海南闽语其他点关于"我、我们、咱们"的读音见表一"站、第一人称"。

"我"va^{42} 的读音。

首先是"我"va^{42} 的声母，离"我"（《广韵》上声哿韵"五可切"）的古疑母读音太远，需要说明一下。古疑母在今方言中的读法虽然很多，有的保留仍读舌根鼻音（海南文昌话属此），有的失落读为零声母（海南五指山话属此），有的变异到同部位的塞音声母或擦音声母（海南万宁话读 ŋg-声母是向塞音g-变化，海南琼话读 ɦ-声母是变成擦音了），等等。澄迈话读为唇齿的浊擦音声母 v，有点特别。除了澄迈，还有琼北如定安、海口、屯昌，琼南如乐东、三亚，西海岸的东方，都是读 va 的声韵母。我们从琼海、文昌、万宁、五指山"我"的读音中，发现"我"的韵母都有一个 -u- 介音。大概，正是这个 -u- 介音，使上齿和下唇很容易有所接触，于是读成了齿唇浊擦音 v-。

"侬"的读音和用法。

复数词尾"们"的读音见第 14—15 页，此从略。

"侬"的读音，澄迈话是 naŋ^{31}，代表了海南闽语多数的读法。反映了古东韵江韵读同的情形。

海口话"我侬"有两读：va^{213} naŋ^{21} 和 va^{213} neŋ^{21}（据陈鸿迈《海口方言词典》第 33 页）。

neŋ^{21} 的读法反映受湘楚方言的影响。

"侬"在澄迈话中用作人称代词复数词尾，其实这个词尾"侬"，是来自表示人的"侬"。请看：

普通话	澄迈话
我们俩	我两人 va^{42} nɔ^{44} naŋ^{31}
你们俩	汝两人 lu^{42} nɔ^{44} naŋ^{31}
他们俩	伊两人 i^{31} nɔ^{44} naŋ^{31}

而且，"侬"在定安话中也可用作第一人称代词我：□noŋ^{435}。这个"□noŋ^{435}"是"侬"的又读，或者说以主要元音的变异，来区别第一人称"侬（我）"和人称代词复数词尾"~侬"。

而且，澄迈话和其他多处的"咱们"词中，我们可以或明或暗地看到

"侬"做人称代词"我"的遗迹。例如：

     咱们
澄迈 那侬 na^{22} naŋ^{31}
    侬侬 naŋ^{31} naŋ^{31}
万宁 伯侬 naŋ^{31} naŋ^{22}/伯伙 naŋ^{31}kɛ^{44}（张按：此 kɛ^{44} 当是"个"）
海口 囊侬 naŋ^{21} nen^{21}

  澄迈话的"侬侬"，第一个"侬"就是用作第一人称的代词，第二个"侬"是复数词尾。万宁的第一个 naŋ^{31} 也是"侬"，写作"伯"是照顾到"咱"的字义。同样，海口话的第一个字"囊"是"侬"的异读，表示第一人称"我"，第二个"侬"是复数词尾。

  澄迈话"那侬 na^{22} naŋ^{31}"的读法，我们以为是"侬侬 naŋ^{31} naŋ^{31}"两个音节，由于第一个音节鼻音尾和第二个音节的鼻音声母相排斥，第一个音节就失去鼻音尾。实际上就是"侬侬 naŋ^{31} naŋ^{31}"连音变化而致。

  定安等处的"咱侬 naŋ^{31} naŋ^{31}"是"侬侬 naŋ^{31} naŋ^{31}"连读时的又一种音变，第一个音节的-ŋ 尾和第二个音节的 n-声母同化为 n，变成 nan。乐东 nan^{42} 表示"咱们"，也就是表示"侬侬 naŋ^{31} naŋ^{31}"合音的紧缩。

     咱们
定安 咱侬 nan^{31} naŋ^{31}
屯昌 咱侬 nan^{32}naŋ^{31}
琼海 伯侬 nan^{31}naŋ^{22}
五指山 咱侬 nan^{21}naŋ^{22}
文昌 □多 nan^{21} toi^{34}
乐东 □ nan^{42}

  我们不妨再进一步看看厦门话"我、我们、咱们"（据周长楫《厦门方言词典》第 51、216、221 页）的读音和来历。

普通话 我   我们   咱们
厦门话 我gua^{53} 阮 gun^{53} / guan^{53} 伯 lan^{53}
                      伯人 lan$^{53\text{-}55}$ laŋ^{35}

  厦门话的"人"laŋ^{35}，从读音看，也是读的"侬"（据周玉楫《厦门方言词典》第 269 页），和"脓"同音。

  只是因为福建闽语，鼻音尾前的 n-声母异化为 l-声母。所以，我常从福建朋友口中听到："河南=荷兰"，"南天=蓝天"。

  从海南闽语"我们_{不包括对方}、咱们_{包括对方}"的语音连读感染导致的变异看，厦门话的"阮gun^{53}/guan^{53}"（我们），就是"我gua^{53}"加上"侬"的声母 n 而致。而"伯lan^{53}"（咱们），则是"侬侬"的紧缩而成 nan^{53}，犹如乐东黄流镇的 nan⁴²。

三亚话的"□□neŋ³¹ɗɛ²⁴"表示"我们，咱们"，这个"□neŋ³¹"就是"侬"的又读音，三亚表人的"侬"读 naŋ²²。而"□ɗɛ²⁴"，可能是"底"。

海南闽语这个"侬"，就是古文献中的"侬"，也作"戎"。今侬族、侬人、侬姓之类皆此。

戎、侬，都可指人。也可作人称代词。例如：

《易·同人》："伏戎于莽。"

《诗·大雅·民劳》"戎虽小子，而式弘大。"郑玄笺："戎，犹女也。"丁声树先生口授：此"戎"，就是上海话"侬（第二人称）"。

《大戴礼记·千乘》："西辟之民曰戎。"

《三国志·蜀志·诸葛亮传》："西和诸戎，南抚夷越。"

《玉篇·人部》："侬，吴人称我是也。"

《广韵·冬韵》："侬，我也。"

《六书故·人一》："侬，吴人谓人侬。"

今海南闽语称人为"侬"naŋ（阳平调）。

海口话：我侬（我们）va²¹³ naŋ²¹（或 neŋ²¹）。（陈鸿迈《海口方言词典》第33页）

注意：海口话"侬"有两读：naŋ²¹（或 neŋ²¹）！三亚话也有两读。

四　精、粄

澄迈话及整个海南闽语吃饭多说"食糜"，而澄迈话过年过节还有一些美食叫"精"、叫"粄"的。

1. 精 ɓuei²²

精，音同"杯"（澄迈话古浊去调很多字今读同阴平调），实际上就是干饭。《海口方言词典》第144页就写作"饭"：

【饭】ʔbui²⁴ 干饭。

还特别说明，"旧时普通民家平时吃较稀的饭，只有过年过节或办喜事时才吃干饭。"澄迈话的"精"就是对这段话的最好证明。

澄迈发音人邱珠讲的"过年"故事中，就说道：

na²⁴ ti⁴⁴ tiɔ⁴² koŋ⁴² kau²⁴ ɦi³¹ kau²⁴ toi⁵⁵ lɔ⁰, u⁴⁴ ɓuei²² tɕia⁴⁴, u⁴⁴
乃　是　想　讲　遘　年　遘　节　咯，有　精　食，有

iɔk³ tɕia⁴⁴。kau²⁴ ɦi⁵ na⁵⁵ tia⁴² ɗik⁵。
肉　食。遘　年　才　舍　得。

（只是想讲过年了，有干饭、有肉吃。过年才舍得。）

澄迈话还把"生菜"叫作"煲精菜 ɓau²² ɓuei²² sai²⁴"。

海南闽语把干饭叫作"糒",是很有来头的。

《说文解字》七上米部(中华书局1963年版,第147页下):"糒,乾也。从米备声。(平秘切)。"段氏《说文解字注》第332页下(上海古籍出版社1981年版):"糒,乾饭也。饭字各本夺。今依李贤明帝纪注、隗嚣传注、李善文选注、玄应书补。乾音干。释名曰,干饭,饭而暴乾之也。周礼廪人注曰,行道曰粮,谓糒也。止居曰食,谓米也。(平秘切。古音在一部。)"

许宝华、宫田一郎《汉语方言大词典》(中华书局1999年版)第7293页:

【糒】干饭;稠的粥。闽语。广东汕头。谢礼荣《潮汕方言词汇》:"《尔雅·释言》:'糒,粥之稠者。'如《汉书·李广传》:'大将军长史持糒醪遗广。'糒,就是干饭。潮汕人吃干饭谓食糒。"

【糒儿】加水重煮的泡饭。西南官话。湖南常德。章炳麟《新方言·释器》:"常德谓熬饭曰糒。音如泡。"引者按,所引章氏这条,"糒儿"虽然字作"糒",但读音和意义都不合。编者失察致误。

《汉语大字典》第3156页:【糒】《玉篇·米部》:糒,干饭。《广韵·至韵》:"糒,糗也。"《集韵·怪韵》:"糒,乾糇。"《史记·李将军列传》:"大将军使长史持糒醪遗广。"《晋书·王祥传》:"糒脯各一盘,玄酒一杯,为朝夕奠。"《元史·伯颜传》:"士马刍糒供亿之须,以及赏赉犒劳之用,靡不备至。"

2. 粄 ɓua⁴²

澄迈话"粄"(音同"板"):一种米糕。还有:

粄个:粄。圆形的,有馅儿。个,是名词词尾。

粄筐:是大如筐的米糕。放红糖或白糖制成,没有馅儿。

发音人邱珠"过年"故事中还说:

kau²⁴ fii³¹ ziu⁴⁴ zia⁴² tɔ⁵⁵ ɗau⁴⁴ u⁴⁴, ti⁴⁴ zia²⁴ tɔ⁵⁵ ɓua⁴², tɔ⁵⁵ ɓua⁴²
遘　 年　 又　 也　 做　 豆 腐,   是 也 做　 粄,　 做　 粄

kai³¹ lɔ⁰, tɔʔ⁵ ɓua⁴² hiaŋ³¹ lɔ⁰, ziu⁴⁴ u⁴⁴ iok³ u⁴⁴ moi³¹ tɕia³³。
个　 咯,作　粄　 筐　　 咯,　 又　 有 肉 有　 糜　 食。

(过年又做豆腐,做米糕,做有馅儿的米糕,做放糖而没馅儿的大如筐的米糕。)

澄迈话的"粄",《海口方言词典》第59页写作"粄",指年糕或类似年糕的食品。还有一种"粄条",是切成条状的叫"粄条"。"粄、粄"是异体字,《广韵》上声缓韵博管切"屑米饼也"。宋以前人写的《玉篇》《广韵》都注米粉做的饼,到明朝《正字通》就包括麦粉做的饼了:《正字通·食部》:"粄,补绾切,音版。饼别名。六朝人呼饼为粄。……或麦面、或屑米为之。旧注专属米饼,非。"

五　瞌

澄迈话睡觉的动词说"瞌"huai⁵⁵（长阴入），来自古入声字。卧室叫"瞌厅"huai⁵⁵ ia²²。《集韵》入声盇韵克盇切"瞌，欲睡皃。"

《海口方言词典》第85页作"𥆧"：

【𥆧】xe⁵⁵（或 xɔi⁵⁵）睡：伊～，无用$_{不要}$搅$_{吵}$伊醒

　　　　　　　　　真乏$_{疲劳}$，我一偃$_{躺下}$就～喽 ‖ 方言字

【𥆧（日）昼】xe⁵⁵（或 xɔi⁵⁵）（zit³）ʔdau²⁴ 睡午觉：

　　　　　　　　　侬客$_{客人}$来坐，做我$_{使我}$无成～$_{睡不成午觉}$

显然，澄迈话和海口话关于睡觉这个词，音和义完全对应。

海南闽语多数地区，都是用的这个"瞌"。从"他在电视机前看着看着睡着了"的调查记录看，

澄迈：øi³¹øɔ⁴⁴ɗin²⁴ti⁴⁴øɔ⁴⁴øɔ⁴⁴tɕiu²²øɔ⁴⁴huai⁵⁵gɔ²²。

　　　伊 望 电 视 望 望 就 望 瞌 个。

黄流：øi⁴⁴mɔ⁴⁴mɔ⁴⁴ʔden²⁴ti⁵³ʔdoʔ³，ʔben⁵³zaʔ³øe⁴⁴kiə⁴²khoi⁵⁵hu²⁴liau⁴²。

　　　伊 望 望 电 视 着， 便 一 下 囝 瞌 去 了。

定安：i²⁴ɗu³³ɗin³³ti³³ki²⁴tai³¹mo²⁴ɗio³³mo²⁴ɗio³³tɕiu³³xuai⁵⁵ko⁵⁵。

　　　伊贮 电 视 机 前 望 着 望 着 就 憩 □。

海口：ʔi²³ɗu³³ɗin³⁵ti⁵⁵tai²¹ʔo³⁵ʔo³⁵ʔo³⁵ʔo³⁵xɔi⁵⁵hu³⁵。

　　　伊 度⁼ 电 视 前 望 望 望 望 □ 去。

屯昌：i²⁴o³⁵ɗin⁵⁵ti⁵⁵o³⁵o³⁵o³⁵tɕiu³³o³⁵xuɔi⁵⁵ho⁵⁵。

　　　伊望电视望望望就望 憩 去。

琼海：ʔi⁴⁴ lɔm²²lɔm²² mɔ⁴⁴ ɗin⁵³ti⁵³ kai²² dɛ²¹ tsiu⁴²⁻²² xɔi⁵³ ɦu⁴⁴。

　　　伊 隆 隆 望 电 视 其 处 就 歇 去。

文昌：ʔi³⁴ɗu¹¹ɗien⁴²ti⁵³mien³⁴xau¹¹tai²²mo³⁴ɦa¹¹mo³⁴bi⁴²xoi⁵³got³³ɦu³³。

　　　　伊 度⁼ 电 视 面 头 前 望 啊 望 味□ □ 去。

万宁：ʔi⁴⁴ ɗu⁴² tiŋ⁵³θi⁵³ki⁴⁴ tai²² mɔ⁴⁴ ɗiŋ⁵³θi⁵³ mɔ⁴⁴ ɗiŋ⁵³θi⁵³ lɔ³¹ tsiu²²

　　　伊儜望 电 视 机 前 望 电 视 望 电 视 着 就

　　　xɔi⁵³ ɦu⁴⁴。

　　　歇 去。

五指山：i⁴⁴mo⁴⁴ɗiu⁴²ti⁴²mo⁴⁴ɗo²¹mo⁴⁴ɗo²¹tɗiu⁴²hoi⁴²ɗiam²²hu³⁵。

　　　　　伊映 电 视映 着 映 着 就 瞌 甜 去。

东方：ʔi¹³mo⁴⁴ɗin⁴⁵ti⁵⁵,mo⁴⁴to⁵³m⁴⁴to⁵³kʰɔi⁵³hu⁴⁵。

　　　　伊望 电 视，望 着望 着 睏 去。

关于"瞌"，字书韵书记载不多。

《玉篇·目部》:"瞌，眼瞌。"

《正字通·目部》:"瞌，人劳倦合眼坐睡曰瞌睡。"

(唐)白居易《自望秦赴五松驿马上偶睡，睡觉成吟》:"体倦目已昏，瞌然遂成睡。"

今"瞌睡、打瞌睡"已是普通话语词，吴语则说"瞌蹔舂、打瞌舂"。吴语"瞌舂"之意在于瞌睡时头不是往下磕啊舂啊的样子。海南闽语则是用作正式睡觉的意思了。

六 牸

澄迈话、乐东话，tɕi⁴⁴ 表示女阴，澄迈话是阳去调，写作"牸"，很合适。乐东话古浊去字有些今读同阴平调，也合适。海南闽语有些地方用"膣"这个字来指女阴。

《康熙字典》:"膣，《篇海》音室，肉生也。"《汉语大字典》"膣"的第二义项注为"妇女的阴道。徐珂《清稗类钞·讥讽类》:'女⋯⋯生殖器之膣有孔，虚能容物。'"

膣，《广韵》未载。从《篇海》"音室"看，"室"是《广韵》入声质韵"陟栗切"又"丁结切"。和今海南闽语的声韵调都不谐。

我们注意到，《海口方言词典》第 8 页写作"牸":

【牸】tsi²⁴ 女阴 ‖《广韵》志韵疾置切:"牝牛"。

【牸排】tsi²⁴ ʔbai²¹ 妇女骂年轻女子的话

牸，《广韵》去声志韵疾置切"牝牛"。

崇明话就有关于"牸"的用法，指雌性的牛羊:

【牸牛】zʅ³¹³ ȵiɵ²⁴⁻⁵⁵ 母牛。

【牸羊】zʅ²⁴ iã²⁴⁻⁵⁵ 母羊。

《汉书·食货志上》:"众庶街巷有马仟伯之间成群，乘牸牝者擯而不得会聚"。北朝魏贾思勰《齐民要术(六)·养牛马驴骡》:"陶朱公曰:'子欲速富，当畜五牸。'"注:"牛、马、猪、羊、驴五畜之牸。"

七 乃(只，才，就，再)

澄迈话的几个副词，如"刚才；刚巧；才；只；再"等，都用一个 na⁴⁴语流中还有"22、24"的读法，当地都用训读字"但"来写。笔者考虑，声音不够贴切，暂用"乃"来写。现分列几种用法如下。

1. 刚才

(1) diaŋ²²na⁴⁴na⁴⁴ȵi⁴⁴lun⁴⁴va⁴²muei³¹lau⁴²se²² ia²²?
　　[底侬]但 但 议 论 我 们 老 师 呀?
　　(谁刚才议论我们老师来着?)

按，ɗiaŋ²²，是"底侬"的合音。

2. 再、又

（1）lu⁴²ɕi²⁴ɕi²⁴i³¹tɔ⁵⁵kai⁴⁴ɗiam⁴²tiəm²²na⁴⁴hu²⁴lɔ³³。
　　汝 试 试 伊 作 个　 点　 心　 乃 去 咯。
　　（你尝尝他做的点心再走吧。）

（2）na²² ziu⁴⁴ ɓaŋ²⁴ tɕiɔ⁴⁴ tau²⁴ tseŋ²²，tseŋ²² kai⁴⁴ tsoŋ²² hau³¹
　　乃 又　 放　 上　 灶　 蒸，　蒸　 个　 钟　 头
　　hɔ⁴²neŋ³¹ ɓua²⁴ kai⁴⁴ tiau⁴² ti³¹ tɕiu⁴⁴ hɔ⁴²。
　　可 能　 半　 个　 小　 时　 就　 好
　　（再又放到灶上蒸，蒸一小时或半小时就好。）

（3）he⁵⁵ kia⁴² na²² hu²⁴ tɔ⁵⁵ ɗik⁵ vɔ³³？
　　歇　 囝　 乃 去 作 得 勿？
　　（待会儿再去中不？）

按，歇囝：歇一会儿，待会儿。作得：行得。

（4）tɕia³³ moi³¹ liau⁴² na²² hu²⁴ hɔ⁴² vɔ³³？
　　食　 糜　 了　 乃 去 好 勿？
　　（吃了饭再去好不好？）

按，上述例中"乃"表示再。

3. 只要、只

（1）i³¹na⁴⁴ ua²² hi⁴² tɕiu²²ɕiaŋ²⁴ kɔ²² hi⁴²lai³¹。
　　伊 乃 欢 喜　 就　 唱　 歌 起 来
　　（他只要一高兴就唱起歌来了。）

按，例中"乃"是只要的意思。

（2）na⁴⁴ tia⁴² ziat³ɓua²⁴gɔ⁴⁴，hiam²⁴tia⁴² zau²⁴ lɔ³³。
　　乃 写 一 半 个，　欠　 写　 凑　 咯。
　　（只写了一半，还得写下去。）

（3）lu⁴²na⁴⁴tɕia³³ziat³ ua⁴²moi³¹gɔ⁴⁴，tsai²⁴tɕia³³ziat³ ua⁴²zau²⁴。
　　汝 乃 食　 一　 碗　 糜　 个，　再　 食　 一　 碗　 凑。
　　（你才吃了一碗米饭，再吃一碗吧。）

按，例中"乃"还是只、才的意思。

（4）va⁴²vɔ³³neŋ³¹ uan²⁴ɓe³³naŋ³¹，na⁴⁴neŋ³¹uan²⁴kin⁴⁴ ki⁴²。
　　我 不 能　 怨 别 侬，　乃 能 怨 根 己。
　　（我不能怪人家，只能怪自己。）

（5）i³¹hek³tɕiɔ²²mɔ³³ɓan²²ɕia²²tau⁴² a²²，va⁴²lai³¹ɗi³¹ziat³ɓou⁴⁴，
　　伊 跃 上 末 班 车 走 啊 我 来 迟 一 步，

na⁴⁴hua⁴⁴hua⁴⁴kia⁴²ɗɔ³³ø³³ iau⁴⁴。
乃 缓 缓 行 着 学 校。
(他跳上末班车走了。我迟到一步，只能自己慢慢走回学校了。)

(6) tai³¹ɕi²⁴na⁴⁴vuai⁴²ʑiat³ɓuei⁴²tu²², kin²²hua²⁴hiam²⁴vuai⁴²ke²²kuei⁴²
前 次 乃 买 一 本 书， 今 旦 欠 买 加 几
ɓuei⁴²。
本。
(上次只买了一本书，今天要多买几本。)

(7) na⁴⁴ ti⁴⁴ in²² uei³¹ ȵiau⁴² kai²² ti³¹ hau⁴⁴ va⁴² vɔ³³ hai²⁴ i⁴²
乃 是 因 为 孥 的 时 候 我 不 太 喜
hua²² fa⁵⁵ lɔ³¹ fa⁵⁵ kou⁴²kai²² ɔ⁴² tuai²² ɗua⁴⁴ tia²² kai²² mi³³。
欢 拍 锣 拍 鼓 个 许 多 大 声 的 乜。
(只是因为小时候我不太喜欢敲锣打鼓那些大声吵闹的东西。)

(8) in²² uei⁴⁴ȵiau⁴⁴ kia⁴² vɔ³³ ɓat⁵ mɔ⁴⁴ heŋ³¹ hi²⁴,
因 为 孥 囝 勿 别 望 琼 戏,
na⁴⁴ ti⁴⁴ i³¹ naŋ³¹ i⁴² hua⁴² ʑit³ nau⁴⁴。
乃 是 伊 侬 喜 欢 热 闹。
(因为小孩不懂看琼戏，他们只是喜欢热闹。)

(9) na²⁴ ti⁴⁴ tɔ⁵⁵ uei²² ȵiau⁴⁴ kia⁴² kai⁴⁴ va⁴²,
乃 是 作 为 孥 囝 个 我,
keŋ²² tiaŋ³¹ na⁴⁴ ti⁴⁴ mɔ⁴⁴ kau²⁴ ʑiat³ ɓua²⁴ tɕiu²² hiak⁵ ɗik³
经 常 乃 是 望 遘 一 半 就 觉 得
mak³ tap⁵ lɔ⁰。
目 涩 了。
(只是作为小孩的我，经常才看到一半就想睡觉了。)
按，例中第一个"乃"是只的意思。第二个"乃"是只、才通用。孥囝：小孩。遘：到。目涩：眼睛睁不开，瞌睡。

(10) hin²² tseŋ²⁴ ŋe⁴⁴ le⁰, i³¹ na⁴⁴ hu²⁴ i²² zuan⁴⁴ hɔ⁴² tɕiɔ²² hu²⁴
轻 症 个 嘞，伊 乃 去 医 院 许 上 去
lau³¹ i²² ɗɔ³³ kuei⁴² ʑit³, tɕiu⁴⁴ ɗuei⁴² lai³¹ liau⁴²。
留 医 着 几 日 就 转 来 了。
(轻症的缘故，他只去医院那里留医几天就回来了。)
按，故事讲金江水土好，得了新冠肺炎轻症，只留医几天就回家了。许：那里。转来：回来。

（11）va⁴² naŋ³¹ hau²⁴ le⁰ na²⁴ ti⁴⁴ hu⁵³ o⁵⁵ iau⁴⁴ na²⁴ ti⁴⁴ ɓat⁵ hek⁵
　　　我　侬　候　嘞 乃　是　去　学　校　乃　是　别　跳
　　　seŋ³¹ lɔ⁰。
　　　绳　咯。
　　　（我们那时候只是去学校只是懂得跳绳。）

按，我侬：我们。别：会，懂得。

（12）na²⁴ ti⁴⁴ ɓat⁵ tɔ⁵⁵ tɕi⁵⁵ tuai²²。
　　　乃　是　别　作　即　多。（只是懂得做这些。）

按，即多：这些。

（13）na²⁴ ti⁴⁴ ɓat⁵ hu⁵³ hoi²² lai⁴⁴ le⁰。
　　　乃　是　别　去　溪　里　嘞。（只是懂得去河里。）

按，溪：山溪；河沟。

4. 才

（1）kuei²⁴ sun²² tap⁵ au⁴⁴ i³¹ ti⁴⁴ ʑi²² tap³ ɓoi⁵⁵ hɔ⁴⁴ na⁴⁴ huat⁵ ɦin²²。
　　　过　春　节　后　伊　是　二　十　八　号　乃　发　现。
　　　（过春节后他是二十八号才发现。）

按，此例讲2020年澄迈金江新冠疫情传播时的情形。此"乃"是才的意思。

（2）kau²⁴ hi³¹ na⁴⁴ u⁴⁴ tin²⁴ ta²⁴ hou²⁴ ɕiaŋ²²。
　　　遘　年　乃　有　新　衫　裤　像。
　　　（过年才有新衣服穿。）

按，遘年：过年。衫裤：衣服。像：穿。

（3）toŋ⁴² ti⁴⁴ kau²⁴ ɦi³¹ na⁴⁴ tia⁴² ɗik⁵ hai³¹ lɔ⁰。
　　　总　是　遘　年　乃　舍　得　刮　咯。
　　　（都是过年才舍得宰[鸡鸭等]。）

按，总是：都是。刮：宰杀。

（4）na²⁴ nɔ⁴⁴ ta²⁴ kai³¹ le⁰ lɔ⁴⁴ tɕia⁴⁴ ɓa⁴²。
　　　乃　两　三　个　嘞　咯　食　饱。
　　　（才两三个[糕点]呢就吃饱了。）

5. 就是

（1）vɔ³³ mi³³ tɕia³³ le⁰ na²⁴ ti⁴⁴ tiɔ⁴² koŋ⁴² kau²⁴ hi³¹ lɔ⁰？
　　　勿　乜　食　嘞　乃　是　想　讲　遘　年　咯？
　　　（没有吃的就是想过年。）

按，勿：没有。遘年：过年。例中"乃是"表示就是的意思。

（2）tsuei²⁴ ɗua²² kai⁴⁴ tiəm²² zuan⁴⁴ na⁴⁴ ti⁴⁴ tiɔ⁴² kau²⁴ ɦi³¹。
　　　最　大　个　心　愿　乃　是　想　遘　年。
　　（最大的心愿就是想过年。）

（3）va⁴² naŋ³¹ hau⁴⁴ u⁴⁴ ɕi⁴⁴ tɕio²⁴ na²⁴ ti⁴⁴ tsuei²⁴ tuai²² kai²⁴
　　　我　侬　候　有　市　上　乃　是　最　多　个
　　tɕiu⁴⁴ ti⁴⁴ ʑiat³ kɔu²² ti⁴⁴ ʑi²² tap³ it⁵ kin²² vi⁴²。
　　就　是　一　月　是　二　十　一　斤　米。
　　（我们那时候镇上最多就是一个人只是二十一斤米。）

按，有：在。"na⁴⁴′²⁴（乃）"，在老女发音人口中，44 调和 24 调都有。含义是"只""才""就"，只能就语境和上下文判断。

（4）tɕiu⁴⁴ ti⁴⁴ na²⁴ ti⁴⁴ ɗa²⁴ tuei⁴² ɗuei⁴² lai³¹ na²⁴ ti⁴⁴tɕia⁴⁴、tuai⁴² ɗɔ³³ kai⁴⁴。
　　就　是　乃　是　担　水　转　来　乃　是　食、洗　濯　個。
　　（就是挑水回家只是吃和洗濯。）

按，例中"na²⁴ ti⁴⁴"表示就是，和句首的"就是"意思相重叠，这是口语中不同形式或说不同时代说法的重叠。犹如"真的"说"真个的"。

（5）na²⁴ ti⁴⁴ ɓak⁵ tɕia⁴⁴ tɕi⁵⁵ tuai²² hai⁴² vut³ lɔ⁰。
　　　乃　是　别　食　即　多　海　物　咯。
　　（就是懂得吃这些螺。）

按，别：懂得。即多：这些。海物：河、溪、海中的各种螺。

6. 但是

（1）na⁴⁴ ti⁴⁴ ɗua⁴⁴ ɓu²² fen⁴⁴ naŋ³¹ tɕia³³
　　　乃　是　大　部　分　侬　食
　　foŋ²⁴ kau²² toŋ⁴² vɔ³³ ɓat⁵　i³¹ tai⁴² tɔ⁵⁵ tɔ⁵⁵。
　　碰　糕　总　勿　别　伊　咋　作　作。
　　（但是大部分人吃碰糕都不懂它是怎么做成的。）

按，碰糕：一种米粉做的糕点。总：都。勿别：不懂。咋作作：怎么做。

（2）va⁴² za³³ vɔ³³ ɓat⁵　i³¹ tai⁴² tɔ⁵⁵ tɔ⁵⁵，
　　　我　亦　勿　别　伊　咋　作　作，
　　na⁴⁴ ti⁴⁴ va⁴² a³³ma²² ti⁴⁴ tɔ⁵⁵ foŋ²⁴ kau²² vuai²² kai²⁴。
　　乃　是　我　阿　嬷　是　作　碰　糕　卖　个。
　　（我也不懂它是怎么做的，但是我奶奶是做碰糕卖的。）

7. 乃顾：强调语气

（1）ɗeŋ³¹ mai⁴⁴ kai²⁴ tuei⁴² na⁴⁴ ku²⁴ hɔ⁴²，kiəm²² kiaŋ²² kai²⁴
　　　澄　迈　个　水　乃　顾　好，金　江　个

tuei⁴² na⁴⁴ ku²⁴ hɔ⁴²。

水 乃 个 好。

(澄迈的水非常好，金江的水非常好。)

按，例中的"na⁴⁴ku²⁴"是一种强调笔法，表示至好至甚的意思，犹如普通用"这个（红啊）、那个（棒啊）"来强调。鄙意以为就是官话"那个"的借音。陈鸿迈先生写作"但顾"(《海口方言词典》第37—38页)。

(2) ʑi⁴² tai³¹ va⁴² naŋ³¹ ti⁴⁴ na⁴⁴ hu⁵³ hik⁵ ɗiɔ³³ hi⁴² tuai²² ti³¹ hau⁴⁴ le⁰。

以 前 我 侬 是 乃 个 忆 着 许 多 时 候 嘞。

(以前我们是特别记着那个时代呢。)

以上材料据邱珠所讲语料3、语料4、语料5。

八 棍（骗）

最近两年，我参加语保项目的海南三个点的调查，黄流、澄迈金江和海口市美兰。

大昌村，词汇925条"骗（～人）"，就都读同"棍"。

黄流老男：925 骗：棍⁼kun²⁴

澄迈老男：925 骗：棍⁼kun²⁴

大昌老男：925 骗：棍⁼kun²⁴

其他的海南闽语点，海口、定安、屯昌、文昌、琼海、万宁，也说"棍"。陈鸿迈(1996年)《海口方言词典》第213页就直接写作"棍"：

【棍】kun³⁵ 骗：是真的，不是假的，我无～汝｜伊卖假药～人

我为此思索良久，搞不清楚。于是查阅《汉语方言大词典》(1999年版)第3228页"拐棍"条，一下明白了：

【拐棍】<名>骗子。闽语。福建厦门[kuai⁵³ kun²¹]。

我们还看到上面一条：

【拐棒】(2)<形>思想言行下流。1)中原官话。新疆吐鲁番。2)兰银官话。新疆乌鲁木齐。(3)思想言行下流的人。1)中原官话。新疆吐鲁番。2)兰银官话。新疆乌鲁木齐。

所以我想，海南闽语读"棍"表示骗人，实际上读"拐"为骗。到了新疆吐鲁番和新疆乌鲁木齐，说成"拐棒"，既指下流的言行，也指下流的人，当然包括骗子之类。

我终于完全明白，原来海南岛北部闽语读"骗"为"棍"，又是一例训读。犹如海南闽语读"字"为"书"，读"夜"为"暝"，读"脚"为"骹"，

读"竖"为"徛",读"看"为"望",读"衣"为"衫"等;也如海南黎语读"树"为"柴",读"睡"为"觉",读"烧"为"炊",读"跑"为"遘",读"牛"为"水"等。

九 凑

澄迈话的"凑"zau^{24} / sau^{24},作为连词、介词、副词,用得很多很频繁,在海南闽语中有一定代表性。

1. 表示和、跟

(1) i^{31} naŋ^{31} hɔ^{42} ʑi^{42} sau^{24} ɕin^{22} tɕia^{55} liau^{31} i^{22}。
　伊 侬 可 以 凑 亲 戚 聊 天。
（他们可以和亲戚聊天。）

(2) ɗuei^{42} liau^{42} au^{44} i^{31} ʑiu^{44} sau^{24} ɗan^{22} uei^{44} ge^{22} naŋ^{31} ʑiat^{3} khi^{442}。
　转　　了　后伊又　凑　单　位　個 侬　一　起。
（回来后他又和单位的人一起。）
按,转:回。

(3) tut^{5} vi^{42} sau^{24} ɗua^{22} vi^{42} tɔ^{22} sam^{22}。
　秫 米 凑 大　米 相 掺。
（糯米和大米掺和在一起。）

(4) suai^{24} sau^{24} hɔ^{31} tɔ^{22} sau^{24} kau^{42}。
　穗　 凑　糖　相　 凑　 搅。
（米粉和糖掺和在一起搅。）

(5) ɓua^{22} ɗin^{24} kia^{42} sau^{24} sau^{42} tia^{33} hu^{24} tɕiam^{24}ɗi^{44} faŋ^{22}。
　 搬　凳　囝　凑 草　席　去　 占　地 方。
（搬小凳子和草席去占地方。）

2. 另又、亦

(1) tɕiaŋ^{34}min^{22}iɔ^{44}hiaŋ^{31}naŋ^{31}ke^{55}mɔ^{55}ɓau^{22}gɔ^{44}, ʑa^{33}sa^{22}ti^{55}sau^{24}fa^{55}tiaŋ^{22}。
　张　 明　要　强　侬 劫 奵 包　个, 亦 差 滴 凑 拍 伤。
（张明被坏人抢走了一个包,人还差点儿被打伤。）
按,例中"凑"表示还,另又。要:被。强侬:坏人。奵:确指。个:完了。

(2) mɔ^{55}tiau^{42}kau^{42} tɕi^{55}tuai^{22}ø^{33}ɓat^{3}ʑiaŋ^{22}ɕiam^{22}sau^{24}lɔ^{33}。
　 奵 小 狗　 即 多　学 识 样　深 凑 咯。
（这小家伙这么多学识还挺深入那样。）

3. 还需要，还

（1）na⁴⁴tia⁴²ʑiat³ɓua²⁴gɔ⁴⁴, hiam²⁴tia⁴²zau²⁴lɔ³³。
　　乃　写　一　半　个，　欠　写　凑　咯。
　　（只写了一半，还得写下去。）

按，例中"凑"表示还需要。

4. 再

（1）lu⁴²na⁴⁴tɕia³³ʑiat³ ua⁴²moi³¹gɔ⁴⁴, tsai²⁴tɕia³³ʑiat³øua⁴²zau²⁴。
　　汝　乃　食　一　碗　糜　个，　再　食　一　碗　凑。
　　（你才吃了一碗米饭，再吃一碗吧。）

（2）va⁴²hu²⁴lɔ³³, lu⁴²nɔ⁴⁴naŋ³¹tsai²⁴tse⁴⁴heŋ³¹øe⁴⁴sau²⁴。
　　我　去　咯，　汝　两　侬　再　坐　停　下　凑。
　　（我走了，你们俩再多坐一会儿。）

5. 帮，替

（1）tɕiu⁴⁴ti⁴⁴hu⁵³kiɔ²⁴ta²⁴ɓe⁴⁴sau⁵³lu⁴²ka²⁴liau⁴², fii²² dɔ³³ liau⁴²。
　　就　是　去　叫　师　伯　凑　汝　铰　了　绎　着　了。
　　（就是去叫裁缝师傅帮你剪了布缝好。）

我们在《海口方言词典》中没有见到"凑"的用例，但笔者在郊区江东的大昌话中，也见到了"凑"的用例。例如：

（1）lu³⁴na⁵⁵tɕiaʔ⁵lɔ³³zat³ ua⁴²⁴moi²², iam²⁴tɕiaʔ⁵ ua⁴²⁴sau²⁴。
　　汝　只　食　咯　一　碗　糜，　欠　食　碗　凑。
　　（你才吃了一碗米饭，再吃一碗吧。）

（2）ua³⁴tau⁴²⁴lɔ³³, lu⁴²naŋ³¹tsai²⁴tse³⁴øe³⁴sau²⁴。
　　我　走　咯，　汝　侬　再　坐　下　凑。
　　（我走了，你们俩再多坐一会儿。）

按，以上两个用例的"凑"都表示再的意思。

笔者调查的琼南黄流话，"凑"也用得不少。例如：

（1）tɕiaŋ⁴⁴min²¹khiʔ⁵naŋ²¹keʔ⁵tɕiəʔ⁵ʔbau⁴⁴hu²⁴,
　　张　明　乞　侬　劫　只　包　去，
　liau⁴² sa⁴⁴ni⁵⁵kiəʔ⁵sau²⁴khiʔ⁵naŋ²¹phaʔ⁵tiaŋ⁴⁴ʔdu³³。
　了　差　匿　团　凑　乞　侬　拍　伤　着。
　　（张明被坏人抢走了一个包，人也差点儿被打伤。）

按，例中"凑"是副词还。

（2）vuə⁴²kheu²⁴khuə²⁴kuə²⁴tsai⁵⁵kheu²⁴so²⁴liau⁴²,
　　我　估　快　过　节　估　错　了，

ɗan⁴²vuə⁴²khan²⁴thau²¹kheu²⁴ e⁴⁴sau²⁴。
　　等　我　从　　头　估　下　凑。
（我算得太快算错了，让我重新算一遍。）

（3）tu⁴² aʔ⁵khai³³ iaʔ³ uə⁴²muə²¹ liu⁴⁴kiʔ⁵, nen⁴⁴nen⁴⁴khai³³ iaʔ³ uə⁴²sau²⁴。
　　汝 阿 吃　一　碗　糜　路几　再　　吃　一　碗　凑。
（你才吃了一碗米饭，再吃一碗吧。nen⁴⁴nen⁴⁴是再的意思。）

（4）vuə⁴²ʔdui⁴²kuə²⁴tsai²¹, tun⁴²no⁴²naŋ²¹vi⁵⁵ ɗu⁴² au⁵³tse⁴² e⁴⁴sau²⁴。
　　我　转　过　前，你们　两　侬　密　住　后　坐　下　凑。
（我走了，你们俩再多坐一会儿。）

按，例2、3、4中，"凑"都是再的意思。

而在屯昌话中，钱奠香《海南屯昌方言语法研究》书中"凑"的用法就多种多样了。例如：

（1）拎两其鱼大大凑来。（拎两条大大的鱼来。）（第87页）

按，例中"凑"是副词还的意思。译文没译出"凑"的意思。当是"还拎两条大大的鱼来。"

（2）伊宿老婆无凑伊了[lɔ³²⁵]去凑侬。（他老婆不跟他过了而去跟了别人。）

按，例中"凑"是动词跟男人的意思。

（3）伊住[ʔdu²²]宿凑团。（他在家照顾小孩。）

按，此例"凑"是照料的意思。

（4）伊凑我借蜀千银。（他向我借了一千块钱。）

（5）我但（na²¹³）是凑伊笑笑下。（我只是对他笑了笑。）

（6）汝想凑底侬讲？（你想跟谁说？）

（7）我凑伊买蜀本册。（我替她买了一本书。）

（8）我凑汝 sua²¹³ 路。（我给你带路。）

（9）奵骹数想凑侬做拍手。（那个家伙想给人做打手。）

（10）我凑伊平悬。（我和他一样高。）

（11）伊凑汝无平岁。（他岁数跟你不一样）（以上第124页）

（12）嚼饱但是八凑孃。（吃饱了只是会嫖妓。）

按，例中"凑"是嫖女人意。

（13）无用凑伊笑。（不要跟他笑 / 不要理睬他。）（以上第125页）

（作者谓"凑"的用法：土生土长，根深蒂固）

（14）伊无单单是替奵老侬砍柴担水，ziaŋ³²⁵替伊煮糜洗衫裤凑住。
（他不仅帮那位老人砍柴挑水，还帮他烧饭洗衣服呢。）

（15）今旦无但是刮大风，ziaŋ³²⁵落大雨做大水凑住。
（今天不只是刮大风，还下大雨涨大水呢。）（以上第132页）

（16）伊无认错无相干啦，zian³²⁵倒ʔdo⁵⁵骂侬目青盲无见路凑。

（他不认错也就算了，还要回头骂人眼睛瞎看不清路。）（以上第133页）

（17）伊卖物mi³³便宜，底侬都愿zin³⁵凑伊买。

（他卖东西便宜，谁都喜欢跟他买。）（第134页）

我们为什么不厌其烦地介绍"凑"在海南多地的一些用法，是因为，这个"凑"能连带起一片广大的地区和不少的南方方言。请看：

雷州的"凑"。（据张振兴、蔡叶青《雷州方言词典》，江苏教育出版社1998年版）

一是连接的意思

【凑】ts'au³¹ 接合。晒衫竹竿断啦，～转来接起来乃用得啦（晒衣竹竿断了，接在一起就能用了。——引者译）（《雷州方言词典》第184页）

按，同页还有"凑骹"（踩高跷游戏）条，凑骹，就是把脚接续上木杆的意思。

二是合在一起的意思

做着无平不如凑着，侬给汝让你共伊跟他做食啦（[好吧，]单人做不如合着做，让你跟他吃吧[成家]吧。——引者译。侬，让。）（《雷州方言词典》第87页【麽】下例）

还有，陈云龙《旧时正话研究》和《马兰话研究》中，都有"凑、秋"的很多用例。旧时正话和马兰话，是广东西部原雷州今茂名市电白县的土话。6世纪电城北部的山兜丁村是女民族英雄俚人首领冼夫人的出生地。唐开元后，电白俚人开始有系统有组织地经雷州南迁海南。《电白县乡土志》记载，崇祯十五年（1642年），福建杨天锡道士率乡民48户24姓72人航海迁居电白县鹅哥寨。（引自《旧时正话研究》第3页。）

《旧时正话研究》第174页"凑" ts'ɐu⁵⁵ 的用例：

给；替：～大家办事

和：这个～那个一样

向：～他借一本书

在语法例句中，我们看到更多的用例：

1. 这个凑那个同样（一样）大（这个跟那个一样大）（第87页）

2. 这个凑那个冇一样（这个跟那个不一样）（第87页）

3. 他刚在那□凑一个朋友讲口（他正在那儿跟一个朋友说着话呢）（第88页）

4. 不论打风凑落水，（他）同样在那做（不管风啊雨的，一个劲干）（第94页）

5. 柴米凑油盐大把（柴米油盐伍的都有的是）（第94页）

6. 写字凑数他都得（写字算账伍的他都能行）（第94页）

7. 大路凑小路冇多正远（大路和小路差不多远）（第95页）

《马兰话研究》这个"凑"音同"秋"tsheu³³，因为马兰话古清去今读同阴平33调，第27页同音字表作"凑同；和"，其他用例中写同音字"秋"。第65—67页对这个"凑"作了详细的分析，除了表示和、同、跟、与、替、向、连同等意思外，还可表示给予。

1. 到学校诶记得秋我打电话。（到了学校记得打电话给我。）（第65页）

2. 我古阵秋你开过一张发票。（我现在就给你开一张发票。）（第66页）

3. 个本书你秋乜人借个？（这本书你向谁借的？）（第66页）

4. 秋我一共有十五个人爱坐车。（加上我一共有十五个人要坐车。）（第67页）

我们注意到，"凑"在壮语中也用得不少。请看"凑"（连词介词）（据《壮语方言研究》第807页）：

和我和你	武鸣	邕北	融安	上林	连山	邕南	隆安	扶绥
	çau⁵	tsau⁵	tsau⁴; tau⁴	çau⁵	tsau⁵	tshau⁶	tshau⁵	tshou⁵
	上思	崇左	宁明		龙州	大新		
	sau⁵	sau⁵	sau⁵		çau⁵	sau⁵		

《壮语方言研究》后附的长篇故事材料中"和"可作连词、介词。例如（只标"和"的音）：

1. 母亲他和 tshau⁶ 妻子他在家见他两天两夜都不回家，心千急万急。（第891页）（邕宁南）

（第895页译文：他的母亲和妻子在家中等了两天两夜，也不见他回来，心中非常着急。）

2. 我还得照料家庭，养母亲和 tshau⁶ 翁野，和 tshau⁶ 你去不得。（第893页）（邕宁南）

（第895页译文：我还要照顾家里，奉养母亲和翁野，不能跟你去了。）

按，第一个"和"是连词，第二个是介词。

3. 谁得来多少钱都和 çau⁵ 他买。（第899页）（龙州）

（第908页译文：有宝贝的话多少钱都买。）

按，龙州话译文是意译。下面例4、例5就不引译文。龙州话，"和"çau⁵、"就"tçau⁶韵母相同。

4. 饭和菜 çau⁵ 每样好齐了。（第902页）（龙州）——连词

5. 于是他住和 çau⁵ 龙王几天。（第902页）（龙州）——介词

十 伯（父）、姩（伯母：源自"奶"）

1. 伯ɓe³³（长阳入调）

澄迈话称父亲为"伯"。例如：

爸爸：伯ɓe³³

父母：伯母ɓe³³mai⁴²

继父：后伯øau⁴⁴ɓe³³

岳父：外家伯øua²²ke²²ɓe³³

伯父：伯爹ɓe³³ɗe²²

陈鸿迈《海口方言词典》第74页把父亲作"爸"ʔbɛ³³；又把伯父作"伯"ʔbɛ⁵⁵。请看：

【爸】ʔbɛ³³ 父亲，背称 ‖ 当地写训读字"父"。面称有各种说法。老派多说"阿爹a³³ʔdɛ³³""阿兄a³³hia⁵⁵""阿官a³³kua²⁴"，新派多说"阿爸a³³ʔba⁵⁵"。另见ʔba³⁵

【爸囝】ʔbɛ³³ kia²¹³ 父子

【爸囝两侬】ʔbɛ³³ kia²¹³ no³³ naŋ²¹

又：

【伯爹】ʔbɛ⁵⁵ʔdɛ³³　1）称父之兄；2）称母之兄；3）称呼跟父亲辈分相同而年纪较大的男子。

显然，陈鸿迈把33调的写作"爸"，把55调的写作"伯"。以致后来语保海南闽语点的调查中，都把"父亲"ʔbɛ写作"爸"，"伯父"ʔbɛ写作"伯"。

笔者以为，这里有两个问题需要搞清。

一是，从声调上看，据笔者文昌、黄流、澄迈、大昌的调查，入声都有阴入5、阳入3、长阴入55、长阳入33四个调类。"伯"单字音是33调，长阳入。亲属称谓面称时多数地点读成表亲昵的55调。有些地点的调查，把长阳入33调混同其他调类，于是把称父亲的"伯"写作"爸"。

二是，以"伯"称父，犹如以"大"以"兄"以"官"称父，在汉语方言中属常见。即以20世纪20年代的江浙吴语看，称父亲为"伯伯"或"阿伯"的，就有常熟、昆山、上海、吴江、绍兴、余姚、宁波、温州等地（赵元任《现代吴语的研究》第109页）。笔者故乡崇明岛，还用"爷伯"称父亲的。在北方官话方言中，同样有用"伯"称父的情形。如河北沧州称父为"伯"，河南郑州、陕西宝鸡称父为"伯"，湖北襄樊、红安，以及安徽合肥、安庆，则称父为"伯伯"，贵州毕节称父为"老伯"。和称父为"伯"相类，广西柳州称父为"叔"（均见陈章太、李行健《普通话基础方言基本词汇集》第2331页）。在闽语，如福清话，"阿伯、阿叔、阿哥"都可以用来称父（冯爱珍《福清方言研究》第 186 页）。

海南作家欧大雄的长篇小说《伯爹尧》（中国文联出版社 1993 年版），是纪念他的父亲欧英尧的。作者自序说，"按乡人对父亲的称呼，定名《伯爹尧》。""伯爹"是海口、文昌一带对伯父、对男性长者的称呼。同样，在临高话中，"伯"既是对伯父对男性长者的称呼，而且在一些人口中，"伯"也面称父亲（按，很多方言称父为"伯"）。

临高话ʔbeʔ⁵⁵ 指父亲，也可指伯父或叔父（指伯父时读 33 调），也可称人。例如（据桥本万太郎 1980。笔者可辨明来源的字音，用"按语"注明汉字，仅供参考）：

ʔbeʔ⁵⁵ 父亲（第 278 页·3）

ʔbeʔ⁵⁵ mai³¹ 父母（第 196 页·16）

ʔbeʔ⁵⁵ tok³³ 叔父（第 191 页·31）　按，音即"伯叔"。

ʔbeʔ³³ 伯父（第 191 页·28，29）

ʔbeʔ⁵⁵ kxu³¹ 舅父（第 192 页·44）　按，音即"伯舅"。

kuŋ²³ ʔbeʔ⁵⁵ 前世（第 139 页·30）　按，音即"公伯"。

kuŋ²³ ʔbeʔ⁵⁵ 祖先（第 140 页·51）　按，音即"公伯"。

ʔbeʔ⁵⁵ kua³⁵ hai³³ 外省人（第 199 页·37）　按，音即"伯过海"。

ʔbeʔ⁵⁵ pfan²³ 西洋人（第 200 页·39）　按，音即"伯番"。

ʔbeʔ⁵⁵ ʔbek³³ tiŋ³³ 农夫（第 203 页·29）　按，音即"伯百姓"。

ʔbeʔ⁵⁵ ka³³ ŋu⁵⁵ 屠夫（第 203 页·34）　按，音即"伯解牛"。

ʔbeʔ⁵⁵ pfəŋ²³ hai⁵⁵ 鞋匠（第 204 页·38）　按，音即"伯缝鞋"。

ʔbeʔ⁵⁵ san³³ hau³³ 理发师（第 204 页·40）　按，音即"伯铲头"。

ʔbeʔ⁵⁵ kit³³ het³³ 打铁的（第 204 页·45）　按，音即"伯击铁"。

ʔbeʔ⁵⁵ ʔdon²³ kai²³ [骟鸡的]（第 204 页·61）　按，音即"伯骟鸡"。原文只有英文译文，方括号[ ]为引者所加。

ʔbeʔ⁵⁵ pfəŋ²³ ʔdou²³ [补锅的]（第 204 页·61）　按，音即"伯缝豆"。原文只有英文译文，方括号[ ]为引者所加。

ʔbeʔ⁵⁵ ʃia²³ 车夫（第 205 页·67）　按，音即"伯车"。

ʔbeʔ⁵⁵ ɕi³³ tsə³³ 戏子（第 205 页·70）　按，音即"伯戏子"。

ʔbeʔ⁵⁵ kuai³¹ ʔdai⁵⁵ 拐子（第 208 页·125）　按，音即"伯拐带"。

ʔbeʔ⁵⁵ pfui⁵⁵ 胖子（第 281 页·61）　按，音即"伯肥"。

桥本先生治学严谨，对此ʔbeʔ⁵⁵音未注汉字。笔者以为，当是"伯"字无疑。在桥本先生《临高方言》的音序索引中，临高话"百、柏"音ʔbek³³，"伯"和"百、柏"古音韵地位相同，而今读成ʔbeʔ⁵⁵，笔者以为，这是"伯"用作常用称谓词时，变读为 55 调喉塞音韵尾，这是很可能的；而且，相邻的海口话"百、伯"就都读ʔbe⁵⁵（陈鸿迈《海口方言词典》第 74 页），文昌话"伯"的口语音为阴入调ʔbe⁵¹（云惟利《海南方言》第 121 页），笔者调查的文城音是ʔbẹ（见下文"姩"部分的"伯母"条音）。作为入声的辅音韵尾都已经失落，所以临高话"伯"有类似的发展趋向是完全可以理解的，而且可以认为是称谓词"伯"在口语中带普遍性的至少是区域性的现象。

2. 姩（n̠in²⁴，阴去调）

伯母：伯姩ɓe³³n̠in²⁴

叔母：婶姩 tiəm⁴²n̠in²⁴

海口话"姩"也是阴去调，用来称妇女：卖菜姩。（见《海口方言词典》第 202 页）。又海口话也用"姩"称伯母（见《海口方言词典》第 74 页）。

《集韵》有二切：平声先韵宁颠切"姩，女字"。去声霰韵乃见切"姩，美女"。

我们发现，这个海南闽语称谓用字"姩"，竟然和表示乳房的"姩"声母韵母相同。海南闽语还有广东的粤语客家话，都有这种情况。请看（海南澄迈、文昌、乐东、黎安四地据笔者调查，屯昌点据冯冬梅调查材料，三亚据王旭东调查材料，海口话据陈鸿迈《海口方言词典》；广州话据李新魁等《广州方言研究》第 317 页；梅县客家话据黄雪贞《梅县方言词典》第 176 页，雷州话据张振兴、蔡叶青《雷州方言词典》第 11、115 页）。

海南：

	乳房	伯母
澄迈：	奶 ne²²	伯姩ɓe³³n̠in²⁴
海口：	奶 ne²⁴	伯姩ɓɛ⁵⁵ nin³⁵
屯昌：	姩 nin⁵⁵	伯姩ɓɛ⁵⁵ nin³⁵
琼海：	念˭nin⁵³	爸姩ɓe⁴⁵ nin²¹
文昌：	奶 ne³¹	伯姩ʔbe⁵³ niɛn¹¹
乐东：	姩 nen⁴⁴	姩 nen²⁴
三亚：	姩 neŋ³⁵	阿姩 a³³ niŋ²⁴
黎安：	姩 nin⁵⁵	阿妈øa³³ ma⁴⁴

广东：

广州话： 姩 乳房；奶汁 nin⁵⁵

梅县（客家话） 奶 nen⁵³

（按，黄雪贞《梅县方言词典》把乳房、乳汁一词直接写作"奶"。）

雷州话： 奶 nɛ²⁴ / nɛ⁵⁵

乳 ni¹¹ 乳姆 ni¹¹ m³¹

（按，《雷州方言词典》第 11 页，称伯母原文作【尼姆】ni^{11} m^{31}，由于"乳、尼"同音，笔者就改作"乳姆"，以便辨认。）

其实，从 2021 年夏 8 月陵水黎族自治县黎安闽语点的调查，"乳房"一词读作"姩"nin^{55}，我心里一下就明白，原来海南闽语称伯母的"姩"，就是来自乳房的"姩"。

那么，这个"姩"又怎么来的呢？我想起了 20 年前，谢留文先生和我在香港做客时说过，客家话表示奶汁的 nin/nen 可能是"奶"的儿尾造成。在他的《客家方言语音研究》（2003 年）第 102 页就指出，"我们提出一个假设：这个读音可能是由'奶 + 儿'合音造成的。也就是说，这个读音是'奶'字的儿化韵"。

有意思的是，雷州话的"乳"和"儿"（写作"尼"）同音。"尼"来源于"儿"，是"儿"的一种读法。

海南屯昌话"儿"就有 ni^{31}（阳平调）的白读音，如"瓜儿（带花的小瓜）、苦瓜儿（带花的小苦瓜）、豆儿（子粒尚未显现的嫩豆荚）、弱[niɔu^{55}]囝儿（小孩子）"等（引自钱奠香 2002，第 15 页）。吴语苏、沪地区"儿子"就读同"尼子"。

其实，岂止客家话，还有珠江三角洲的粤语（参詹伯慧、张日昇主编的《珠江三角洲方言词汇对照》第 201 页），还有海南闽语，都流行这个读法。

十一 舌头、舔（钱）

北方话"舌头"的读音比较一致，武汉话有"赚头"一说（北京大学中文系语言学教研室《汉语方言词汇》第二版第 250 页，语文出版社 1995 年版）。南方话有一些别的说法：广州、阳江说"脷"（同上）。到了海南话，让我感到一头雾水，完全不明白。

而且，舌头的动作"舔"，也是一个让我莫名其妙的音。

从 2018 年开始海南语保点黄流话开始，就觉得海南闽语"舌"的读音很难理解。接着调查澄迈话、大昌话，还是没看清"舌"音的奥妙所在。直到今年八月去陵水黎安点的调查，才云开雾散，真相毕露。原来，这个"舌"，因回避不吉利的同音字如"折、蚀"等，而读成吉利的"钱"的音。黎安话"舌头"一词，就读"钱利"tɕhi^{31}le^{31}。

和"舌"相关的"舔"，也就读"舌（钱）"的音。原来，"舌"一身兼有名词和动词两项职能。

下面把我调查的黄流、澄迈、大昌、黎安四个点，以及冯法强编《海南汉语方言资源集》中定安、屯昌、琼海、万宁、三亚、五指山、东方等点的有关词条"舌（单字）""舌头""舔""钱"的读音列表如下：

	舌	舌头	舔	钱
海口	舌 tsi³³	舌 tsi³³	舐 tsi³³	钱 tsi²¹
大昌	舌 tɕi³³	舌 tɕi³³	舌 tɕi⁵⁵	钱 tɕi²²
澄迈	舌 tɕi³³	舌 tɕi³³	舌 tɕi⁵⁵	钱 tɕi³¹
定安	舌 tɕi³³	舌 tɕi⁵⁵	舐 tɕi³³	钱 tɕi³¹
屯昌	舌 tɕi³³	舌 tɕi³³	舐 tɕi³³	钱 tɕi²¹
文昌	舌 tsi⁴²	舌 tsi⁴²	舐 tsi⁴²	钱 tsi³¹
琼海	舌 tsiʔ³	舌 tsiʔ³	舐 tsi⁴²	钱 tɕi²²
万宁	舌 tsi³¹	舌 tsi³¹	舐 tsi³¹	钱 tɕi²²
乐东	舌 tɕiʔ³	利舌 lɛ⁴⁴tɕi³³	接⁼tɕiʔ⁵	钱 tɕi²¹
三亚	舌 tsi⁴⁴²	脷舌 lɛ²²tsi⁴⁴²	舐 tsi⁴⁴²	钱 tɕi²²
五指山	舌 tʃi⁴²	舌脷 tʃi⁴²lɛ²²	舐 tʃi⁴²	钱 tʃi⁴²
东方	舌 tsi⁴⁴	脷舌 lɛ²²tsi⁴⁴	舐 lɔm⁴⁵	钱 tsi²¹
黎安	舌(=钱) tɕhi³¹	舌(=钱)利 tɕhi³¹lɛ³¹	舌(=钱) tɕhi³¹	钱 tɕhi³¹

据《海口方言词典》（江苏教育出版社 1996 年版），第 8 页"利"一读 li³³（利是：吉利），第 129 页"利"一读 lai²⁴（利息）。有些海南闽语"利"读 e 或 ɛ，所以这个"脷"就是吉利的"利"。

看起来，海南闽语比广东大片地区方言读"舌"为"脷（利）"更加浅白，直接说成"钱"，或"利钱/钱利"。吴语崇明话则说"舌头"为"赚头"，或"门枪"，都是求吉利、求金钱的民俗心态。

而且，从海南闽语的"舔"和"舌"来自"钱"相一致，广东有些地方，如荔湾、增城、宝安、香洲、四会、从化、顺德、石岐等地，"舔"就来自"利"，写作俗字"𦧲"lai（甘于恩告知）。

又如《江苏语言资源资料汇编·词汇卷上》第 338 页所载，如东"舌头"的避讳说法就是"招财"。

第三章　语法

第一节　语法例句 50 句（老男）

1. 小张昨天钓了一条大鱼，我没有钓到鱼。
    tiau^{42}tɕiaŋ^{22} ta^{33}vou^{22}ɗiɔ^{24}ɗɔ^{33}ziat^{3}tɕia^{55}ɗua^{22}ɦu^{31}，va^{42}vɔ^{33}ɗiɔ^{24}ɗɔ^{33}。
    （小张昨晡钓着一只大鱼，我勿钓着。）
2. a. 你平时抽烟吗？
    lu^{42}tɕia^{33}in^{22}gɔ^{22}vɔ^{33}？
    （汝食烟个勿？）
   b. 不，我不抽烟。
    vɔ^{33},va^{42}vɔ^{33}tɕia^{33}in^{22}。
    （勿，我勿食烟。）
3. a. 你告诉他这件事了吗？
    lu^{42}ɵɔ^{33}tɕi^{55}kin^{44}se^{44}ɦu^{24}i^{31}ge^{22}vɔ^{33}？
    （汝学即件事去伊个勿？）
   b. 是，我告诉他了。
    ti^{22}，va^{42}vɔ^{33}ɦu^{24}i^{31}lɔ^{22}。
    （是，我学去伊咯。）
4. 你吃米饭还是吃馒头？
    lu^{42}tɕia^{33}moi^{31}mɔ^{55}ti^{22}tɕia^{33}man^{22}hau^{31}？
    （汝食糜奀是食馒头？）
5. 你到底答应不答应他？
    lu^{42}he^{33}tia^{22}ɦu^{24}i^{31}mɔ^{55}ti^{44}vɔ^{33} he^{33}tia^{22}？
    （汝咳声去伊奀是勿咳声？）
6. a. 叫小强一起去电影院看《刘三姐》。
    kiau^{24}tiau^{42}hiaŋ^{31}ɦu^{24}ɗin^{24}ɔ^{42}zuan^{22}ɔ^{44}《lau^{31}ta^{22}tse^{42}》。
    （叫小强一起去电影院望《刘三姐》。）

b. 这部电影他看过了。
　　tɕi⁵⁵ɓuei⁴⁴ɗin²⁴ɔ⁴²i³¹ɔ⁴⁴kuei²⁴gɔ⁴⁴。
　　（即本电影伊望过个。）

7. 你把碗洗一下。
　　lu⁴²toi⁴²ua⁴²e²²。
　　（汝洗碗下。）

8. 他把橘子剥了皮，但是没吃。
　　i³¹ɓe⁵⁵kam²²i³¹gɔ⁴⁴，na⁴⁴ti⁴⁴vɔ³³tɕia³³。
　　（伊剥柑皮个，但是勿食。）

9. 他们把教室都装上了空调。
　　i³¹naŋ³¹ɓa⁴²ka²⁴ɕiu²⁴te⁴⁴tɔ²²haŋ²²ɗiau⁴⁴gɔ²²。
　　（伊侬把教宿舍装空调个。）

10. 帽子被风吹走了。
　　ɗin⁴²mau²⁴iɔ⁴⁴uaŋ²²a²²hau²⁴gɔ⁴⁴。
　　（顶帽要风阿⁼透个。）

11. 张明被坏人抢走了一个包，人也差点儿被打伤。
　　tɕiaŋ³⁴min²²iɔ⁴⁴hiaŋ³¹naŋ³¹ke⁵⁵mɔ⁵⁵ɓau²²gɔ⁴⁴，za³³sa²²ti⁵⁵sau²⁴fa⁵⁵tiaŋ²²。
　　（张明要强侬劫妎包个，亦差滴凑拍伤。）

12. 快要下雨了，你们别出去了。
　　ve²²lɔ³³hɔu⁴²la³³，lu⁴²naŋ³¹vɔ³³ua⁴⁴sut⁵⁵hu²⁴。
　　（昧落雨咯，汝侬勿外出去。）

13. 这毛巾很脏了，扔了它吧。
　　min²²fe²⁴uei²⁴gɔ⁴⁴，ɗai³³øi³¹ka⁵⁵gɔ⁴⁴ua²²。
　　（面帕秽个，掷伊甲⁼个哇。）

14. 我们是在车站买的车票。
　　va⁴²naŋ³¹ ti⁴⁴ɗu⁴⁴ɕia²²tam²⁴ vuai⁴²ɸiɔ²⁴kai⁴⁴。
　　（我侬是住车站买票个。）

15. 墙上贴着一张地图。
　　ɕiɔ³¹tɕiɔ²²kɔu³¹ɗɔ³³ɓak⁵ɗi⁴⁴hu³¹。
　　（墙上糊着幅地图。）

16. 床上躺着一个老人。
　　sɔ³¹tɕiɔ²²øai⁴²ɗɔ³³ mɔ⁵⁵lau⁴²naŋ³¹。
　　（床上偃着妎老侬。）

17. 河里游着好多小鱼。
　　hoi²²lai⁴²u⁴⁴hɔ⁴²tuai²²hu³¹kia⁴²tiu³¹。
　　（溪里有好多鱼团泅。）

18. 前面走来了一个胖胖的小男孩。
    min⁴⁴tai³¹kia³¹lai³¹ziat³mɔ⁵⁵ɓuei³¹ɓuei³¹kai⁴⁴koŋ²²ɗe²²kia⁴²。
    （面前行来一妚肥肥个公爹囝。）
19. 他家一下子死了三头猪。
    i³¹ɕiu²⁴ziat³e²²ti⁴²ta²²tɕia⁵⁵ɗu²²。
    （伊宿一下死三只猪。）
20. 这辆汽车要开去广州。
    tɕi³³ke²⁴huei²⁴ɕia²²mi³³huei²²hu²⁴kuaŋ⁴²tɕiu²²。
    （即架汽车密开去广州。）
21. 学生们坐汽车坐了两整天了。
    ɔ³³te²²tse⁴⁴ɕia²² tseŋ⁴²tseŋ⁴²tse⁴⁴liau⁴²nɔ⁴⁴zit³。
    （学生坐车整整坐了两日。）
22. 你尝尝他做的点心再走吧。
    lu⁴²ɕi²⁴ɕi²⁴øi³¹tɔ⁵⁵kai⁴⁴ɗiam⁴²tiəm²²na⁴⁴hu²⁴lɔ³³。
    （汝试试伊作个点心但去咯。）
23. a. 你在唱什么？
       lu⁴²ɗu⁴⁴ɕiaŋ²⁴mi³³n̩i⁵⁵？
       （汝住唱物呢？）
    b. 我没在唱，我在放着录音呢。
       va⁴²vɔ³³ti⁴⁴ɕiaŋ²⁴, va⁴²ti⁴⁴ɓaŋ²⁴lɔk³iəm²²。
       （我勿是唱，我是放录音。）
24. a. 我吃过兔子肉，你吃过没有？
       va⁴²tɕia³³kuei²⁴hɔu²⁴iu³³, lu⁴²tɕia³³kuei²⁴ia²²？
       （我食过兔肉，汝食过呀？）
    b. 没有，我没吃过。
       vɔ³³, va⁴²vɔ³³tɕia³³kuei²⁴。
       （勿，我勿食过。）
25. 我洗过澡了，今天不打篮球了。
    va⁴²toi⁴²øiak³gɔ⁴⁴, kin²²hua²⁴vɔ³³fa⁵⁵lan³¹hiu³¹gɔ⁴⁴。
    （我洗浴个，今旦勿拍篮球了。）
26. 我算得太快算错了，让我重新算一遍。
    va⁴²ha²⁴me⁴²gɔ⁴⁴, ha²²sɔ²⁴gɔ²², va³²ziŋ⁴⁴ha²²kuei²⁴。
    （我敲猛个，敲错个，我应敲过。）
27. 他一高兴就唱起歌来了。
    i³¹na⁴²ua²²hi⁴²tɕiu²²ɕiaŋ²⁴kɔ²²hi⁴²lai³¹。
    （伊但欢喜就唱歌起来。）

第三章 语法

28. 谁刚才议论我老师来着？
    ɖiaŋ²²na⁴⁴na⁴⁴n̪i⁴⁴lun⁴⁴va⁴²muei³¹lau⁴²se²²ia²²？
    （[底俍]但但议论我们老师呀？）

29. 只写了一半，还得写下去。
    na⁴⁴tia⁴²ziat³ɓua²⁴gɔ⁴⁴，hiam²⁴tia⁴²zau²⁴lɔ³³。
    （但写一半个，欠写凑咯。）

30. 你才吃了一碗米饭，再吃一碗吧。
    lu⁴²na⁴⁴tɕia³³ziat³ua⁴²moi³¹gɔ⁴⁴，tsai²⁴tɕia³³ziat³ua⁴²zau²⁴。
    （汝但食一碗糜个，再食一碗凑。）

31. 让孩子们先走，你再把展览仔仔细细地看一遍。
    hi⁴²⁴n̪iau⁴⁴kia⁴²tai³¹tau⁴²，lu⁴²tsai²⁴ɓe⁴²tɕin⁴²lan⁴²hua⁴²hua⁴²mɔ⁴⁴e²²。
    （起孥团前走，汝再把展览缓缓望下。）

32. 他在电视机前看着看着睡着了。
    i³¹ɔ⁴⁴ɖin²⁴ti⁴⁴ɔ⁴⁴tɕiu²²ɔ⁴⁴huai⁵⁵gɔ²²。
    （伊望电视望望就望瞌个。）

33. 你算算看，这点钱够不够花？
    lu⁴²ɔ⁴⁴e²²，tɕi³³tuai²²tɕi³¹kau²⁴vɔ³³kau²⁴？
    （汝望下，即多钱够勿够？）

34. 老师给了你一本很厚的书吗？
    lau⁴²se²²iɔ⁴⁴ziat³ɓuei⁴²tiɔ²²ɖɔ²²kau²²tu²²hu²⁴lu⁴²ma²⁴？
    （老师要一本相当厚书去你吗？）

35. 那个卖药的骗了他一千块钱呢。
    mɔ⁵⁵vuai²²iɔ³³kai²²kun²⁴i³¹ziat³sai²²n̪in³¹gɔ⁴⁴。
    （奶卖药个棍伊一千银个。）

36. a. 我上个月借了他三百块钱。 借入。
       va⁴²tai³¹kɔu⁴⁴huei²⁴i³¹tɕiɔ²⁴ta²²ɓe⁵⁵in³¹。
       （我前月替伊借三百银。）

    b. 我上个月借了他三百块钱。 借出。
       va⁴² tai³¹kɔu⁴⁴tɕiɔ²⁴ta²²ɓe⁵⁵in³¹hu²⁴i³¹。
       （我前月借三百银去伊。）

37. a. 王先生的刀开得很好。 王先生施事
       uaŋ³¹tin²²te²²uei⁴⁴tɔ⁵⁵tiu⁴²tut³lɔ³³。
       （王先生会做手术咯。）

    b. 王先生的刀开得很好。 王先生受事
       uaŋ³¹tin²²te²²tɕi³³ɕi²⁴tɔ⁵⁵ɕiu⁴²tut³tɔ⁵⁵ɖi⁵⁵tiɔ²²ɖɔ²²tɕia³¹kaŋ²²。
       （王先生即次做手术做得相当成功。）

38. 我不能怪人家，只能怪自己。
    va⁴²vɔ³³neŋ³¹uan²⁴ɓe⁴⁴naŋ³¹, na⁴⁴neŋ³¹uan²⁴kin⁴⁴ki⁴²。
    （我不能怨别侬，但能怨根己。）

39. a. 明天王经理会来公司吗？
       hin³¹hua²⁴uaŋ³¹kiŋ²²li⁴²mi³³lai³¹koŋ²²ɕi²²vɔ³³?
       （玄旦王经理密来公司勿？）
    b. 我看他不会来。
       va⁴²ɔ⁴⁴i³⁴vɔ³³uei²²lai³¹。
       （我望伊勿会来。）

40. 我们用什么车从南京往这里运家具呢？
    na²²naŋ³¹ioŋ⁴⁴mi³³ɕia²²han²⁴nam³¹kiŋ⁴⁴un⁴⁴ ke²²ki⁴⁴lai³¹tɕi⁵⁵ne⁴²?
    （我们用物车趁南京运家私来即里？）

41. 他像个病人似的靠在沙发上。
    i³¹ɕin²²mɔ⁵⁵ɓe⁴⁴naŋ³¹iaŋ⁴⁴kai²⁴dɔ³³mɔ⁵⁵sɔ²²fat⁵tɕiɔ²²。
    （伊亲奸病侬样隑着奸沙发上。）

42. 这么干活连小伙子都会累坏的。
    tsoŋ⁴⁴dɔ³³tɔ⁵⁵kaŋ²²lin³¹au⁴⁴te²²kia⁴²lou⁴⁴vɔ³³deŋ⁴²di⁵⁵dɔ³³。
    （[即样]着作工连后生团都勿顶得着。）

43. 他跳上末班车走了。我迟到一步，只能自己慢慢走回学校了。
    i³¹hek³tɕiɔ²²mɔ³³ɓan²²ɕia²²tau⁴²a²², va⁴²lai³¹di³¹ziat³ɓou⁴⁴, na⁴⁴hua⁴⁴hua⁴⁴kia⁴²dɔ³³ɔ³³øiau⁴⁴。
    （伊跃上末班车走啊，我来迟一步，但缓缓行着学校。）

44. 这是谁写的诗？谁猜出来我就奖励谁十块钱。
    tsoŋ⁴⁴ti⁴⁴diaŋ⁴⁴tia⁴²kai⁴⁴ti²²? sai²²sut⁵lai³¹tɕiaŋ⁴²tap³in³¹hu²⁴i³¹。
    （[即样]是[底侬]写个诗？猜出来奖十银去伊。）

45. 我给你的书是我教中学的舅舅写的。
    va⁴²iɔ⁴⁴hu⁴⁴lu²⁴lu⁴²ɓuei⁴²tu²²ti⁴⁴va⁴²ka²⁴toŋ²²ɔ³³kai⁴⁴gu⁴⁴de²²tia⁴²kai⁴⁴。
    （我要去汝本书是我教中学个舅爹写个。）

46. 你比我高，他比你还要高。
    lu⁴²ɓi⁴²va⁴²kuai³¹, i³¹ɓi⁴²lu⁴²keŋ²⁴kuai³¹。
    （汝比我悬，伊比汝更悬。）

47. 老王跟老张一样高。
    lau⁴²uei³¹kaŋ²²lau⁴²tɕiaŋ²²ɓe³¹kuai³¹。
    （老王共老张平悬。）

48. 我走了，你们俩再多坐一会儿。

va⁴²hu²⁴lɔ³³, lu⁴²nɔ⁴⁴naŋ³¹tsai²⁴tse⁴⁴heŋ³¹e⁴⁴sau²⁴。

（我去咯，汝两侬再坐停下凑。）

49. 我说不过他，谁都说不过这个家伙。

va⁴²vɔ³³koŋ⁴²ɖi⁵⁵kuei²⁴i³¹, ɖi⁴²naŋ³¹lɔu⁴²vɔ³³koŋ⁴²ɖi⁵⁵kuei²⁴i³¹tɕi⁵⁵mɔ⁵⁵ke²²uei⁴²。

（我勿讲得过伊，底侬都勿讲得过伊即奀家伙。）

50. 上次只买了一本书，今天要多买几本。

tai³¹ɕi²⁴na⁴⁴vuai⁴²ziat³ɓuei⁴²tu²², kin²²hua²⁴hiam²⁴vuai⁴²ke²²kuei⁴²ɓuei⁴²。

（前次但买一本书，今旦欠买加几本。）

第二节　语法例句 200 例

（据丁声树先生为《昌黎方言志》设计的 200 条语法例句）

一

1. 他们正在说着话呢。

I³¹ naŋ³¹ koŋ⁴² uei⁴⁴ in⁴⁴ na²²。

伊　侬　讲　话　现　旦。（他们现在讲话。）

2. 桌上放着一碗水。

sɔ³¹ tɕiɔ⁴⁴ ɓaŋ²⁴ ziat³ ua⁴² tuei⁴²。

床　上　放　一　碗　水。

3. 门口站着一群人。

muei³¹ hau⁴² hia⁴⁴ ziat³ hun³¹ naŋ³¹ (hɔ⁴² ɖe²⁴)。

门　口　徛　一　群　人　（许里）。

（门口站一群人在那里。）

4. 坐着吃好，还是站着吃好？

tse⁴⁴ ɖɔ³³ tɕia³³ hɔ⁴², ɦia²² ti⁴⁴ hia⁴⁴ ɖɔ³³ tɕia³³ hɔ⁴²？

坐　着　食　好，啊　是　徛　着　食　好？

5. 想着说，不要抢着说。

tiɔ⁴² hɔ⁴² koŋ⁴², vɔ³³ zoŋ⁴⁴ kip⁵ hɔ⁴² koŋ⁴²。

想　好　讲，　勿　用　急　好　讲。

6. 说着说着笑起来了。

koŋ⁴² koŋ⁴² ɦie²² tɕiu⁴⁴ ɕiɔ²⁴。

讲　讲　下　就　笑。

7. 大着胆子说吧。

ɖua²² ɖa⁴² koŋ⁴² lɔ³³。

大　胆　讲　咯。

8. 这个事儿看着难做，其实好做。
  tɕi⁵⁵ kai⁴⁴ se⁴⁴ ɔ²⁴ hi⁴² lai³¹ ɔk⁵ tɔ⁵⁵, tit³ tɕi²⁴ hɔ⁴² tɔ⁵⁵。
  即　个　事　望　起　来　恶作，实际　好　作。
9. 这个瓜闻着挺有味儿。
  tɕi⁵⁵ mɔ⁵⁵ kuei²² fi²² hi⁴² lai³¹ u⁴⁴ ȵi⁵⁵ kia⁴² faŋ²²。
  即　奴　瓜　鼻　起　来　有　滴　囝　香。
10. 路上小心着！
  lou²² tɕiɔ⁴⁴ tuai²⁴ tiəm²²！
  路　上　细　心！
11. 等我想一想着。
  ɗan⁴² va⁴² tiɔ⁴² fie²²。
  等　我　想　下。
12. 他睡着呢。
  i³¹ huai⁵⁵ ɔ⁴⁴。
  伊　瞌　个。（他已经睡了）
  i³¹ huai⁵⁵ in⁴⁴ na²²。
  伊　瞌　现　旦。（他现在在睡）
13. 我正找着呢，还没找着呢。
  va⁴² ɗuei²⁴ tɕi⁵⁵ ɗe²⁴, lou²² vɔ³³ ɗuei²⁴ ɗɔ³³ lɔ⁵⁵
  我　转　即　带，路　勿　转　着　咯。
  （我在这里找，还没有找到）
14. 利害着呢。
  li²² hai⁴⁴ la⁵⁵。
  利　害　啦。
15. 这个东西沉着呢。
  tɕi⁵⁵ mɔ⁵⁵ mi³³ ɗaŋ⁴⁴ iam²² la⁵⁵。
  即　奴　物　重　厌　啦
16. 还多着呢。
  ʑiaŋ³¹ tuai²² lɔ³³。
  仍　多　咯。
17. 睡着了。
  huai⁵⁵ ɔ⁴⁴。
  瞌　个。
18. 猜着猜不着。
  sai²² ɗɔ³³ sai²² vɔ³³ ɗɔ³³。/sai²² ɗik³ ɗɔ³³ vɔ³³ ni⁵⁵。
  猜　着　猜　勿　着。　猜　得　着　勿　呢。

19. 火着了。点着了。火着的挺旺。
    huei⁴² ɗɔ³³ ɔ⁴⁴。ɗiam⁴² ɗɔ³³ ɔ⁴⁴。huei⁴² ɗɔ³³ kai⁴⁴ tɕin²² uaŋ⁴⁴。
    火   着   个。点   着   个。火   着   个   真   旺。
20. 别着急，慢慢儿的办。
    voŋ⁴⁴ kip⁵， hua⁴⁴ hua⁴² ɓan⁴⁴。
    [勿用]急，   缓   缓   办。（重叠词第一个变调）

二

21. 他吃了饭了，你吃了饭没有？
    i³¹ tɕia³³ moi³¹ ɔ⁴⁴, lu⁴² tɕia³³ moi³¹ ɔ⁴⁴ vɔ³³?
    伊 食 糜 个，汝 食 糜 个 勿？
22. 昨晚我请了一桌客。
    ta³³ me³¹ am²⁴ va⁴² ɕiaŋ⁴² ʑiat³ sɔ³¹ he⁵⁵。
    昨 暝 暗 我 请   一 床 客。
23. 昨晚我找了你三回，没看到你。
    ta³³ me³¹ am²⁴ va⁴² ɗuei²⁴ lu⁴² ta²² ɕi²⁴, lou⁴⁴ vɔ³³ ki²⁴ lu⁴²。
    昨 暝 暗 我 转   汝 三 次，路 勿 见 汝。
24. 昨天我吃了晚饭，溜达了一会儿，
    ta³³ me³¹ am²⁴ va⁴² tɕia³³ moi³¹ ɓan²⁴ fie²² ɔ⁴⁴, sut⁵ ua²² kia³¹ fie²² kia³¹,
    昨 暝 暗 我 食 糜 放 下 个，出 外 行 下 行，
    看了一出戏，回来就睡了，做了个梦。
    ɔ⁴⁴ naŋ³¹ʑin⁴² i²⁴, ɗuei⁴² lai³¹ tɕiu⁴⁴ ai⁴² huai⁵⁵ ɔ⁴⁴, tɔ⁵⁵ liau⁴² ʑiat³ mɔ⁵⁵ maŋ²²。
    望 侬 演 戏，转 来 就 偃 瞌 个，作 了 一 妷 梦。
25. 有了人，什么事都好办。
    u⁴⁴ naŋ, mi³³ se⁴⁴ lou²² hɔ⁴² ɓan⁴⁴。
    有 侬，乜 事 路 好 办。
26. 办完了这个事情再走。
    ɓan⁴⁴ tɕi⁵⁵ mɔ⁵⁵ se⁴⁴ liau⁴² na⁴⁴ hu²⁴。
    办 即 妷 事 了 乃 去。
27. 他们说完了话就出来了。
    i³¹ naŋ³¹ koŋ⁴² uei⁴⁴ liau⁴² tɕiu⁴⁴ sut⁵ lai³¹ ɔ⁴⁴。
    伊 侬 讲 话 了 就 出 来 个。
28. 晚了就不好了，咱们快走吧。
    am²⁴ ɔ⁴⁴ tɕiu⁴⁴ vɔ³³ hɔ⁴² lo⁵⁵, nan²⁴ naŋ³¹ n̠i⁵⁵ hu²⁴ a⁵⁵ la⁵⁵。
    晏 个 就 勿 好 咯，那 侬 匿 去 啊 啦。

29. 别把茶碗打了！
    voŋ²⁴ fa⁵⁵ mɔ⁵⁵ ua⁴² fɔ²⁴ ɔ⁴⁴！
    勿用　拍　奀　碗　破　个！
30. 别把字写错了。别写错了字。
    voŋ²⁴ tia⁴² tu²² sɔ²⁴ ɔ⁴⁴。　voŋ²⁴ tia⁴² sɔ²⁴ tu²²。
    勿用　写　书　错　个。　勿用　写　错　书。
31. 吃了这碗饭！把这碗饭吃了！
    tɕia³³ ua⁴² moi³¹ ɔ⁴⁴ lɔ³³！tɕia³³ ua⁴² moi³¹ ɔ⁴⁴！
    食　碗　糜　个　咯！食　碗　糜　个！
32. 你吃不了，我吃完了。
    lu⁴² vɔ³³ tɕia³³ ɗik⁵, va⁴² tɕia³³ liau⁴² ɔ⁴⁴。
    汝　勿　食　得，我　食　了　个。
33. 下雨了。雨不下了。天要晴了。
    lu³³ hɔu⁴² ɔ⁴⁴。hɔu⁴² vɔ³³ lu³³ ɔ⁴⁴。i²² n̩i⁵⁵ ua³³ lɔ⁵⁵。
    落　雨　个。雨　勿　落　个。天　匿　活　咯。
34. 咱们要干活了。
    nan²² naŋ³¹n̩i³³ tɔ⁵⁵ kaŋ²² lɔ⁵⁵。
    那　侬　匿　作　工　咯。
35. 糊涂了半辈子，这会儿才明白了。
    ɓun⁴⁴ ɓua²⁴ buei²⁴ tɕi⁴² ɔ⁴⁴ lɔ³³, in⁴⁴ na²² na⁴⁴ men³¹ ɓe³³。
    笨　半　辈　子　个　咯，现　旦　乃　明　白。
36. 你要不说，我就说了。
    lu⁴² (n̩i³³) vɔ³³ koŋ⁴², va⁴² tɕiu⁴⁴ koŋ⁴² lɔ³³。
    汝（匿）勿　讲，　我　就　讲　咯。
37. 他本来想去，这会儿又不去了。
    i³¹ ɓun⁴² lai³¹ tiɔ⁴² hu²⁴, hin⁴⁴ na²² ziu⁴⁴ vɔ³³ hu²⁴ ɔ⁴⁴。
    伊　本　来　想　去，现　旦　又　勿　去　个。
38. 老张有病了，不来了。
    lau⁴² tɕiaŋ²² u⁴⁴ ɓe²² ɔ⁴⁴, vɔ³³ lai³¹ ɔ⁴⁴。
    老　张　有　病　个，勿　来　个。
39. 别哭了。
    vɔ³³ zoŋ⁴⁴ i³¹ lɔ³³。
    勿　用　啼　咯。
40. 别走了，在我们家住去吧。
    vɔ³³ zoŋ⁴⁴ hu²⁴ lɔ³³，u⁴⁴ va⁴² naŋ³¹ ɕiu²⁴ hia⁴² lɔ³³。
    勿　用　去　咯，有　我　侬　宿　徛　咯。

三

41. 这是他的书，那本书是他哥的。
    tɕi⁵⁵ ɓuei⁴² ti⁴⁴ i³¹ kai⁴⁴ tu²², ɦɔ⁴² ɓuei⁴² ti⁴⁴ i³¹ kɔ²² kai⁴⁴。
    即 本 是 伊 个 书，许 本 是 伊 哥 个。

42. 桌子上的书是哪（个）的？是老王的。
    sɔ³¹ tɕiɔ²² kai⁴⁴ tu²² ti⁴⁴ ɗiaŋ⁴⁴ kai⁴⁴? ti⁴⁴ lau⁴² uei³¹ kai⁴⁴。
    床 上 个 书 是 底 侬 个？ 是 老 王 个。

43. 老王有两个儿子，大的十岁，小的六岁。
    lau⁴² uei³¹ u⁴⁴ nɔ⁴² mɔ⁵⁵ kia⁴², ɗua²² kai⁴⁴ tap³³ uei⁴⁴, ȵiau⁴² kai⁴⁴ lak³ uei⁴⁴。
    老 王 有 两 奸 囝，大 个   十 岁， 孥   个   六 岁。

44. 上学的是哥哥，在家的是兄弟。
    hu²⁴ ɔk³ au⁴⁴ kai⁴⁴ ti⁴⁴ ia²² kɔ⁵⁵, ɗu⁴⁴ ɕiu²⁴ kai⁴⁴ ti⁴⁴ lau⁴² ɗi⁴⁴。
    去 学 校 个 是 兄 哥， 住 宿 个 是 老 弟。

45. 屋里坐着很多的人，看书的看书，看报的看报，写字的写字。
    ɕiu²⁴ lai⁴² tse⁴⁴ ɦɔ⁴² ai⁴⁴ naŋ³¹, ɔ⁴⁴ tu²² kai⁴⁴ ɔ⁴⁴ tu²², ɔ⁴⁴ ɓɔ²⁴ tua⁴² kai⁴⁴
    宿 里 坐 许 个 侬，望 书 个 望 书，望 报 纸 个
    ɔ⁴⁴ ɓau²⁴ ɗua⁴², tia⁴² tu²² kai⁴⁴ tia⁴² tu²²。
    望 报   纸， 写   书 个 写 书。

46. 这个合作社，谁的主任？
    tɕi⁵⁵ mɔ⁵⁵ kap⁵ tɔ⁵⁵ te⁴⁴, ɗiaŋ³¹ kai⁴⁴ tu⁴² ʑiam⁴⁴?
    即 奸 合 作 社， 底 侬 个 主 任？

47. 老王的主任，老张的副主任。
    lau⁴² uei³¹ kai⁴⁴ tu⁴² ʑiam⁴⁴, lau⁴² tɕiaŋ²² kai⁴⁴ fu²⁴ tu⁴² ʑiam⁴⁴。
    老 王 个 主 任， 老 张   个 副 主 任。

48. 要说他的好话，别说他的坏话。
    koŋ⁴² i³¹ kai⁴⁴ hɔ⁴² uei⁴⁴, voŋ⁴⁴ koŋ⁴² i³¹ kai⁴⁴ uai²² uei⁴⁴。
    讲 伊 个 好 话， 勿用 讲 伊 个 坏 话。

49. 上次是谁请的客？
    tɕiɔ²² ɕi²⁴ ti⁴⁴ ɗiaŋ³¹ ɕia⁴² he⁵⁵ kai?
    上   次 是 底 侬 请 客   个？

50. 是我请的。
    ti⁴⁴ va⁴² ɕia⁴² ai⁴⁴。
    是 我 请   个。

51. 你是哪年来的？

    lu⁴² ti⁴⁴ ɗi⁴² i³¹ lai³¹ kai⁴⁴?

    汝　是　底　年　来　个？

52. 我是前年到的北京。

    va⁴² ti⁴⁴ tai³¹ i³¹ kau²⁴ pak⁵ kin²² kai⁴⁴。

    我　是　前　年　遘　北　京　个。

53. 他在哪儿吃的饭？

    i³¹ ɗu⁴⁴ ɗe²⁴ tɕia³³ kai⁴⁴ moi³¹?

    伊　住　带　食　个　糜？

54. 他在我们家吃的饭。

    i³¹ ɗu⁴⁴ va⁴² naŋ³¹ ɕiu²⁴ tɕia³³ kai⁴⁴ moi³¹。

    伊　住　我　侬　宿　食　个　糜。

55. 你说的哪（个）？

    lu⁴² koŋ⁴² kai⁴⁴ ti⁴⁴ ɗi⁴² kai⁴⁴?

    汝　讲　个　是　底　个？

56. 我不是说的你。

    va⁴² vɔ³³ ti⁴⁴ koŋ⁴² lu⁴²。

    我　勿　是　讲　汝。

57. 他那天见的是老张，不是见的老王。

    i³¹ hɔ⁴² ʑit³ ki²⁴ kai⁴⁴ ti⁴⁴ lau⁴² tɕiaŋ²², vɔ³³ ti⁴⁴ lau⁴² uei³¹。

    伊　许　日　见　个　是　老　张，勿　是　老　王。

58. 只要他肯来，我就没说的。

    i³¹ na²² hin⁴² lai³¹, va⁴² tɕiu⁴⁴ vɔ³³ mi³³ koŋ⁴² kai⁴⁴ lɔ³³。

    伊　乃　肯　来，我　就　勿　乜　讲　个　咯。

59. 从前有做的，没吃的。

    i⁴² tai³¹ u⁴⁴ tɔ⁵⁵ kai⁴⁴, vɔ³³ tɕia³³ kai⁴⁴。

    以　前　有　作　个，勿　食　个。

60. 现在有做的，也有吃的。

    in⁴⁴ na²² u⁴⁴ tɔ⁵⁵ kai⁴⁴, za³³ u⁴⁴ tɕia³³ kai⁴⁴。

    现　旦　有　作　个，亦　有　食　个。

61. 柴米油盐啥的，有的是。

    sa³¹ vi⁴² iu³¹ iam³¹ tɕi⁵⁵ kai⁴⁴, u⁴⁴ tuai²² la⁵⁵。

    柴　米　油　盐　即　个，有　多　啦。

    （柴米油盐这些个，有多啦。）

62. 写字儿算账啥的，他都中。
    tia⁴² tu²² ha²⁴ tiɔ²⁴ tɕi⁵⁵ kai⁴⁴，i³¹ toŋ⁴² ɓat⁵。
    写　书　敲　数　即　个，　伊　总　别。
    （写字算账这些个，他都懂。）

四

63. 这些果子吃得吃不得？
    tɕi⁵⁵ tuai²² kuei⁴² tɕia³³ ɗik⁵ a²² ti⁴⁴ vɔ³³ tɕia³³ ɗik⁵？
    即　多　果　食　得　啊　是　勿　食　得？
64. 这个是熟的，吃得了。
    tɕi⁵⁵ mɔ⁵⁵ ti⁴⁴ tiak⁵ kai⁴⁴，tɕia³³ ɗik⁵。
    即　奀　是　熟　个，　食　得。
65. 那个是生的，吃不得。
    ɦɔ⁴² mɔ⁵⁵ ti⁴⁴ se²² kai⁴⁴，vɔ³³ tɕia³³ ɗik⁵。
    许　奀　是　生　个，　勿　食　得。
66. （你们）来了来不了？
    lu⁴² naŋ³¹ lai³¹ ɗik⁵ vɔ³³ lai³¹ ɗik⁵？
    汝　侬　来　得　勿　来　得？
67. 我没事，来得了。
    va⁴² vɔ³³ se⁴⁴，lai³¹ ɗik⁵。
    我　勿　事，来　得。
68. 他忒忙，来不了。
    i³¹ maŋ³¹ iam²² la⁵⁵，　vɔ³³ lai³¹ ɗik⁵。
    伊　忙　厌　啦，　勿　来　得。
69. 这个东西很沉，拿动拿不动？
    tɕi⁵⁵ mɔ⁵⁵ mi³³ ɗaŋ⁴⁴ iam²² la⁵⁵，　ka³¹ ɗik⁵¹ vɔ³³ ka³¹ ɗik⁵？
    即　奀　乜　重　厌　啦，衔　得　勿　衔　得？
70. 说得说不得？
    koŋ⁴² ɗik⁵ a²² ti⁴⁴ vɔ³³ koŋ⁴² ɗik⁵？
    讲　得　啊　是　勿　讲　得？
71. 他说得快不快？（问情况）
    i³¹ koŋ⁴² kai⁴⁴ huei²⁴ vɔ³³ huei²⁴？
    伊　讲　个　快　勿　快？
72. 他说快说不快？（问能力）
    i³¹ koŋ⁴² huei²⁴ a²⁴ ti⁴⁴ vɔ³³ huei²⁴？
    伊　讲　快　啊　是　勿　快？

73. 他手巧，画得很好看。
    i³¹ kai⁴⁴ ɕiu⁴² tseŋ²², uei⁴⁴ kai⁴⁴ hɔ⁴² mɔ²²。
    伊 个 手 精， 画 个 好 望。

74. 我手笨，画得不好看。
    va⁴² kai⁴⁴ ɕiu⁴² ŋaŋ³¹， uei⁴⁴ kai⁴⁴ vɔ³³ hɔ⁴² mɔ²²。
    我 个 手 戆， 画 个 勿 好 望。

75. 这个人说得真好，说得大伙儿都笑了。
    tɕi⁵⁵ mɔ⁵⁵ naŋ³¹ koŋ⁴² kai⁴⁴ tɕin²² hɔ⁴² la⁵⁵, koŋ⁴² kau²⁴ ɗua²² ke²² lou⁴⁴ ɕiɔ²⁴ kɔ⁴⁴。
    即 妚 侬 讲 个 真 好 啦，讲 遘 大 家 路 笑 个。

76. 他忙得很，忙得连饭都忘了吃了。
    i³¹ maŋ³¹ iam²² la⁵⁵, maŋ³¹ kau²⁴ lian³¹ moi³¹ lou⁴⁴ vɔ³³ ik⁵ ɗik⁵ tɕia³³。
    伊 忙 厌 啦， 忙 遘 连 糜 路 勿 忆 得 食。

77. 看他急得脸都红了。
    ɔ⁴⁴ i³¹ kip⁵ kau²⁴ min²² lou⁴⁴ aŋ³¹ hɔ⁴⁴。
    望 伊 急 遘 面 路 红 个。

78. 她闹得我一晚上没睡觉。
    iɭ³¹ nau⁴⁴ ɗik⁵ va⁴² ʐiat³ me³¹ uei²² vɔ³³ ai⁴² huai⁵⁵。
    伊 闹 得 我 一 暝 昏 勿 偃 瞌。

或：
    i³¹ ka⁴² ʐiat³ me³¹ uei²² tɔ⁵⁵ va⁴² lou⁴⁴ vɔ³³ ai⁴² huai⁵⁵。
    伊 搅 一 暝 昏 作 我 路 勿 偃 瞌。

79. 他走得好好儿的，怎么摔倒了？
    i³¹ kia³¹ hɔ⁴² hɔ⁴² kai⁴⁴, ɗe⁴² tɔ⁵⁵ ɗiak³ ɔ⁴⁴ ti⁴⁴?
    伊 行 好 好 个， 带 作 跌 个 是？

80. 钢笔放哪里了？
    kɔ²⁴ ɓit⁵ ɓaŋ²⁴ ɗu⁴⁴ ɗe²⁴?
    钢 笔 放 有 带？

81. 丢在街上了。
    kat³ u⁴⁴ lou²² tɕiɔ²² ɔ⁴⁴。
    甲 有 路 上 个。

82. 搁在桌子上了。
    ɓaŋ²⁴ ɗu⁴⁴ sɔ³¹ kia⁴² tɕiɔ²² ɔ⁴⁴。
    放 有 床 团 上 个。

83. 掉地下了。
    lak³ lɔ²² hou³¹ ɔ⁴⁴。
    落 落 涂 个。

五

84. 我应该来不？
    va⁴² eŋ²² kai²² lai³¹ vɔ³³？
    我 应 该 来 勿？

85. 我应该来不应该来？
    va⁴² eŋ²² kai²² lai³¹ vɔ³³ eŋ²² kai²² lai³¹？
    我 应 该 来 勿 应 该 来？

86. 他愿意说不？
    i³¹ zuan⁴⁴ i²⁴ koŋ⁴²　vɔ³³？
    伊 愿 意 讲　勿？

87. 他愿意说不愿意说？
    i³¹ zuan⁴⁴ i²⁴ koŋ⁴²（a²² ti⁴⁴）vɔ³³ zuan⁴⁴ i²⁴ koŋ⁴²？
    伊 愿 意 讲（啊 是）勿 愿 意 讲？

88. 你打算去不？
    lu⁴² fa⁵⁵ tuei²⁴ hu²⁴ vɔ³³？
    汝 拍 算 去 勿？

89. 你打算去不打算去？
    lu⁴² fa⁵⁵ tuei²⁴ hu²⁴（a²² ti⁴⁴）vɔ³³ fa⁵⁵ tuei²⁴ hu²⁴？
    汝 拍 算 去（啊 是）勿 拍 算 去？

90. 你打算去不去？
    lu⁴² fa⁵⁵ tuei²⁴ hu²⁴ vɔ³³？
    汝 拍 算 去 勿？

91. 你能来不？
    lu⁴² lai³¹ ɖik⁵ vɔ³³？
    你 来 得 勿？

92. 你能来不能来？
    lu⁴² lai³¹ ɖik⁵ vɔ³³ lai³¹ ɖik⁵？
    你 来 得 勿 来 得？

93. 他敢去不？
    i³¹ ka⁴² hu²⁴ vɔ³³？
    伊 敢 去 勿？

94. 他敢去不敢去？
    i³¹ ka⁴² hu²⁴ vɔ³³ ka⁴² hu²⁴？
    伊 敢 去 勿 敢 去？

95. 还有饭没有？

　　u^{44} moi^{31} lɔ^{33} vɔ^{33}？

　　有　糜　　咯　勿？

96. 还有饭没饭？

　　u^{44} moi^{31} a^{22} ti^{44} vɔ^{33} moi^{31}？

　　有　糜　啊　是　勿　糜？

97. 你到过北京没有？

　　lu^{42} hu^{24} kuei^{24} bak^{5} kin^{22} vɔ^{33}？

　　你　去　过　　北　京　勿？

98. 你到过北京没有到过？

　　lu^{42} hu^{24} kuei^{24} bak^{5} kin^{22} a^{22} ti^{44} vɔ^{33} hu^{24} kuei^{24}？

　　你　去　过　　北　京　啊　是　勿　去　过？

99. 我嘴笨，说不过他。

　　va^{42} suei^{24} ɓun^{44}, vɔ^{33} koŋ^{42} ɗik^{5} kuei^{24} i^{31}。

　　我　喙　　笨，　勿　讲　　得　过　伊。

100. 对不起他。

　　ɗuei^{24} vɔ^{33} hi^{42} i^{31}。

　　对　　勿　起　伊。

101. 这件事他知道不知道？

　　tɕi^{55} kin^{44} se^{44} i^{31} tai^{22} a^{22} ti^{44} vɔ^{33} tai^{22}？

　　即　件　事　伊　知　啊　是　勿　知？

102. 他不知道。

　　i^{31} vɔ^{33} tai^{22}。

　　伊　勿　知。

103. 这个字你认得不认得？

　　tɕi^{55} mɔ^{55} tu^{22} lu^{42} ɓat^{5} a^{22} ti^{44} vɔ^{33} ɓat^{5}？

　　即　妳　书　汝　别　啊　是　勿　别？

104. 这个字你认得不？

　　tɕi^{55} mɔ^{55} tu^{22} lu^{42} ɓat^{5} vɔ^{33}？

　　即　妳　书　汝　别　勿？

105. 我不认得。

　　va^{42} vɔ^{33} ɓat^{5}。

　　我　勿　别。

106. 你还记得不记得？
 lu⁴² ik⁵ ɗiɔ³³ vɔ³³ ik⁵ ɗiɔ³³？
 汝 忆 着 勿 忆 着？
107. 你还记得不？
 lu⁴² ik⁵ ɗiɔ³³ lɔ³³ vɔ³³？
 汝 忆 着 咯 勿？
108. 三四个人盖一个被。
 ta²² ti²⁴ kai⁴⁴ naŋ³¹ kai²⁴ ziat³ uan²² fuei⁴⁴。
 三 四 个 侬 盖 一 番 被。
109. 一个被盖三四个人。
 ziat³ uan²² fuei⁴⁴ kai²⁴ ta²² ti²⁴ kai⁴⁴ naŋ³¹。
 一 番 被 盖 三 四 个 侬。
110. 两个人坐一条凳子。
 nɔ⁴⁴ kai⁴⁴ naŋ³¹ tse⁴⁴ ziat³ ɗiau³¹ ɗeŋ²⁴ kia⁴²。
 两 个 侬 坐 一 条 凳 囝。
111. 一个凳子坐两个人。
 ziat³ ɗiau³¹ ɗeŋ²⁴ kia⁴² tse⁴⁴ nɔ⁴⁴ kai⁴⁴ naŋ³¹。
 一 条 凳 囝 坐 两 个 侬。
112. 一辆车装三千斤麦子。
 ziat³ ke²⁴ çia²² tuaŋ²² ta²² sai²² kin²² ve³³。
 一 架 车 装 三 千 斤 麦。
113. 三千斤麦子装一辆车。
 ta²² sai²² kin²² ve³³ tuaŋ²² ziat³ ke²⁴ çia²²。
 三 千 斤 麦 装 一 架 车。
114. 一辆车装不了三千斤麦子。（车小，麦子多）
 ziat³ ke²⁴ çia²² vɔ³³ tuaŋ²² ɗik⁵ ta²² sai²² kin²² ve³³。
 一 架 车 勿 装 得 三 千 斤 麦。
115. 三千斤麦子装不了一辆车。（车大，麦子少）
 ta²² sai²² kin²² ve³³ vɔ³³ tuaŋ²² ɗik⁵ liau⁴² ziat³ ke²⁴ çia²²。
 三 千 斤 麦 勿 装 得 了 一 架 车。
116. 十个人吃一锅饭。
 tap³ kai⁴⁴ naŋ³¹ tçia³³ ziat³ kuan²⁴ moi³¹。
 十 个 侬 食 一 罐 糜。
117. 一锅饭吃十个人。
 ziat³ kuan²⁴ moi³¹ tap³ kai⁴⁴ naŋ³¹ tçia³³。
 一 罐 糜 十 个 侬 食。

118. 十个人吃不了这锅饭。（饭多）
　　　tap³ kai⁴⁴ naŋ³¹ vɔ³³ tɕia³³ ɗik⁵ liau⁴² tɕi⁵⁵ kuan²⁴ moi³¹。
　　　十　个　侬　勿　食　得　了　即　罐　糜。
119. 这锅饭吃不了十个人。（饭不够）
　　　tɕi⁵⁵ kuan²⁴ moi³¹ vɔ³³ tɕia³³ ɗik⁵ tap³ kai⁴⁴ naŋ³¹。
　　　即　罐　糜　勿　食　得　十　个　侬。
120. 小屋里放东西，大屋里住人。
　　　ȵiau⁵⁵ ɕiu²⁴ lai⁴² ɓaŋ²⁴ mi³³, ɗua²² ɕiu²⁴ lai⁴² hia⁴⁴ naŋ³¹。
　　　孥　宿　里　放　乜，大　宿　里　徛　侬。
121. 这个屋里住不下十个人。
　　　tɕi⁵⁵ kan²² ɕiu²⁴ vɔ³³ hia⁴⁴ ɗik⁵ tap³ kai⁴⁴ naŋ³¹。
　　　即　间　宿　勿　徛　得　十　个　侬。
122. 东厢房没住过人。
　　　ɗaŋ²² iaŋ²² ɓaŋ³¹ vɔ³³ naŋ³¹ hia⁴⁴ kuei²⁴。
　　　东　厢　房　勿　侬　徛　过。
123. 这个毛驴儿拉车中，骑人不中。
　　　tɕi⁵⁵ tɕiak⁵ ve⁴² bat⁵ ha³¹ ɕia²², ha³¹ naŋ³¹ vɔ³³ ha³¹ ɗik⁵。
　　　即　隻　马　别　衔　车，衔　侬　勿　衔　得。
124. 这个毛驴儿拉过车，没骑过人。
　　　tɕi⁵⁵ tɕiak⁵ ve⁴² ha³¹ kuei²⁴ ɕia²², vɔ³³ ha³¹ kuei²⁴ naŋ³¹。
　　　即　隻　马　衔　过　车，勿　衔　过　侬。
125. 这个小马没骑过人，你小心着点儿骑。
　　　tɕi⁵⁵ tɕiak⁵ ve⁴² vɔ³³ ha³¹ kuei²⁴ naŋ³¹lɔ³³, lu⁴² hua⁴⁴ hua⁴² hia³¹。
　　　即　隻　马　勿　衔　过　侬　咯，汝　缓　缓　骑。
126. 我坐过船，没骑过马。
　　　va⁴² tse⁴⁴ kuei²⁴ tun³¹, vɔ³³ hia³¹ kuei²⁴ ve⁴²。
　　　我　坐　过　船，勿　骑　过　马。

六

127. 这个大，那个小，这两个东西哪个好一点儿？
　　　tɕi⁵⁵ mɔ⁵⁵ ɗua²², hɔ⁴² mɔ⁵⁵ ȵiau⁵⁵, tɕi⁵⁵ nɔ⁴⁴ mɔ⁵⁵ mi³³ ɗi⁴² mɔ⁵⁵ hɔ⁴²？
　　　即　奴　大，许　奴　孥，即　两　奴　乜　底　奴　好？
128. 这个比那个好。
　　　tɕi⁵⁵ mɔ⁵⁵ ɓi⁴² hɔ⁴² mɔ⁵⁵ hɔ⁴²。
　　　即　奴　比　许　奴　好。

第三章　语法

129. 那个没这个好。
    hɔ⁴² mɔ⁵⁵ vɔ³³ tɕi⁵⁵ mɔ⁵⁵ hɔ⁴²。
    许　㚻　勿　即　㚻　好。

130. 这些房子没那些房子好。
    tɕi⁵⁵ kai²² ɓaŋ³¹ vɔ³³ ɓi⁴² hɔ⁴² kai⁴⁴ ɓaŋ³¹ hɔ⁴²。
    即　个　房　勿　比　许　个　房　好。

131. 今儿个的戏比昨天好多了。
    kin²² na²² kai⁴⁴ i²⁴ ɓi⁴² ta³³ vou²² kai⁴⁴ hɔ⁴²。
    今　旦　个　戏　比　昨　晡　个　好。

132. 明儿个的戏比今天还要好。
    hin³¹hua²⁴ kai⁴⁴ i²⁴ ɓi⁴² kin²² na²² kai⁴⁴ ʑian³¹ hɔ⁴² lɔ³³。
    玄　旦　个　戏　比　今　旦　个　仍　好　咯。

133. 这个大是那个大？
    tɕi⁵⁵ mɔ⁵⁵ ɗua²² a³¹ ti⁴⁴ hɔ⁴² mɔ⁵⁵ ɗua²²？
    即　㚻　大　啊　是　许　㚻　大？

134. 这个有那个大没有？这个有没有那个大？
    tɕi⁵⁵ mɔ⁵⁵ u⁴⁴ hɔ⁴² mɔ⁵⁵ ɗua²² vɔ³³？ tɕi⁵⁵ mɔ⁵⁵ ɓi⁴² hɔ⁴² mɔ⁵⁵ ɗua²² vɔ³³？
    即　㚻　有　许　㚻　大　勿？即　㚻　比　许　㚻　大　勿？

135. 这个跟那个一般大。
    tɕi⁵⁵ mɔ⁵⁵ sau²⁴ hɔ⁴² mɔ⁵⁵ ɗan³¹ iɔ⁴⁴ ɗua²²。
    即　㚻　凑　许　㚻　同　样　大。

136. 这个跟那个不一样。
    tɕi⁵⁵ mɔ⁵⁵ sau²⁴ hɔ⁴² mɔ⁵⁵ vɔ³³ tiɔ²² ɗan³¹。
    即　㚻　凑　许　㚻　勿　相　同。

137. 这个人比那个人高，可是没有那个人胖。
    tɕi⁵⁵mɔ⁵⁵ naŋ³¹ ɓi⁴² hɔ⁴² mɔ⁵⁵ naŋ³¹kuai³¹, na²⁴ ti³³vɔ³³ɓi⁴²hɔ⁴² mɔ⁵⁵naŋ³¹ ɓuei³³¹。
    即　㚻　侬　比　许　㚻　侬　悬，乃　是　勿　比　许　㚻　侬　肥。

138. 这个孩子像猴儿似的到处乱爬。
    tɕi⁵⁵ mɔ⁵⁵ ȵiau⁵⁵ kia⁴² in²² kau³¹ tuei²² hɔ⁴² iɔ⁴⁴ ti²⁴ ta²⁴ ɓa³¹。
    即　㚻　孥　团　演　猴　犹　许　样　四　处　爬。

七

139. 你贵姓？
    lu⁴² kuei²⁴ te²⁴？
    汝　贵　姓？

140. 你姓啥？
    lu⁴² te²⁴ mi³³？
    汝 姓 乜？

141. 我姓王。
    va⁴² te²⁴ uei³¹。
    我 姓 王。

142. 你姓王，我也姓王，咱们俩都姓王。
    lu⁴² te²⁴ uei³¹, va⁴² za⁴² te²⁴ uei³¹, nan²²naŋ³¹ toŋ⁴² te²⁴ uei³¹。
    你 姓 王，我 也 姓 王，那 侬 总 姓 王。

143.（有人敲门）哪个呀？
    ɗiaŋ⁴⁴？
    底侬？
    或：ɗi⁴² kai⁴⁴？
    底 个？

144. 我是老王。
    va⁴² ti⁴⁴ lau⁴² uei³¹。
    我 是 老 王。

145. 老张呢？
    lau⁴² tɕiaŋ²² la⁵⁵？
    老 张 啦？

146. 老张还在家呢。
    lau⁴² tɕiaŋ²² zian³¹ u⁴⁴ ɕiu²⁴ lɔ³³。
    老 张 仍 有 宿 咯。

147. 他干啥呢？
    i³¹ tɔ⁵⁵ mi³³（a²² ɲi⁵⁵）？
    伊 作 乜（啊 呢）？

148. 他吃饭呢。（他正吃饭呢。他吃着饭呢。）
    i³¹ tɕia³³ moi³¹ hɔ⁴² ɗe²⁴。
    伊 食 糜 许 带。

149. 他还没吃完吗？
    i³¹ tau⁴² vɔ³³ tɕia³³ liau⁴² lɔ³³ hu²⁴？
    伊 倒 勿 食 了 咯 去？

150. 没有呢。
    vɔ³³ lɔ³³。
    勿 咯。

151. 他说就走，怎么这么半天还没走呢？
 i³¹ koŋ⁴² ȵi⁵⁵ hu²⁴ la⁵⁵, lou⁴⁴ ɓua²⁴ ʑit³ hɔ⁴⁴ lɔ³³ vɔ³³ ki²⁴ hu²⁴ lɔ³³?
 伊 讲 匿 去 啦，路 半 日 个 咯 勿 见 去 咯？
152. 你上哪儿去？
 lu³¹ hu²⁴ ɗe²⁴?
 汝 去 带？
153. 我上街。
 va⁴² tɕiɔ⁴⁴ kuai²²。
 我 上 街。
154. 我上街上去。
 va⁴² tɕiɔ⁴⁴ kuai²²。
 我 上 街。
155. 你什么时候去？
 lu⁴² ɗi⁴² hau⁴⁴ hu²⁴?
 你 底 候 去？
156. 我就去。
 va⁴² in⁴⁴ na²² hu²⁴ la⁵⁵。
 我 现 旦 去 啦。
157. 我说话就去。
 hu²⁴ tɕi⁵⁵ hau⁴⁴ lɔ³³。
 去 即 候 咯。
158. 我马上就去。
 va⁴² ve⁴² tɕiɔ⁴⁴ tɕiu⁴⁴ hu²⁴。/ in⁴⁴ na²² hu²⁴ lɔ³³。
 我 马 上 就 去。 现 旦 去 咯。
159. 你干啥去？
 lu⁴² hu²⁴ tɔ⁵⁵ mi³³?
 汝 去 作 乜？
160. 我买菜去。
 va⁴² hu²⁴ vuai⁴² sai²⁴。
 我 去 买 菜。
161. 你先去罢，我们呆会儿再去。
 lu⁴² tai³¹ hu²⁴ lɔ³³, va⁴² naŋ³¹ he⁵⁵ kia⁴² na²² hu²⁴。
 汝 前 去 咯 我 侬 歇 团 乃 去。
162. 你告诉他。
 lu⁴² koŋ⁴² hu²⁴ i³¹。
 汝 讲 去 伊。

163. 你说给他。
     lu⁴² koŋ⁴² hu²⁴ i³¹。
     汝　讲　去　伊。
164. 没在那儿，也不在这儿。
     vɔ³³ u⁴⁴ hɔ⁴² ɗe²⁴, za⁴² vɔ³³ u⁴⁴ tɕi⁵⁵ ɗe²⁴。
     勿　有　许　带，也　勿　有　即　带。
165. 到底在哪儿呢？
     kau²⁴ ti⁴⁴ ɗu⁴⁴ ɗe²⁴？
     遘　是　有　带？
166. 倒是在哪儿呢？
     kau²⁴ ti⁴⁴ ɗu⁴⁴ ɗe²⁴ n̩i²²？
     遘　是　有　带　呢？
167. 怎么办呢？
     ɗai²⁴　tɔ⁵⁵ tɔ⁵⁵？
     [底个] 作　作？
168. 怎么整啊？
     ɗai²⁴　tɔ⁵⁵（tɔ⁵⁵）？
     [底个] 作 （作）？
169. 不是那么办，是这么办。
     vɔ³³ ti⁴⁴ hɔ⁴² iɔ⁴⁴ tɔ,　ti⁴⁴ tɕi⁵⁵ iɔ⁴⁴ tɔ⁵⁵。
     勿　是　许　样　作，是　即　样　作。
170. 要多少才够呢？
     iɔ⁴⁴ hua⁴⁴ tuai²² na²² kau²⁴？
     要　夥　多　乃　够？
171. 要不了那些个，只要这些个就够了。
     vɔ³³ iɔ⁴⁴ ɗik⁵ hɔ⁴² kai⁴⁴, na²² iɔ⁴⁴ tɕi⁵⁵ kai⁴⁴ tɕiu⁴⁴ kam³¹ lɔ³³。
     勿　要　得　许　个，乃　要　即　个　　就　喈　咯。
172. 这句话用澄迈话怎么说？
     tɕi⁵⁵ ku²⁴ uei⁴⁴ iɔ⁴⁴ / zoŋ⁴⁴ ɗeŋ³¹ mai⁴⁴ uei⁴⁴ ɗai²⁴　tɔ⁵⁵ koŋ⁴²？
     即　句　话　要 / 用　澄　迈　话 [底个] 作　讲？
173. 别管怎么忙，也要好好儿学习。
     voŋ⁴⁴ kuan⁴² ua⁴⁴ maŋ³¹, za⁴² iɔ⁴⁴ hɔ⁴² hɔ⁴² ɔ⁵⁵ tɕiəp³。
     [勿用] 管　夥　忙，也　要　好　好　学　习。
174. 他今年多大岁数？
     i³¹ kin²² i³¹ ua⁴⁴ ɗua²²？
     伊　今　年　夥　大？

175. 也就三十来岁吧。
　　　ta²² tap³ lai³¹ uei²⁴ le。
　　　三　十　来　岁　嘞。
176. 这个东西有多沉呢？
　　　tɕi⁵⁵ mɔ⁵⁵ mi³³ ua²⁴ ɗaŋ⁴⁴ n̠i⁵⁵？
　　　即　奀　乜　夥　重　呢。
177. 大约有五十斤沉吧。
　　　hɔ⁴² neŋ³¹ u⁴⁴ ŋɔu⁴⁴ tap³ kin²² ɗaŋ⁴⁴ le。
　　　可　能　有　五　十　斤　重　嘞。
178. 给我一本书。
　　　iɔ⁴⁴ ʑiat³ buei⁴² tu²² hu²⁴ va⁴²。
　　　要　一　本　书　去　我。
179. 我没书啊。
　　　va⁴² vɔ³³ tu²² a²⁴。
　　　我　勿　书　啊。
180. 饭好了，快来吃吧。（快来吃吧。快吃来吧。）
　　　moi³¹ hɔ⁴² lɔ³³, me⁴² n̠i⁵⁵ kia⁴² lai³¹ tɕia³³ lɔ³³。
　　　糜　好　咯，猛　滴　囝　来　食　咯。
181. 锅里还有饭没有？你去看看去。
　　　kuan²⁴ lai³¹ u⁴⁴ moi³¹ lɔ³³ vɔ³³？ lu⁴² hu²⁴ ɔ⁴⁴ e⁴⁴。
　　　罐　里　有　糜　咯　勿？汝　去　望　下。
182. 我看了，没有了。（没了。）
　　　va⁴² ɔ⁴⁴ lɔ³³, vɔ³³ lɔ³³。
　　　我　望　咯，勿　咯。
183. 吃了饭慢慢儿走，别跑！
　　　tɕia³³ moi³¹ ɓaŋ²⁴ fie⁴⁴ hua⁴⁴ hua⁴² kia³¹, voŋ⁴⁴ tau⁴²！
　　　食　糜　放　下　缓　缓　行，勿　用　走！
184. 没关系。没啥。不要紧。
　　　vɔ³³ kuan²² i⁴⁴。vɔ³³ mi³³。vɔ³³ iɔ²⁴ kin⁴²。
　　　勿　关　系。勿　乜。勿　要　紧。
185. 来闻闻（原文：听听）这朵花香不香？
　　　lai³¹ fi²² e²² tɕi⁵⁵ fa²² huei²² faŋ²² vɔ³³？
　　　来　鼻　下　即　葩　花　芳　勿？
186. 这东西好是好，就是忒贵。
　　　tɕi⁵⁵ mɔ⁵⁵ mi³³ hɔ⁴² ti⁴⁴ hɔ⁴², na²⁴ ti⁴⁴ hai²⁴ kuei²⁴ ɔ²²。
　　　即　奀　乜　好　是　好，乃　是　太　贵　噢。

187. 这东西贵是贵，可是结实。
　　　tɕi⁵⁵ mɔ⁵⁵ mi³³ kuei²⁴ ti⁴⁴ kuei²⁴, na²⁴ ti⁴⁴ nai⁴⁴ zoŋ⁴⁴。
　　　即　妠　乜　贵　是　贵，乃　是　耐　用。
188. 这孩子聪明是聪明，就是有点懒。
　　　tɕi⁵⁵ mɔ⁵⁵ ȵiau⁵⁵ kia⁴² soŋ²² me³¹ ti⁴⁴ soŋ²² me³¹, tɕiu⁴⁴ ti⁴⁴ u⁴⁴ ȵi⁵⁵ kia⁴² lan²² ɗua⁴⁴。
　　　即　妠　挐　团　聪　明　是　聪　明，就　是　有　滴　团　懒　惰。
189. 你是抽烟呢还是喝茶？
　　　lu⁴² ti⁴⁴ tɕia³³ in²² a³¹ ti⁴⁴ tɕia³³ ɗe³¹？
　　　汝　是　食　烟　啊　是　食　茶？
190. 烟也好，茶也好，我都不喜欢（原文：不得意）。
　　　in²² za⁴² hɔ⁴², ɗe³¹ za⁴² hɔ⁴², va⁴² lou⁴⁴ vɔ³³ i⁴² ua²²。
　　　烟　也　好，茶　也　好，我　路　勿　喜　欢。
191. 医生（原文：先生）让你多睡会儿。
　　　i²² te²² kiɔ²⁴ lu⁴² huai⁵⁵ tuai²² ȵi⁵⁵ kia⁴²。
　　　医　生　叫　汝　瞌　多　滴　团。
192. 抽烟喝酒都不中。
　　　tɕia³³ in²² suei⁵⁵ tɕiu⁴² lou⁴⁴ vɔ³³ ɓat⁵。
　　　食　烟　啜　酒　路　勿　别。
193. 我五点半就起来了，你怎么七点才起来。
　　　va⁴² ŋou⁴⁴ ɗiam⁴² ɓua²⁴ lou⁴⁴ hi⁴² lai³¹ lɔ³³, lu⁴² tɔ⁵⁵ mi³³ ɕit⁵ ɗiam⁴² na²² hi⁴²。
　　　我　五　点　半　路　起　来　咯，汝　作　乜　七　点　乃　起。
194. 九点出门，我八点半就准备好了。（说准备得早）
　　　kau⁴² ɗiam⁴² sut⁵ muei³¹, va⁴² ɓoi⁵⁵ ɗiam⁴² ɓua²⁴ tɕiu⁴⁴ tun⁴² ɓi⁴⁴ hɔ⁴² lɔ³³。
　　　九　点　出　门，我　八　点　半　就　准　备　好　了。
195. 不早了，快去吧!
　　　vɔ³³ ta⁴² ɓɔ⁴⁴ lɔ³³, me⁴² li²⁴ hu²⁴ lɔ³³!
　　　勿　早　个　咯，猛　利　去　咯!
196. 这会儿（原文：阵前儿）还早着呢。
　　　hin⁴⁴ na²² ta⁴² lɔ³³。
　　　现　旦　早　咯。
197. 待会儿再去中不？
　　　he⁵⁵ kia⁴² na²² hu²⁴ tɔ⁵⁵ ɗik⁵ vɔ³³？
　　　歇　团　乃　去　作　得　勿？
198. 吃了饭再去好不好？
　　　tɕia³³ moi³¹ liau⁴² na²² hu²⁴ hɔ⁴² vɔ³³？
　　　食　糜　了　乃　去　好　勿？

199. 吃了饭再去可以不？
　　　tçia³³ moi³¹ liau⁴² na²⁴ hu²⁴ hɔ⁴² ʑi⁴² vɔ³³？
　　　食　糜　了　乃　去　可　以　勿？
200. 吃了饭再去就晚了。
　　　tçia³³ moi³¹ liau⁴² na²² hu²⁴ tçiu⁴⁴ am²⁴ ɔ⁴⁴ lɔ³³。
　　　食　糜　了　乃　去　就　晏　个　咯。
201. 吃了饭再去就赶不上了。
　　　tçia³³ moi³¹ liau⁴² na²⁴ hu²⁴ tçiu⁴⁴ vɔ³³ kua⁴² ɗik⁵ tçiɔ⁴⁴ ɦo⁴⁴ lɔ³³。
　　　食　糜　了　乃　去　就　勿　赶　得　上　个　咯。
202. 不管你去不去，我一定要去。
　　　vɔ³³ kuan⁴² lu⁴² hu²⁴ vɔ³³ hu²⁴, va⁴² it⁵ ɗia⁴⁴ ȵi⁵⁵ hu²⁴。
　　　勿　管　汝　去　勿　去，我　一　定　覕　去。
203. 你爱去不去。（你爱去就去，不爱去就别去。）
　　　lu⁴² ʑin⁴⁴ hu²⁴ tçiu⁴⁴ hu²⁴, vɔ³³ hu²⁴ tçiu⁴⁴ ɓaŋ²⁴ e²²。
　　　汝　认　去　就　去，勿　去　就　放　下。
204. 爱信不信。
　　　ai²⁴ tin²⁴ vɔ³³ tin²⁴。
　　　爱　信　不　信（书面语）。
205. 爱听不听。
　　　lu⁴² tçin²² ia²² tçiu⁴⁴ ia²²。
　　　汝　真　听　就　听。
206. 我非去不可！
　　　va⁴² ŋe⁴⁴ ȵi⁵⁵ hu²⁴！
　　　我　硬　覕　去！
207. 我偏要去！
　　　va⁴² ŋe⁴⁴ ȵi⁵⁵ hu²⁴！
　　　我　硬　覕　去！
208. 咱们一边儿走着，一边儿说着。
　　　nan²² naŋ³¹ ʑiat³³ ɓi⁵⁵ kia³¹, ʑiat³³ ɓi⁵⁵ kon⁴²。
　　　那　侬　一　边　行，一　边　讲。
209. 说了一遍，又说一遍。
　　　koŋ⁴² ʑiat³³ ɓin²⁴, ʑiu⁴⁴ koŋ⁴² ʑiat³³ ɓin²⁴。
　　　讲　一　遍，又　讲　一　遍。
210. 你再说一遍。
　　　tsai²⁴ koŋ⁴² ʑiat³ çi²⁴。
　　　再　讲　一　次。

211. 越走越远，越说越多。
    na²² kia³¹ na²² uei⁴⁴, na²² koŋ⁴² na²² tuai²²。
    乃　行　乃　远，乃　讲　乃　多。

第三节　语法提要

一　澄迈话指示词即 tɕi⁵⁵/³³

澄迈话有一个近指词 tɕi⁵⁵/³³，单字为 55 调，语流中也读 33 调。来自古清音入声，今读长阴入，语流中也读长阳入。澄迈话指示词用例：

即孬 tɕi⁵⁵mɔ⁵⁵：这个　　　许孬 hɔ⁴²mɔ⁵⁵：那个
即里 tɕi³³le²⁴：这里　　　许里 hɔ⁴²le²⁴：那里
[即样] tsoŋ⁴⁴（tɕi⁵⁵ ioŋ²² 的合音）：这样　　许样 hɔ²⁴ioŋ²²：那样
即孬 tɕi³³mɔ⁵⁵：这么

琼北澄迈话和海口话一致。海口话也是"即 tsi⁵⁵"和"许 hu³⁵/hɔ³⁵"的近指远指的对应（据《海口方言词典》第 9、27 页）。而在琼南黄流（笔者调查）、三亚（据王旭东调查），近指远指的对应则是"许"和"阿（一）"：

	这	那	隻	一
澄迈	即 tɕi⁵⁵	许 hɔ⁴²	隻 文读 tɕi⁵⁵	一 it⁵
			口语 tɕia⁵⁵	ziat³
乐东	许 hi²⁴	阿 a²⁴	隻 tɕiəʔ⁵	一 ziaʔ³
三亚	许 hi²⁴	压 a³⁵	隻 tɕiɛ³⁵	一 i³⁵

下面对琼北的指示词"即、许"以及琼南的指示词"阿"作些简要说明。
关于"即"。

考虑到厦门话的近指词，有三种读法：即 tsit¹；则 tsiaʔ¹；遮 tsia³⁵。笔者在 1994 年著文《闽南方言常用指示词考释》，探讨福建闽语的指示词，提出厦门方言的"即"和闽语方言"一"的读音相近，"则"又和量词"隻"相谐。回头再看海南闽语，琼北的"即"实际都是"隻 文读"的读音。海口话近指词又读"者 tse⁵⁵"，大概是模仿官话音"这"。

澄迈话"即"的用例：

(1) tɕi⁵⁵iaŋ²² ku³¹laŋ³¹ tɕiu⁴⁴uei⁴⁴ ɗit⁵kau²⁴ziat³uei⁴⁴ muei⁴²li⁴⁴kai⁴⁴tin²²n̩i⁴²
    即　样　牛　郎　就　会　得　遘　一　位　美　丽　个　仙　女
    tɔ⁵⁵lau⁴²fɔ³¹。
    做　老　婆。

（这样牛郎就会得到一位美丽的仙女做老婆。）

（2）tɕi⁵⁵ʑit³ ta⁴²tɕiɔ⁴⁴……
　　　即　日　早　上……
　　（那天早上……）

按，没有近远分别的时候，"即"可以指"这"或"那"。参下例：
（3）tɕi⁵⁵ti³¹hau²², hɔ²⁴mɔ⁵⁵ hɔ²⁴ tɕia⁵⁵ lau⁴²ku³¹ tɕiu⁴⁴ɗu³³zan³¹huei²²hau⁴²。
　　　即　时　候，许　奵　许　隻　老牛　就　突　然　开　口。
　　（这时候，那隻那隻老牛就突然开口。）

按，奵 mɔ⁵⁵，海南话俗字，可作量词、词头、指示词等。此处"许奵"和"许隻"是口误重复，都是"那隻"意。

黄流话的量词"隻"，用作指示词：
（1）tɕiəʔ⁵kha⁴⁴tiau²⁴ti⁴²oi⁴² tɕian²⁴ tai⁴⁴kuə⁴⁴。
　　　隻　　骸数　　是会　种　　西瓜。
　　（这家伙是会种西瓜。）

按，骸数：家伙，称人。隻，量词，在此用作指示词表示确指那人。
（2）liau⁴²zi⁴²au⁵³vi³³ti⁴²iə⁴⁴ɓe⁴²in⁴⁴ɗan²¹kan⁴⁴to³³to³³kiə⁴²hu²⁴tɕiəʔ⁵iaʔ³
　　　了　以后　密　是　要　把　烟筒　共　笃笃团　去　只　一
　　kai⁴²liau⁴²lai⁴²hai⁵³。
　　个　寮　里　害⁼。
　　（然后呢，就是把大烟筒，一起放在一个寮房里。）

（3）a²⁴ti⁴²hai²⁴li⁴²kai⁴²ti⁴²kau²⁴ tsui⁵⁵ tai⁴⁴kuə⁴⁴ tiaʔ³ti²¹，tsui⁵⁵ loi²¹nan²¹
　　阿　是　害　理　个　是　遘　[隻多]西　瓜　熟　时，[隻多]黎　侬
　　tson⁴²sui⁵⁵lai²¹hu²⁴lai⁴……
　　总　出　来　去　里……
　　（可是糟糕的是，到这些西瓜熟时，那些黎人都出来到瓜田……）

按，例中指示词"[隻多] tsui⁵⁵"是一个合音词。澄迈话"即多"就是这些。
（4）ma³⁰a！ɗɔ²⁴　hɔ⁴⁴u⁴²tɕiəʔ⁵kha⁴⁴tiau²⁴ɕian⁴⁴tian to³³kiə⁴²an⁴⁴ɗuə⁴⁴？
　　妈　啊！[底许]许　有　隻　骸数　像　双　笃团　样　大？
　　（妈呀，怎么有这家伙穿这么大木屐？）

按，"ɗɔ²⁴ hɔ⁴⁴"大概是"底许"的合音，"许"一读 hi²⁴，又读 hɔ⁴⁴（澄迈话就有读 hɔ⁴²）。穿，训读"像"。海南话都这么说。样，量词，此处作指示词"这样"的意思。

到此，我们可以看到，量词是可以用来作指示词的。隻、样，都是。
又如：

（5）tɕiə ʔ⁵ hui²¹ khi²¹ ti ʔ³ tɕiə⁴² ti⁴² khai⁴⁴ ta⁴⁴ tso ʔ⁵ kai⁴²。
　　　隻　园　其　实　上　是　开　三　作　个。
　　（这园子实际上是开三做的。）

（6）khai⁴⁴ ta⁴⁴ tɕiə ʔ⁵ naŋ²¹ te⁴⁴ ɗuə⁴⁴ kai⁴² ɗuə⁴⁴ tɕiə ʔ⁵。
　　　开　三　隻　侬　生　大　个　大　隻。
　　（开三这人生得个儿大大的。）

按，"个、隻"都是人的量词。"大个大隻"，就是人高马大。

（7）tiaŋ⁴² khai³³ ɗi⁴² tɕiə ʔ⁵ vi³³ ɗi ʔ⁵ ɗi⁴² tɕiə ʔ⁵。
　　　想　吃　底　隻　密　摘　底　隻。
　　（想吃哪隻就摘哪隻。）

按，隻，是量词。密：就。

不算很长的一篇故事，指示词用的主要就是由量词兼职来的"隻、样"。可见澄迈、海口的指示词"即"和量词的紧密关联。

笔者《指示词"者、这"考》一文，从方言比较出发，认为其来自量词"隻"。和吴语粤语的指示词"个"各占一方，都来自量词。海南岛的黎语，则广泛加以吸收利用，既用"个 ɯ³ / kɯ²、kai²"，又用"隻 tsɯ²"，表示"一"，也作词头。请看：

黎语表示"一"的 ɯ³ / kɯ²、tsɯ²，分别来自"个、隻"

黎语 kɯ³、ʔɯ³、kai² 作词头的例子如下（据《黎语调查研究》）：

	一（个）第510页	茄子第462页	指甲第522页	椰子第509页	柚子第513页
中沙	kɯ²	kɯ² tho:ʔ⁷	kɯ³ li:p⁷	kɯ³ ʔun²	kɯ³ bem¹
黑土	kɯ²	kɯ² tho:ʔ⁹	li:p⁷	kɯ³ ʔun²	kɯ² bem¹
保城	kɯ²	kɯ² tho:ʔ⁹	kɯ² li:p⁷	kɯ³ jun⁵	kɯ² bum¹
加茂	kɯ²	kɯ² la:ŋ⁵	kɯ² lep⁷		
通什	ʔɯ³	ʔɯ³ thɔ:ʔ⁹	ʔɯ² li:p⁷		
堑对	tsɯ³	tɯ⁵ thɔ:ʔ⁹	li:p⁷		
保定	tsɯ²	tsɯ² tho:k⁷	tsɯ² li:p⁷	tsɯ² jun	tsɯ² bem¹
西方	tsɯ³	tsɯ³ tho:k⁸	kɯ³ li:p⁷	tsɯ³ ze:ŋ²	kai² bom¹
白沙	tsɯ²				kai² bom¹
元门	tsɯ²				kai² phom¹

黎语"个、隻"用作"一"，用作词头，都和指示词的用法相接近。

关于"许"。

"许"作为指示词、疑问词，早见于文献。如梁徐陵编《玉台新咏·桃叶〈答王团扇歌〉》："团扇复团扇，持许自障面。"（宋）苏轼《次韵答文与可见寄》："世间那有千寻竹，月落空庭影许长。"（唐）杜审言《赠苏绾书记》"知君书记本翩翩,为许从戎赴朔边?"

海南继承古代书面用语,可以理解。

关于"阿 a^{24}"。

"阿 a^{24}"这个指示词,指示词的调查记录中虽然只见用于黄流、三亚,还有东方,但在澄迈话故事语料中,我们发现了"一又[$a^{44}ziu^{44}$](一直)"、"一妚 $a^{55}mo^{55}$(一个)""阿是 $a^{24}ti^{44}$(这是?可是?)"这样的词。例如(据故事语料):

(1) $a^{44}ziu^{44}\;\textrm{n}iam^{44}\;mo^{55}ia^{22}ko^{22}$。
　　一　又　粘　　妚　兄　哥。
　　(一直跟随那哥哥。)

(2) $lu^{42}a^{44}ziu^{44}\;hak^3tu^{22}$。
　　汝　一　又　　读　书。
　　(你一直读书。)

按,上两例"a^{44}"显然都是表示"一",是"一"的又读。

(3) $u^{44}\;a^{55}\;mo^{55}\;ti^{44}\;va^{42}\;nan^{31}\;den^{31}\;mai^{44}\;kai^{44}ton^{22}\;hen^{22}\;ge^{22}$,
　　有　一　妚　是　我　儂　澄　迈　个　中　兴　個,
　　$ton^{22}\;hen^{22}\;ge^{22}\;ti^{44}\;a^{55}\;mo^{55}\;sut^5\;ke^{24}\;ge^{22}\;ta^{33}vou^{31}\;kia^{42}$。
　　中　兴　個　是　一　妚　出　嫁　個　咋婆　囝。
　　(有一个是我们澄迈中兴镇的,中兴镇的是一个出嫁的女孩子。)

按,例中的"$a^{55}mo^{55}$"是明明白白的一个,而且不是偶见。

(4) $a^{33}\;ko^{22}\;a^{55}$, $a^{24}ti^{44}\;tion^{42}mo^{55}hi^{22}\;tci^{55}sen^{22}lo^{33}$,
　　阿　哥　啊,　阿是　[底样]³ 妚天　即　清　咯,
　　$suan^{22}fii^{21}ton^{42}ti^{44}se^{22}lo^{33}$, $na^{22}bua^{24}kai^{44}vuei^{33}$, $dion^{42}to^{55}kon^{42}a^{33}$?"
　　全　天　总　是　星　咯,　乃　半　个　月　　[底样]作　讲　啊?
　　(阿哥啊,这是怎么回事这天这么清澈,满天都是星,才半轮月,
　　怎讲啊?)

按,全天:满天。总:都。乃:才。"阿是",可以看作是句首的连接词,也可理解为"这是""可是"等。

指示词和"一"的紧密或说是自然的联系,在陈云龙《旧时正话研究》和《马兰话研究》中也反映得非常突出。旧时正话和马兰话是粤西电白县的两个方言。由于地处偏僻,各种方言土语错综交融,所以语言现象很有特色,很有启示。陈云龙《旧时正话研究》中介绍过,广东电白县的"旧时正话"的"阿"a^{33}就用得非常频繁和多样:A 称谓词词头、B 名词词头、C 可表一、D 可表定指、F 可表领属、G 可表完成、H 发语词。请看《马兰

话研究》中的 a^{33} 表"一"的例子：

1. 得晚我再秋局长谂阿 a^{33} 谂。(晚上我再和局长商量商量。)(第 65 页)

按，这个"阿"和"阿哥阿嫂"的"阿"同音。在此例中相当于"一"。

2. 到你家婆屋□秋佢打阿 a^{33} 招呼。(到你婆婆家问你婆婆好。)(第 66 页)

按，例中"阿"相当于"个"或"一个"。

3. 还无好，等阿 a^{33} 等将！(还没有好啊，等一下啰！)(第 71 页)

4. 还等阿 a^{33} 阵仔。(再等一会儿。)(第 229 页)

5. 三四个人佮阿 a^{33} 张被。(三四个人合盖一床被。)(第 71 页，又第 208 页)

6. 去吙你婆阿 a^{33} 声。(去叫你老婆一声)(第 207 页)

7. 阿奶奖阿 a^{33} 台电脑界我。(妈妈奖我一台电脑。)(第 219 页)

8. 你快炒阿 a^{33} 碗菜界我。(你赶快炒盘菜给我。)(第 219 页)

按，"阿 a^{33} 碗菜"就是一盘菜。

9. 斩阿 a^{33} 兜杉木界我。(砍一棵杉树给我。)(第 219 页)

10. 你等阿 a^{33} 等，佢讲下堂诶就转宿舍。(那你等等吧，他说下了课就回宿舍。)(第 224 页)

11. 等我谂阿 a^{33} 谂！(等我想一想。)(第 226 页)

12. 还等阿 a^{33} 阵子。(再等一会儿。)(第 229 页)

13. 麻烦你吙佢阿 a^{33} 声。(麻烦你叫他一下。)(第 230 页)

14. 你问阿 a^{33} 问，睇还爱几日将做完。(你问一问，看还要几天做完。)(第 230 页)

15. 留我谂阿 a^{33} 谂将。(让我想一想。)(第 236 页)

16. 还无好，等阿 a^{33} 等将。(还没有好啊，等一下啰。)(第 236 页)

17. 阿 a^{33}（一 jet^5）无系点样做你又直讲。(要不你就直说吧。)(第 240 页)

按，例中"阿" a^{33} 和"一" jet^5 可替换。

18. 装阿 a^{33} 杯水界我得无得啊？(倒一杯水给我，好吗？)(第 244 页)

19. 得闲又来坐阿 a^{33} 坐！(有空过来坐坐吧！)(第 262 页)

看来，海南话和雷州地区闽语及粤西土话关系非同一般。再次验证了海南史专家李勃教授的看法。

二　否定词"勿"

海南澄迈话的否定词"勿 vɔ^{33}"，长阳入 33 调，来自古次浊声母入声。和乐东黄流话的"勿 vɔʔ^3"（阳入调）来源一致；和大昌土话"勿 vɔʔ^3"阳入调来源一致；和海口话阳平调的"无 vo^{21}"，声调不同。

汉语否定词有"不、弗、勿、无、毋、莫、未、没、别、甭"等，丰富多彩。今普通话常用的也不少，如"不、没、未、别、甭"。而海南闽语澄迈话，至今还只见一个否定词，是失落辅音韵尾的阳入调（我据黄流、海口美兰区大昌村调查都有这个独立的调类，称之"长阳入"，和"长阴入"相对）。字形取"勿"vɔ³³。而其他如海口等地，都是阳平调的"无"。

我调查了老一代和年青一代的不同发音人，至今未见变异。

这一个否定词"勿"，兼用作"不、没、没有、别、吗"。

1. 用作否定词"不"。

（1）lu⁴²tɕia³³in²²gɔ²²vɔ³³？
汝 食 烟 个 勿？
（你平时抽烟吗？）
vɔ³³，va⁴²vɔ³³tɕia³³ in²²。
勿，我 勿 食 烟。
（不，我不抽烟。）

按，例中问句末尾的"勿"，是疑问语气词。答句中的"勿"是表否定，相当于"不"。

（2）lu⁴²he³³tia²²hu²⁴ i³¹mɔ⁵⁵ti⁴⁴vɔ³³ he³³tia²²？
汝 咳声 去 伊 妶 是 勿 咳声？
（你到底答应不答应他？）

按，咳声：答应。妶是：还是。

（3）va⁴²vɔ³³ti⁴⁴ɕiaŋ²⁴，va⁴²ti⁴⁴ɓaŋ²⁴lɔk³iəm²²。
我 勿 是 唱， 我 是 放 录 音。
（我不是唱，我是放录音。）

——以上是老一代发音人

（4）va⁴² vɔ³³ ti⁴⁴ koŋ⁴² lu⁴²。
我 勿 是 讲 汝。
（我不是说的你。）

（5）fiɔ⁴² mɔ⁵⁵ ti⁴⁴ se²² kai⁴⁴，vɔ³³ tɕia³³ ɗik⁵。
许 妶 是 生 个， 勿 食 得。
（那个是生的，吃不得。）

按，许妶：那个。个：的。

（6）i³¹ koŋ⁴² kai⁴⁴ huei²⁴ vɔ³³ huei²⁴？
伊 讲 个 快 勿 快？
（他说得快不快？）

——以上是年青一代发音人

2. 用作否定词"没、没有"。
（1）i³¹ɓe⁵⁵kam²²ɸi³¹gɔ⁴⁴, na⁴⁴ti⁴⁴vɔ³³tɕia³³。
　　伊剥　柑皮　个，　但是　勿食。
　　（他把橘子剥了皮，但是没吃。）

按，个，在动词结构后，表示动作完成。

（2）tiau⁴²tɕiaŋ²² ta³³vɔu²²ɗiɔ²⁴ɗɔ³³ẓiat³tɕia⁵⁵ɗua²²ɦu³¹, va⁴²vɔ³³ɗiɔ²⁴ɗɔ³³。
　　小　张　昨晡 钓　着　一只　大鱼，　我勿钓 着。
　　（小张昨天钓了一条大鱼，我没有钓到鱼。）

（3）lu⁴²tɕia³³kuei²⁴ hɔu²⁴ iu³³ vɔ³³?
　　汝食　过　兔肉　勿？
　　（你吃过兔肉吗？）

　　vɔ³³, va⁴²vɔ³³tɕia³³kuei²⁴。
　　勿，我勿食过。
　　（没有，我没吃过。）

　　　　　　　　　　　　　——以上是老一代发音人

（4）lu⁴² hu²⁴ kuei²⁴ bak⁵ kin²² a²² ti⁴⁴ vɔ³³ hu²⁴ kuei²⁴?
　　你　去　过　北京　啊是　勿　去　过？
　　（你到过北京还是没有到过？）

按，啊是：还是。

（5）ɗaŋ²² iaŋ²² ɓaŋ³¹ vɔ³³ naŋ³¹ hia⁴⁴ kuei²⁴
　　东　厢　房勿　侬　徛　过。
　　（东厢房没住过人。）

按，徛：住。

（6）va⁴² tse⁴⁴ kuei²⁴ tun³¹, vɔ³³ hia³¹ kuei²⁴ ve⁴²
　　我　坐　过　船，勿　骑　过　马。
　　（我坐过船，没骑过马。）

（7）iɔ⁴⁴ ẓiat³ buei⁴² tu²² hu²⁴ va⁴²
　　要　一　本　书　去　我。
　　（给我一本书。）

　　va⁴² vɔ³³ tu²² a²⁴
　　我　勿　书　啊。
　　（我没书啊。）

按，要：给。

（8）i³¹ nau⁴⁴ ɖik⁵ va⁴² ʑiat³ me³¹ uei²² vɔ³³ ai⁴² huai⁵⁵。
　　　伊　闹　得　我　一　暝　昏　勿　偃　瞇。
　　（她闹得我一晚上没睡觉。）

按：暝昏：夜晚。偃瞇：睡觉。

（9）hɔ⁴² mɔ⁵⁵ vɔ³³ tɕi⁵⁵ mɔ⁵⁵ hɔ⁴²
　　　许　奀　勿　即　奀　好。
　　（那个没这个好。）

——以上是年青一代发音人

3. 用作禁止词"别、不要"。

（1）ve²² lɔ³³ hou⁴²la³³，lu⁴²naŋ³¹vɔ³³ ua⁴⁴ sut⁵⁵hu²⁴。
　　　咪　落　雨　咯，汝侬　勿　外　出　去。
　　（快要下雨了，你们别出去了。）

按，咪：快要。汝侬：你们。

（2）tiɔ⁴² hɔ⁴² koŋ⁴²，vɔ³³ zoŋ⁴⁴ kip⁵ hɔ⁴² koŋ⁴²。
　　　想　好　讲，　勿　用　急　好　讲。
　　（想着说，不要抢着说。）

（3）voŋ²⁴　tia⁴² tu²² sɔ²⁴ ɔ⁴⁴。voŋ²⁴　tia⁴² sɔ²⁴ tu²²。
　　[勿用] 写　书　错　个。[勿用] 写　错　书。
　　（别把字写错了。别写错了字。）

按，voŋ²⁴是"勿用"的合音词。书：字。

（4）vɔ³³ zoŋ⁴⁴ i³¹ lɔ³³。
　　　勿　用　啼　咯。
　　（别哭了。）

按，啼：哭。

（5）vɔ³³ zoŋ⁴⁴ hu²⁴ lɔ³³，u⁴⁴ va⁴² naŋ³¹ ɕiu²⁴ hia⁴² lɔ³³。
　　　勿　用　去　咯，有　我　侬　宿　徛　咯。
　　别走了，在我们家住吧。

按，有：在。我侬宿：我们家。徛：住。

（6）voŋ⁴⁴　kuan⁴² ua⁴⁴ maŋ³¹，za⁴² iɔ⁴⁴ hɔ⁴² hɔ⁴² ɔ⁵⁵ tɕiəp³。
　　[勿用] 管　夥　忙，　也　要　好　好　学　习。
　　（别管怎么忙，也要好好儿学习。）

按，夥：多么。

（7）voŋ⁴⁴ kip⁵，hua⁴⁴ hua⁴² ɓan⁴⁴。
　　[勿用]急，　缓　缓　办。（重叠词第一个变调）
　　（别着急，慢慢儿地办。）

（8）tɕia³³ moi³¹ ɓaŋ²⁴ fie⁴⁴ hua⁴⁴ hua⁴² kia³¹, voŋ⁴⁴ tau⁴²。
　　食　糜　放　下　缓　缓　行，[勿用] 走。
　　（吃了饭慢慢儿走，别跑！）

按，糜：饭。走：跑。

4. 在句末用作疑问词"吗"。

（1）lu⁴²tɕia³³ in²²gɔ²²vɔ³³？
　　汝　食　烟　个　勿？
　　（你平时抽烟吗？）

（2）lu⁴²ɔ³³tɕi⁵⁵kin⁴⁴se⁴⁴hu²⁴ i³¹ge²²vɔ³³？
　　汝学　即件　事　去　伊　个　勿？
　　（你告诉他这件事了吗？）

按，学：传话。去：给。个：了。

（3）hin³¹hua²⁴uaŋ³¹kiŋ²² li⁴²mi³³lai³¹kɔŋ²²ɕi²²vɔ³³？
　　玄旦　王　经理　密　来　公　司　勿？
　　（明天王经理会来公司吗？）

按，玄旦：明天。密：会，要。

（4）kuan²⁴ lai³¹ u⁴⁴ moi³¹ lɔ³³ vɔ³³？
　　罐　里　有　糜　咯　勿？
　　（锅里还有饭没有？）

（5）lai³¹ fi²² e²² tɕi⁵⁵ fa²² huei²² faŋ²² vɔ³³？
　　来　鼻　下　即　葩　花　芳　勿？
　　（来闻闻这朵花香不香？）

按，鼻：用作动词"闻"。即葩：这朵。芳：香。

（6）he⁵⁵ kia⁴² na²² hu²⁴ tɔ⁵⁵ ɗik⁵ vɔ³³
　　歇　囝　乃　去　作　得　勿？
　　（待会儿再去中不？）

按，歇囝：歇一下。乃：再。作得：行得。

（7）tɕia³³ moi³¹ liau⁴² na²² hu²⁴ hɔ⁴² vɔ³³？
　　食　糜　了　乃　去　好　勿？
　　（吃了饭再去好不好？）

三　量词"个"

澄迈话的量词"个"，有多个读音，也有多种用法。值得我们去辨认一番。

"个"的读音和用法，简单归纳如下：

个 kai（量词；用作一；转指名词；时间词后作后缀；助词：修饰，领属；句末表肯定）。

个 gɔ⁴⁴、ge²²、ɔ⁴⁴ 表示完了；时态助词表完成。

个 kɔu⁴⁴ 用作名词表示月份。

1. 量词（用于人、事物；可用作单数，也可用作复数，相当于"些"）。

（1）e³¹muei⁴² kai³¹ naŋ³¹ɓun²² kai³¹ ŋin³¹ hu²⁴ ɗe⁵⁵ huei²⁴。
　　哎　每　个　侬　分　个　银　去　叠　岁。
　　（每个人给一元钱压岁钱。）

按，哎：句首语气词。侬：人。分：给。"个银"是一元钱。叠岁：压岁（钱）。

（2）tɕi⁵⁵ kai⁴⁴tu²²lu⁴²ɓat³vɔ³³ɓat³³？
　　这　个　字　汝　别　勿　别？
　　（这个字你认得不认得？）

按，字，训读为"书 tu²²"。别：懂，识。

（3）lu⁴² koŋ⁴² kai⁴⁴ ti⁴⁴ ɗi⁴² kai⁴⁴？
　　汝　讲　个　是　底　个？
　　（你说的是哪个？）

（4）tia⁴² tu²² ha²⁴ tiɔ²⁴ tɕi⁵⁵ kai⁴⁴，i³¹ toŋ⁴² ɓat⁵。
　　写　书　敲　数　即　个，伊　总　别。
　　（写字算账这些个，他都懂。）
　　（写字儿算账啥的，他都中。）

按，例中"即个"是指示词加量词的结构。这里的"个"，表复数，指写字算账这些。

（5）tɕi⁵⁵ kai²² ɓaŋ³¹ vɔ³³ ɓi⁴² hɔ⁴² kai⁴⁴ ɓaŋ³¹ hɔ⁴²。
　　即　个　房　勿　比　许　个　房　好。
　　（这些房子没那些房子好。）

按，"个"表示复数，相当于"些"。

2. 表示一、每一。

（1）kai²⁴ naŋ³¹ ti⁵³ liɔ⁴² iu³¹。
　　个　侬　四　两　油。
　　（一人四两油。）

（2）e³¹muei⁴² kai³¹ naŋ³¹ɓun²² kai³¹ ŋin³¹ hu²⁴ ɗe⁵⁵ huei²⁴。
　　每个　侬　分　个　银　去　叠　岁。
　　（每个人给一元钱压岁钱。）

按，"个银"是一元钱。

（3）tɕiu⁴⁴ ti⁴⁴ kai³¹ naŋ³¹ le⁰ ti⁴⁴ ɗua²⁴ a³³ mɔ⁵⁵ tɔ⁴² ti³¹ hɔu²² lɔ⁰。
　　　就　是　个　儂　嘞　是　带　一　怀　锁　匙　箍　咯。
　　（就是每人是带一个钥匙圈。）

按，量词"个"表示"一"的用法，在其他临时用作量词的词中，也会出现这种用法。例如：

　　要脚鞋去我。（拿一只鞋给我。）

这个例子中，"脚"是"一脚鞋、一只脚的鞋"中的临时量词，实际上就是"一"的意思。

（4）na²² ʑiu⁴⁴ ɓaŋ²⁴ tɕio⁴⁴ tau²⁴ tseŋ²²，tseŋ²² kai⁴⁴ tsoŋ²² hau³¹。
　　　乃　又　放　上　灶　蒸，　蒸　个　钟　头。
　　　hɔ⁴²neŋ³¹ ɓua²⁴ kai²⁴ tiau⁴² ti³¹ tɕiu⁴⁴ hɔ⁴²。
　　　可　能　半　个　小　时　就　好。
　　（再又放到灶上蒸，蒸一小时或半小时就好。）

按，"个钟头"，就是一小时。个：一。

3. 转指名词。

（1）ʑi³¹ tai³¹ ti⁴⁴ tɔ⁵⁵ a⁴⁴ ɗua²⁴ hiaŋ²⁴ kai³¹。
　　　以　前　是　作　一　大　筐　个。
　　（以前是做一大筐[米糕]。）

按，句中的"个"转指一种米糕。用方括号"[ ]"指出。下同。

（2）tɔ⁵⁵ a⁴⁴ ɗua²² hiaŋ²² kai⁴⁴ lɔ⁰ vɔ³¹ kam⁵⁵ tɕia³³ lɔ⁰。
　　　作　一　大　筐　个　咯　勿　够　食　咯。
　　（做一大筐[米糕]也不够吃。）

（3）ta²⁴ un²⁴ tɕi³¹ kai³¹ ti⁴⁴ ku³¹ ne²⁴ kai³¹。
　　　三　分　钱　个　是　牛　奶　个。
　　（三分钱的[冰棍]是牛奶的[冰棍]。）

（4）lu⁴² sua⁵⁵ lu⁴² kai³¹ va⁴² sua⁵⁵ va⁴² kai³¹。
　　　汝　刷　汝　个　我　刷　我　个。
　　（你刷你的[锅碗瓢盆]，我刷我的[锅碗瓢盆]。）

4. 在名词或时间词、形容词后作词尾。

（1）tɔ⁵⁵ ɓua⁴²kai³¹ lɔ⁰, tɔʔ⁵ ɓua⁴² hiaŋ³¹ lɔ⁰。
　　　做　粄　个　咯　作　粄　筐　咯。
　　（做有馅的米糕，做大的无馅的米糕。）

按，"粄个"是一种米糕，和"粄筐"不同。"个"是"粄"的词尾。

（2）sin⁴⁴ na²⁴ kai²⁴ tsoŋ⁵³ ti⁴⁴ u⁴⁴ ki²² fa⁵⁵ suai⁴⁴。
　　　现　旦　个　总　是　有　机　拍　穗。
　　（现在都用机器来磨米谷。）

按，现旦个表现在，个，用作词尾。

（3）i³¹ kia³¹ hɔ⁴² hɔ⁴² kai⁴⁴, ɖe⁴² tɔ⁵⁵ ɖiak³ ɔ⁴⁴ ti⁴⁴?
　　　伊 行　好　好　个，　带　作　跌　个 是？
　　（他走得好好儿的怎么摔倒了？）

按，"好好个"的"个"是形容词尾。带作：怎么着。跌个：摔了。

5. 领属助词。

（1）va⁴² kai⁴⁴ ɕiu⁴² ŋaŋ³¹，　uei⁴⁴ kai⁴⁴ vɔ³³ hɔ⁴² mɔ²²。
　　　我　个　手　戇，　画　个　勿　好　望。
　　（我手笨，画得不好看。）

按，我个手：我的手。

（2）tɕi⁵⁵ ɓuei⁴² ti⁴⁴ i³¹ kai⁴⁴ tu²², ɦɔ⁴² ɓuei⁴² ti⁴⁴ i³¹ kɔ²² kai⁴⁴。
　　　即　本　是 伊 个　书，许　本　是 伊 哥　个。
　　（这本是他的书。那本书是他哥的。）

（3）sɔ³¹ tɕiɔ²² kai⁴⁴ tu²² ti⁴⁴ ɖiaŋ⁴⁴ kai⁴⁴? ti⁴⁴ lau⁴² uei³¹ kai⁴⁴。
　　　床　上　个　书 是 底依　个？是 老　王　个。
　　（桌上的书是谁的？是老王的。）

按，"床上个书"的"个"表示修饰的助词，"底依个（谁个）""老王个"的"个"表领属。

6. 修饰助词。

（1）tsui⁵³ ɖua²² kai⁴⁴ ki²⁴ ik⁵ tɕiu⁴⁴ ti⁴⁴ n̠iau⁵⁵ kia⁴² ti⁴⁴ hɔ⁴² hau²⁴ ti⁴⁴ kiaŋ³¹。
　　　最　大　个　记 忆 就　是　孥　团　时 那　候 是 穷。
　　（最大的记忆就是小时候的穷。）

（2）tsuei²⁴ ɖua²² kai⁴⁴ tiəm²² zuan⁴⁴ na⁴⁴ ti⁴⁴ tiɔ⁴² kau²⁴ ɦi³¹。
　　　最　　大　个　心　愿　那　是　想　遘　年。
　　（最大的心愿那是想过年。）

按，遘年：过年。

（3）tsuei²⁴ tuai²² kai²⁴ tɕiu⁴⁴ ti⁴⁴ ziat³ kɔu²² ti⁴⁴ zi²² tap³ it⁵ kin²² vi⁴²。
　　　最　　多　个　就　是　一　月　是 二 十 一 斤 米。
　　（最多的[情况]就是一个月是二十一斤米。）

按，"最大个""最多个"的"个"，是作为修饰语助词，相当于普通话的"的"。

（4）i³¹ kɔŋ⁴² kai⁴⁴ huei²⁴ vɔ³³ huei²⁴?
　　　伊 讲　个　快　勿　快？
　　（他说得快不快？）

按，"个"用在动词后修饰状态。相当于普通话的"得"。

（5）tɕi⁵⁵ mɔ⁵⁵ naŋ³¹ koŋ⁴² kai⁴⁴ tɕin²² hɔ⁴² la⁵⁵, koŋ⁴² kau²⁴ ɗua²² ke²² lou⁴⁴ ɕiɔ²⁴ kɔ⁴⁴。
　　即 妳 侬 讲 个 真 好 啦, 讲 遘 大 家 路 笑 个。
（这个人说得真好,说得大伙儿都笑了。）

按,即妳:这个。遘:到。

7. 用在句末表示肯定。

（1）feŋ³¹ ti³¹ vɔ³¹ mi³³ iɔk³ tɕia³³ kai³¹。
　　平 时 勿 乜 肉 食 个。
（平时是没有肉吃的。）

（2）vɔ³³ u⁴⁴ iu³¹ sa⁴² sai²⁴ kai³¹。
　　勿 有 油 炒 菜 个。
（没有油炒菜的。）

（3）feŋ³¹ ti³¹ le⁰ ti⁴⁴ ɓe⁵⁵ mai⁴² le⁰ ti⁴⁴ vɔ³¹ ka²⁴ ta²⁴ hou²⁴ kai³¹。
　　平 时 嘞 是 伯 母 嘞 是 勿 铰 衫 裤 个。
（平时父母是不做衣服的。）

按,伯母:父母。铰:剪。此指裁剪缝制。衫裤:衣服。

（4）vɔ³³ soŋ²⁴ tɕin²² na²⁴ ti⁴⁴ in²² tɕia³¹ kai²⁴。
　　勿 像 今 旦 是 现 成 個。
（不像现在是现成的。）

（5）va⁴² naŋ³¹ ti³¹ hau²⁴ ti⁴⁴ u⁴⁴ iɔk⁵ ɓou²⁴ tseŋ²⁴ kai³¹。
　　我 侬 时 候 是 有 欲 布 证 个。
（我们那时候是要布票的。）

按,上述例中句末的"个",都是表示肯定。

8 个 gɔ⁴⁴、ge²²、ɔ⁴⁴用作时态助词,表完成、完了。

（1）lu⁴²tɕia³³in²²gɔ²²vɔ³³?
　　汝 食 烟 个 勿?
（你平时抽烟吗?）

按,此"食烟个"的"个"既可表肯定,也可表完成。参下例（3）（4）。说明肯定和完成有某种内在联系。

（2）lu⁴²ɔ³³tɕi⁵⁵kin⁴⁴se⁵⁵hu²⁴ɵi³¹ge²²vɔ³³?
　　汝 学 即 件 事 去 伊 个 勿?
（你告诉他这件事了吗?）

按,学:传话。去:表示给予的介词。个:表示动作的完成。相当于"了"。

（3）tɕi⁵⁵ɓuei⁴⁴ɗin²⁴ɵi³¹ɔ⁴⁴kuei²⁴gɔ⁴⁴。
　　即 本 电 影 伊 望 过 个。
（这部电影他看过了。）

（4）ɗin⁴²mau²⁴iɔ⁴⁴øuaŋ²²a²²hau²⁴gɔ⁴⁴。
　　　顶　帽　要　风　阿＝透　个。
　　（帽子被风吹走了。）

按，顶帽：确指这帽子。要：被。阿＝：吹。

（5）min²²fe²⁴uei²⁴gɔ⁴⁴，ɗai³³i³¹ka⁵⁵gɔ⁴⁴ua²²。
　　　面　帕　秽　个，掷伊甲＝个哇。
　　（这毛巾很脏了，扔了它吧。）

（6）ka⁵ɓak⁵ e²⁴tɕiu⁴⁴ɗuei⁴⁴ mɔ⁵⁵ vuei⁴²ɔ⁰。
　　（象声）下　就　断　妎　尾　个。
　　（嘎巴一下就把螺的尾巴搞断了。）

按，此例指旧时吃螺的方法。妎，指螺。参下例。

（7）ɗuei⁴⁴ mɔ⁵⁵vuei⁴²ɔ⁰ tɕiu⁴⁴ mɔ⁵⁵suei²² tuei³³ ka⁰vut³ e²⁴。
　　　断　妎　尾　个　就　妎　喺　嗗　个　物　下。
　　（搞断尾了就用嘴嗗那螺肉出来吃。）

（8）am²⁴ ɔ⁴⁴ tɕiu⁴⁴ vɔ³³ hɔ⁴² lo⁵⁵，nan²⁴ nan³¹ ɲi⁵⁵ hu²⁴ a⁵⁵ la⁵⁵。
　　　晏　个　就　勿　好　咯，那　侬　匿　去　啊　啦。
　　（晚了就不好了，咱们快走吧。）

按，晏个：晚了。那侬：咱们。匿ɲi⁵⁵：快点。也说"密"mi⁵⁵。

（9）i³¹ tɕia³³ moi³¹ ɔ⁴⁴，lu⁴² tɕia³³ moi³¹ ɔ⁴⁴ vɔ³³？
　　　伊　食　糜　个，汝　食　糜　个　勿？
　　（他吃了饭了，你吃了饭没有？）

（10）i³¹ huai⁵⁵ ɔ⁴⁴。
　　　伊　瞌　个。
　　（他已经睡了。）

（11）lu³³ hɔu⁴² ɔ⁴⁴！hɔu⁴² vɔ³³ lu³³ ɔ⁴⁴！
　　　落　雨　个！雨　勿　落　个！
　　（下雨了！雨不下了！）

（12）tɕi⁵⁵ mɔ⁵⁵ nan³¹ kɔŋ⁴² kai⁴⁴ tɕin²² hɔ⁴² la⁵⁵，kɔŋ⁴² kau²⁴ ɗua²² ke²² lɔu⁴⁴ ɕiɔ²⁴ kɔ⁴⁴。
　　　即　妎　侬　讲　个　真　好　啦，讲　遘　大　家　路　笑　个。
　　（这个人说得真好，说得大伙儿都笑了。）

按，"讲个"的"个"是修饰助词，读 kai⁴⁴。句末"路笑个（都笑了）"的"个"表完成，读 kɔ⁴⁴。路：都。

（13）ɔ⁴⁴ i³¹ kip⁵ kau²⁴ min²² lɔu⁴⁴ aŋ³¹ hɔ⁴⁴。
　　　望伊急遘　面　路＝红　个。
　　（看他急得脸都红了。）

(14) i³¹ kia³¹ hɔ⁴² hɔ⁴² kai⁴⁴, ɗe⁴² tɔ⁵⁵ ɗiak³ ɔ⁴⁴ ti⁴⁴?
　　伊　行　好　好　个，　带　作　跌　个　是？
　　（他走得好好儿的怎么摔倒了？）

按，"好好个"的"个"是形容词尾。带作：怎么着。跌个：摔了。

(15) lak³ lɔ³³ hou³¹ ɔ⁴⁴。
　　落　落　塗　个。
　　（掉到地下了。）

按，落：掉下。塗：地，土。

(16) vɔ³³ ta⁴² ɦɔ⁴⁴ lɔ³³, me⁴² li²⁴ hu²⁴ lɔ³³。
　　勿　早　个　咯，猛　利　去　咯。
　　（不早了，快去吧。）

按，猛利：快快。

9. "个 kɔu⁴²"用作名词表示月份。

澄迈话"月"读 vuei³³，符合古今语音演变规律。声母读 v-是由古疑母 ŋ-拼今 u 元音而致，又如澄迈话"我"今读 va⁴²。月读 33 调是长阳入调，由古次浊入演变而来。所以完全符合演变规律。

澄迈话，以及海南闽语有些地方，都有用"个 kɔu⁴²"称月份的现象。"个 kɔu⁴²"这个音，和"古"同音。吴语"个"也有音同"古"，如"个人""个别"的"个"都是。

《海口方言词典》第 174 页：【月】kɔu²¹³，注为"计算时间的单位：一年有十二个～"。还特别注明："训读字，本字不详。"

笔者以为，这个表示月份的和"古"同音的字，就是"个"的异读。

例如（据海南省语保点调查）：

	腊月	坐月子	满月
澄迈	十二月个 tap³ʑi²²vuei³³kɔu⁴²	蹲月ɗoŋ²²kɔu²²	满个 mua²²kɔu²²
海口	十二月古 tɔp³³ zi²³ voi³³ kɔu²¹³		满古 mua²¹³kɔu²¹³
屯昌	十二月古 tap³ zi²⁴ voi³³ kɔu³²⁵		满古 mua³²kɔu³²⁵
文昌	十二月古 tap¹¹ dzi³⁴ gue¹¹ kou²¹		满古 mua³³kɔu²¹
定安			满古 mua³¹kɔu⁴³⁵
琼海			出古 sut⁵ kɔu³¹
黄流			迈个 kau²⁴keu⁴⁴
三亚			迈古 kau²⁴keu³¹

又如澄迈语法例句：

(1) va⁴²tai³¹kɔu⁴⁴huei²⁴i³¹tɕiɔ²⁴ta²²ɓe⁵⁵in³¹。
　　我　前　个　替　伊　借　三　百　银。
　　（我上个月向他借了三百块钱。）

（2）va⁴² tai³¹kɔu⁴⁴tɕiɔ²⁴ta²²ɓe⁵⁵in³¹hu²⁴i³¹。
　　我　前　个　借　三百　银　去伊。
（我上个月了借给他三百块钱。）

由于澄迈话和整个海南闽语"月亮"的"月"有互相对应的读法，而表示"月份"的"月"读的是"个"。

临高话表月份的词也是 keu², 和"铰"声母韵母相同。可能来自海南闽语。

四　能愿动词"咪 ve²²、密 mi⁵⁵/mi³³、匿n̠i³³"

海南闽语有个南北共有的常用能愿动词，读音不一，写法亦不一。澄迈有，大昌有，屯昌有，黄流有，海口也有，下面从澄迈说开去。

澄迈表示"要、快要；快；就；会；如果、要是"这些意思的一个词，在同一个男性发音人嘴里，就有两种读法：咪 ve²²、密 mi⁵⁵；另一个女性发音人则说"密 mi⁵⁵/mi³³"，而到了年青一代，就说成"匿n̠i⁵⁵"了。请看以下用法：

1. 要、快要

（1）ve²²lɔ³³hɔu⁴²la³³, lu⁴²naŋ³¹vɔ³³ua⁴⁴ sut⁵⁵hu²⁴。
　　咪　落　雨　咯, 汝　侬　勿　外　出　去。
（快要下雨了，你们别出去了。）

按，咪 ve²²，表示快要，要。此为老男发音人的一次发音。

（2）tɕi³³ke²⁴huei²⁴ɕia²²mi³³huei²²hu²⁴kuaŋ⁴²tɕiu²²。
　　即架　汽车　密开　去　广　州。
（这辆汽车要开去广州。）

按，同一个发音人，这句就说"密 mi³³"。

（3）hin³¹hua²⁴uaŋ³¹kiŋ²²li⁴²mi³³lai³¹kɔŋ²²ɕi²²vɔ³³?
　　玄旦　王　经理　密来　公司　勿？
（明天王经理会来公司吗？）

按，例中"密"，是表示能愿的"会"的意思。

（4）i²² n̠i⁵⁵ ua³³ lɔ⁵⁵!
　　天　匿　活　咯！
（天要晴了！）

按，此为年轻发音人，匿是快要的意思。

（5）nan²² naŋ³¹n̠i³³ tɔ⁵⁵ kan²² lɔ⁵⁵。
　　那　侬　匿作　工　咯。
（咱们要干活了。）

按，nan²² naŋ³¹，或 na²² naŋ³¹，是咱们的意思。
（6）am²⁴ ɔ⁴⁴ tɕiu⁴⁴ vɔ³³ hɔ⁴² lo⁵⁵, nan²⁴ naŋ³¹ ȵi⁵⁵ hu²⁴ a⁵⁵ la⁵⁵。
　　晏　个　就　勿　好　咯，那　侬　匿　去　啊　啦。
　　（晚了就不好了，咱们快走吧。）
（7）vɔ³³ kuan⁴² lu⁴² hu²⁴ vɔ³³ hu²⁴, va⁴² it⁵ ɗia⁴⁴ ȵi⁵⁵ hu²⁴。
　　勿　管　汝　去　勿　去，我　一　定　匿　去。
　　（不管你去不去，我一定要去。）
（8）va⁴² ŋe⁴⁴ ȵi⁵⁵ hu²⁴！
　　我　硬　匿　去！
　　（我偏要去！）
按，硬，是一定要、偏要的意思。
（9）i³¹ koŋ⁴² ȵi⁵⁵ hu²⁴ la⁵⁵, lou⁴⁴ ɓua²⁴ zit³ hɔ⁴⁴ lɔ³³ vɔ³³ ki²⁴ hu²⁴ lɔ³³？
　　伊　讲　匿　去　啦，路　半　日　个　咯　勿　见　去　咯？
　　（他说就走，怎么这么半天还没走呢？）
按，路 lou⁴⁴，是都的意思。或者说，是"都 ɗou⁴⁴"的变异，声母ɗ和l容易混同。
（10）tɔ⁴² zi⁴² muei⁴² ɕi²⁴ toŋ⁴² vɔ³³ uei⁴⁴ mɔ⁴⁴ hai²⁴ ku⁴² ȵi⁰ tɕiu²² ɗuei³¹ siu²⁴ lɔ²²。
　　所　以　每　次　总　勿　会　看　太　久　匿　就　转　宿　了。
　　（所以每次都不会看太久就回家了。）
　　按，总：都。宿：屋；家。

2. 如果
（11）mi⁵⁵ ti⁴⁴ ɕi⁴⁴ mɔ⁵⁵ ɗu²² lɔ⁰, vuai⁴² fu²⁴ tɕia³³ fin⁴²。
　　密　是　饲　妚　猪　咯，买　副　食　品。
　　（如果是养个猪呢，买副食品。）
（12）ɓe³³ mai⁴² mi⁵⁵ ti⁴⁴ ɕi²⁴ mɔ⁵⁵ kuai⁴² a⁴⁴, ɕi²⁴ mɔ⁵⁵ a⁵⁵ a⁰, toŋ⁴² ti⁴⁴ kau²⁴ ɦi
　　伯　母　密　是　饲　妚　鸡　啊　饲　妚　鸭　啊，总　是　遘　年
　　na⁴⁴ tia⁴² ɗik⁵ hai³¹ lɔ⁰。
　　乃　舍　得　刮　咯。
　　（父母如果养些鸡啊养些鸭啊，总是过年才舍得杀的。）
按，伯母：父母。乃：才。
（13）lu⁴² ȵi³³ vɔ³³ koŋ⁴², va⁴² tɕiu⁴⁴ koŋ⁴² lɔ³³。
　　汝　匿　勿　讲　我　就　讲　咯。
　　（你要是不说，我就说了。）
按，例中"要是不说"的"要是"是假设，表示如果的意思。
　　下面看看海口美兰区大昌村的"密"用法。

大昌：物 mi⁵⁵ / 密 mit³，表示快要、要，如果等。

（1）mi⁵⁵lɔʔ³hou⁴²⁴lɔ³⁴, lu³⁴naŋ²²mɔ³³zoŋ⁵³sut⁵hu²⁴。
　　　物　落　雨　咯，汝　伱　莫　用　出去。
　　　（快要下雨了，你们别出去了。）

（2）tse⁵⁵ke²⁴ɕia³⁴mit³hai³⁴hu²⁴kuaŋ⁴²⁴tɕiu³⁴。
　　　者　架　车　密＝开去　广　　州。
　　　（这辆汽车要开去广州。）

（3）бi⁴²⁴ɕin⁵³koŋ⁴²⁴, lu⁴²⁴mi⁵⁵huei²⁴ ua²⁴ kai²² uei³⁴……
　　　比　亲＝　讲，汝　物　瞌　晚　个　话　……
　　　（比如说，你如果睡晚的话……）

（4）ɕin⁵³ kua⁴²⁴ mi⁵⁵ huei⁵⁵ voʔ³ ho⁴²⁴……
　　　亲　果　物　瞌　勿　好　……
　　　（如果睡不好……）

再看黄流的用法。

黄流的"咪 mi⁵⁵/密 vi³³/vi⁵⁵"。表示就、会等：

（1）hi⁴², vuə⁴²tsa⁴²mi⁵⁵koŋ⁴²khiʔ⁵i⁴⁴thiə⁴⁴liau⁴²。
　　　係，　我　早　咪　讲　乞　伊　听　了。
　　　（是，我早就告诉他了。）

按，"早咪"就是早就。下例同。

（2）hi²⁴бui⁴²đen²⁴o⁴²i⁴⁴tsa⁴²mi⁵⁵mɔ⁴⁴kuə²⁴liau⁴²。
　　　许　本　电影伊　早　咪　望　过　了。
　　　（这部电影他早就看过了。）

（3）他一高兴就唱起歌来了。
　　　i⁴⁴iaʔ³ŋoŋ²⁴koŋ⁴⁴khi⁴²vi³³san²⁴kɔ⁴⁴。
　　　伊　一　戆　供　起　密　唱　歌。
　　　（他一高兴起来就唱歌。）

按，例中"密"读 vi³³，和"咪" mi⁵⁵，读音有异，意思相同。是变体。

（4）vuə⁴²đui⁴²kuə²⁴tsai²¹, tun⁴²no⁴²naŋ²¹vi⁵⁵đu⁴²au⁵³tse⁴²e⁴⁴sau²⁴。
　　　我　转　过　前，你们　两　伱　咪　在　后　坐　下　凑。
　　　（我先走了，你们俩就再多坐一会儿。）

按，例中"咪"又读 vi⁵⁵，可见常用词口语中语音变化之大。
——以上例句引自黄流语法 50 句。

（5）vi³³kuə²⁴ a⁴⁴ tiaŋ⁴² khai³³đi⁴² tɕiəʔ⁵vi³³ điʔ⁵ đi⁴² tɕiəʔ⁵。
　　　密　过　啊　想　吃　底　只　密　摘　底　只。
　　　（就过来想吃哪只就摘哪只。）

（6）liau^{42}zi^{42}au^{53}vi^{33}ti^{42}iə^{44}ɓe^{42}in^{44}ɗaŋ^{21}kaŋ^{44}to^{33}to^{33}kiə^{42}
　　　了　以　后　密　是　要　把　烟　筒　共　笃　笃　囝_木屐_
　　　hu^{24}tɕiə^{25}iaʔ^{3}kai^{42}liau^{42}lai^{42}hai。
　　　去　只　一　个　寮　里　放。
　　　（完了以后呢就是要把烟筒和木屐去放在这个寮房里。）

按，此量词"只"用作指示词。（其他例子很多，见笔者调查的黄流语料"开三故事"。）

（7）to^{42} tsui^{33}li^{21}naŋ^{21}sui^{55}lai^{21}a^{44}khai^{33}
　　　所　以　这些黎　侬　出　来　要　吃
　　　tai^{44}kuə^{44}lai^{21}kau^{24}leu^{44}, vi^{33}thə^{42}ki^{24}tiaŋ^{44} to^{33}kiə^{42} ʔduə^{44}ʔdiʔ^{5}ʔdiau^{21}
　　　西　瓜　来　遘　路，　密□_看_见　双　笃　囝　大　得　条
　　　miə^{53}。
　　　命。
　　　（所以这些黎人出来[偷]吃西瓜到这里，就会看见一双木屐大得要命。）

按，例中"路"，用作处所指示词。还可指示方式，见语料"开三故事"同一语料。

（8）i^{44} vi^{55} ka^{24} tsoi^{44} oʔ^{44} te^{44} thaʔ^{3} tsu^{44} la^{0}, thaʔ^{3} ta^{44} tsu^{44} kin^{44} la^{55}。
　　　伊　密　教　侪　学　生　读　书　啦，读　三　字　经　啦。
　　　（伊就教众学生读书啦，读三字经啦。）

（9）tu^{42} vi^{55} ken^{44} ki^{44} ɓoi^{24} la^{55}。to^{42} tɕiəʔ^{5} Øoʔ^{3} te^{44} han^{24} tɕiə^{44} lai^{21}
　　　汝　密　根^{8} 己　背　啦。所　只　　学　生　喊　上　　来，
　　　（你就自己背啦。所以那个学生喊上来，）

（10）zi^{42} Øau^{44} lau^{44} ɕi^{44} vi^{55} khi^{42} kai^{21} thau^{21} khiʔ^{5} i^{44} e^{55}:
　　　以　后　老　师　密　起　个　头　乞　伊　哦：
　　　（然后老师就起个头给他：）
"zen^{21} tɕi^{44} so^{44}, thaʔ^{3}。" tɕiəʔ^{5} oʔ^{3} te^{44} vi^{55}: "zen^{21} tɕi^{44} so^{44}, zen^{21} tɕi^{44} so^{44}。"
"人　之　初，读。"只　学　生　密："人　之　初，人　之　初。"
　　　（"人之初，读。"那个学生就："人之初，人之初。"）

（11）zia^{33} mi^{33}ku^{21} nen^{44} lai^{21} nen^{44} hu^{24}, tsoŋ^{42} voʔ^{3} vai^{55} mo^{44} e^{44} min^{24}
　　　总　是　密　顾　念　来　念　去　　总　勿　法　望　下　面
　　　ku^{24} ti^{44} mi^{33}。
　　　句　是　乜。
　　　（一直就是念来念去，总是不明白下面那句是什么。）

（11） nen^{44} kai^{21} ti^{21} hau^{44} vi^{55} tsoʔ^5 tiəʔ^5 tin^{44} zi^{21} leu^{44} zi^{21} leu^{4411} ɗo^{44}。
　　　　念　个　时　候　密　作　□^{10}　身　一　溜　一　溜　　着。
（念的时候就全身晃啊晃的。）

（12） vi^{55} suəʔ^5 ɗo$^{?3}$ tɕiəʔ^5 lau^{44} ɕi^{44} ɗiə^{53} sɔ^{21} ma^{55} thaŋ^{44} thaŋ^{44}。
　　　　密　擦　　着　　只　老　师　张^{12}　床　嘛　动　　动。
（就碰着老师的书桌也晃动。）

——以上引自黄流语料"人之初"

屯昌（□ve^{55}/ 便 ve^{33}）

钱奠香《海南屯昌闽语语法研究》第 61 页说明：

ve^{55} 本字不明（闽南台湾一带写为"卜"，俗字而非本字），做助动词是时意思和用法大体相当于共同语的"要"。

□ve$^{55/33}$，表示要、快要、就、还、会，可能、如果。还可以重叠成"ve^{55} ve^{55}"或"就 ve^{55}"。作者在例句中读 ve^{55} 调的直接写音标；读 ve^{33} 调的就写"便"。例如：

1. 汝现旦倘（ziaŋ^{325}）ve^{55} 去带住（lo^{33}）？（你现在还要去哪儿呢？）
2. 伊 ve^{55} 来便（ve^{33}）听伊来。（他要来就让他来。）
3. 拍汝就 ve^{55} 怎（ta^{33}）乜样？（打你又怎么样？）
4. 孬弄伊，弄伊 ve^{55} 啼。（别逗她，逗她会哭的。）
5. 孬这样（tsioŋ^{55}）做放，亲这样做放是 ve^{55} 落（lak^5）落（lo^{33}）拍侬死其。（别这样放，这样放是会掉下砸死人的。）（以上第 61 页）
6. 妚门敲敲下便（ve^{33}）败勒乜。（那扇门只要敲一敲便会败坏的。）（第 69 页）
7. 叫叫伊无用来，伊倘 ve^{55} 来住[lo^{33}]。（明明叫他不要来，可现在他还是要来。）（第 72 页）
8. 现旦伊 ve^{55} 转来 lou^{35}。（现在他快要回来了。）
9. 妚天 ve^{55} 落雨 lou^{35}。（天快要下雨了。）
10. 弄伊遘 ve^{55} ve^{55} 啼乃放歇[ɦɛ^{33}]。（逗她到即将快要哭出的时候才停下。）
11. 妚天 ve^{55} ve^{55} 暗伊乃转宿。（快要天黑的时候他才回家。）
12. 许稆糜就 ve^{55} 煮熟 lou^{35}。（[那些]饭就要煮熟了。）
13. 妚天就 ve^{55} 落雨 lou^{35}。（天快要下雨了。）
14. 弄伊遘 ve^{55} ve^{55} 啼乃放歇。（逗到他即将快要哭出的时候才停下。）
15. 妚天 ve^{55} ve^{55} 暗伊乃传宿。（快要天黑的时候他才回家。）
　　按，14、15 例"ve^{55} ve^{55}"叠用，还是快要的意思。
16. 许稆糜就 ve^{55} 煮熟 lou^{35}。（饭就要煮熟了。）

17. 妚天就 ve^{55} 落雨 lɔu^{35}。（天快要下雨了。）（以上第 105 页）

18. 伊就 ve^{55} 转遘 lɔu^{35}。（他就要回来了。）（第 113 页）

按，16、17、18 例都是"就 ve^{55}"连用，意思重复。

19. 幸得落阵雨，ve^{55} 无然许稦䄺是曝死了。（多亏下场雨，要不然禾苗会晒死个精光。）

20. 幸得伊无去，ve^{55} 无然是遭衰。（幸亏他没去，要不然让他倒霉。）（以上第 107 页）

按，例 19、20"vi^{55}"是如果的意思。"ve^{55} 无然"就是如果不这样，要不然。

21. 未曾[mun^{33}]（训读未）知伊 ve^{55} 去啊是无去。（不知道他是去还是不去。）（第 112 页）

按，例中 ve^{55} 表是？作者译文译作"是"。参下例。

22. 伊无要我去我就 ve^{55} 去。（他不让我去我就偏要去。）（第 113 页）

按，例中 ve^{55} 表强调，和"是"有接近处。

以下例子写作"便"，作副词，读 ve^{33} 调。例如：

23. 洗了便转去。（洗完便回去。）（第 113 页）

24. 映下便八。（看一下就会。）（第 114 页）

按，《海口方言词典》"映"作"望"。

25. 趁弱弱（挈挈）便八伊遘 da^{213} 去 lɔu^{35}。（打很小就认识他了。）（第 114 页）

26. 天无光伊便起身，遘现旦惊都行遘去啦。（天还没亮他就动身，到现在恐怕已经走到了。）（第 114 页）

27. 伊 ve^{55} 来住[lo^{33}]。（他还要来呢。）（第 117 页）

表假设时用法又如 ve^{55} 是……许其（fio$^{35\text{-}55}$/o$^{35\text{-}55}$ kai^{31}）（要是……那么）：

28. ve^{55} 是伊去，许其我就无去。（要是他去，那么我就不去。）

29. 伊 ve^{55} 来，许其我就无来。（要是他来，那我就不来了。）

30. 伊 ve^{55} 是讲去，许其我就无用讲啦。（要是他说了，那我就不用说了。）（以上第 137 页）

31. 雨 ve^{55} 落汝就抾衫裤转宿者。（要是下雨你就把衣服收回屋子。）（第 160 页）

32. 无用行近啊，妚牛是 ve^{55} 触侬其啊。（不要靠近啊，那牛可是会抵人的唷。）（第 161 页）

33. 妚天 ve^{55} 落雨啦啊，欠戴笠啊。（快要下雨了，要戴上草帽啊。）（第 161 页）

琼南（味 vi˧˩³ / 乜）

琼南闽语虚词味 vi˧˩³ 用得非常频繁，王彩《琼南闽语语法研究》提供了很鲜活的用例。

王彩用"味"vi˧˩³ 和"乜"来写。也是表示就、就要，如果、要是。例如：

1. 早上味下溪摸摸螺，下午去坡讨讨猪菜。（上午就到溪里摸螺，下午就到野外去找猪菜。）
2. 我写写字味没电去。（我正在写字时没电了。）（以上第 83 页）
3. 兹个事我早乜问老王了。（这件事我已经问了老王。）
4. 钢笔我早乜乞张海了。（钢笔我早已给了张海）（以上第 86 页）
5. 阿间厝伊早乜补好。（那间屋子他早就补好。）（第 88 页）
6. 伊侬早乜去了了。（他们早都去了呀。）（第 90 页）
7. 早乜下半暝，伊厝里的灯犹光呿唎。（早已深夜了，他房里的灯还亮着呢。）（第 95 页）

按，早乜：早就。

8. 都味遘时间考试了，伊犹在厝呿唎。（都要到考试时间了，他还在家里呢。）（第 95 页）
9. 暝头伊侬早乜抽够水。（夜里他们早已抽够了水。）
10. 伊显下味不见去。（他闪了一下就消失了。）
11. 伊走得够快，眨眼味不见了。（他跑得可真快，眨眼之间就不见影儿了。）（以上第 97 页）
12. 咱厝无好配，盘里有乜味食乜了。（我家没有好菜，盘子里有什么就吃什么吧。）（第 99 页）

按，例中"乜"表示什么。"味"表示就。下面例 13—16 也是。

13. 不用惶，汝想乜味讲乜。（不要紧张，你想什么就讲什么。）
14. 阿勿择，在乜侬厝味要乜侬厝的牛。（别挑了，在谁家就用谁家的牛吧。）
15. 勿用园我，是乜味讲乜。（不要瞒我，是什么就讲什么。）（以上第 99 页）
16. 今旦施恩，跟着乜侬味请乜侬食糜。（今天做好人，碰到哪个就请哪个吃饭。）
17. 多侬轻骹快手下了瓜菜味就走。（那些人利利索索地卸完了瓜菜就离开了。）（以上第 100 页）
18. 新新阿枚手表味送乞乜侬？（那块新手表准备送给谁？）（第 116 页）
19. 米瓮早乜空空缸了。（米缸已经剩下空缸了。）（第 187 页）

20. 间味崩，勿用住再。（这一间房就要塌了，不要再住了。）（第217页）
21. 不食也不是，趁彩食滴囝味罢。（不吃也不好，随便吃点儿就算了。）（第237页）
22. 恁味做一日凑。（你们还要再做一天。）（第242页）
23. 多味多遭一百乞伊。（再多也就多到一百元钱。）
24. 少味少遭两斤了。（要少也就少到两斤。）（以上第258页）
25. 伊侬讲汝味留下来。（他们说你要留下来。）（第264页）
26. 味喊侬来修只车乃做得。（应该请人来修理这辆车才行。）（第264页）
27. 遭入室时汝侬味过来。（到了迁居的日子你们就过来。）（第278页）
28. 味遭时间了侬犹不来呶。（差不多到时间了人还没来到呢。）
29. 再过一个月就味过国庆节了。（再过一个月就到国庆节了。）
30. 都味十一点了阿囝犹不回来呶。（都快十一点了，那个小孩儿还没回来。）
31. 味放假了咱都不知去底呶。（快放假了怎么都不知道要去哪儿呢。）（以上第279页）
32. 做兹件事只味照我的方法。（做这件事应该按照我的方法去做。）
33. 汝味照着伊讲的做了嘛。（你就按照他说的去做吧。）（以上第280页）
34. 不味要两个凑。（要不再拿两个吧。）
35. 不味躺在兹定凳上。（要不就睡在这张木凳上。）（以上第295页）
36. 啊个衫太贵，且味咱也无有兹多钱。（那件衣服太贵，况且咱们也没有那么多钱。）（第300页）
37. 恁不去得，且味也无有时间。（你们去不得，况且也没有时间。）（第301页）
38. 味知伊不来，我不去味罢。（要是早知道他不来，我不去也罢了。）
39. 味是有侬去海口，就叫伊带多物去。（如果有人去海口，就让他带这些东西去。）（以上第303页）
40. 此条桥味做好，过去就近。（这座桥要是做好，从这过去就近多了。）（第304页）
41. 老板味兹样讲，阿的咱味兹样做。（老板既然这么讲，那么咱们就这么做吧。）（第308页）
42. 我味想分乞汝，只是又怕别侬不得。（我是想给你，可是 此为以 又担心别人得不到。）（第309页）

海口（么 mo⁵⁵）

海口话也有这个表示快要、表示假设的词，但语音跟其他地方有很大不同。陈鸿迈《海口方言词典》第100页记载：

【么】mo^{55} 1) 快要；将要：天~寒喽 / 我~去北京开会 2) 将近；接近：~有一百本/~有一千侬 3) 表示须要或假设，相当于"要""要是……"：汝~买我共$_{替}$你买/天~落雨，勿爱去

【么是】mo^{55} ti^{33} 要是；如果：~有侬客$_{客人}$来，汝讲我出去喽一滴仔久$_{一会儿就转回}$ / 汝~无成去$_{不能去}$拍电话教罗$_{告诉}$我去

【么无】mo^{55} vo^{21} 1) 不然；要不：~汝先去，我等一下那$_{才}$去 / 即种酒好，~我就无买$_{不买}$ 2) 如果不：我~讲汝无知$_{我如果不说你就不知道}$/ 天~出日，就曝$_{晒}$无干

【么无是】mo^{55} vo^{21} ti^{33} 如果不是：~伊就是汝

【么无个话】mo^{55} vo^{21} kai^{21} (或 ke^{21}) ue^{24} 不然的话；要不然：因病停学好久，~早毕业喽

【么想】mo^{55} tio^{33} 要想：伊~食糜 / 老李~做生意

我们看到，海口话这个"么"mo^{55} 意思和用法，和其他几个地方基本一致。而声音，则有一定差异，所以写法也就有所不同。但是，有一点我们可以肯定，海口"么"mo^{55} 是个长入调，和澄迈的"密"mi^{55}（长阴入）完全一致，大昌的物 mi^{55} / 密 mit^{3}，黄流的咪/密 mi^{55} / vi^{55} / vi^{33}，琼南的味 vi^{13} / 乜，都是入声。多数情况下读长阴入，有时也读阳入。这样，我们可以判断，澄迈老男发音人一读"味"ve^{22}，可能属于文读。

澄迈青男发音人吴坤朋、李颜舟（海师学生，白莲村）就读"匿"n̩i^{55}（长阴入调）。

所以，到底这个词的本字是哪个呢？我们从几种读音比较之后，可以推断出，它就是入声字"物"。和"奵"同音同源。海口话"奵物"既可以读 mo^{55} mi^{33}，也可以读 mo^{55} vut^{3}（《海口方言词典》第 100、101 页）。

这也就是粤语连词"咁$_{那么}$"（"个物"的合音）、吴语连词"格末$_{那么}$"（"个物"）的共同来源。

五 "在、有"音 ɗu^{44} / u^{44}，来自"住"

澄迈话调查中，让我们纠结的一个问题是"在、有"可读[ɗu^{44}]或[u^{44}]。首先，这个两读现象是很少见的，"ɗu^{44}"和"u^{44}"，ɗ声母失落不常见。然后，"在、有"可读同音，那么可以肯定来源同一，这个来源又是什么呢？

词汇调查时，在家不在家的"在"，都是ɗu^{44}。

语法 50 句调查中，用作处所介词的"在"如下：

（1）我们是在车站买的车票。

va^{42}naŋ^{31} ti^{44}ɗu^{44}ɕia^{22}tam^{24} vuai^{42}ɸiɔ^{24}kai^{44}。

（我 侬 是 住 车 站 买 票 个。）

表示正在做什么的时态助词用法例子如下：

（2）你在唱什么？

lu⁴²ɖu⁴⁴ɕiaŋ²⁴mi³³n̩i⁵⁵？

（汝住 唱 物 呢？）

这个"ɖu⁴⁴"，从声音看，和遇摄模韵的"谱ɸu⁴²、铺动ɸu²²、赌ɖu⁴²、图ɦu³¹、杜ɖu²⁴"同音，所以可以确定大概就是遇韵的"住"。

有趣的是，这个"住"并不用来表示居住、住宿。表示居住、住宿用的是"徛"，参词语解读"徛"。

下面再看"在（有）ɖu⁴⁴/u⁴⁴"表示"活着、在、有"等一些具体用法。

1. 在（活着，健在，在世，存在）

（1）kɔu⁴² ti³¹hau²², u⁴⁴ ziat³ kai⁴⁴ɦi³¹ hin²²kia⁴², ɓe³³mai⁴²ɖɔu²²vɔ³³ɖu⁴⁴gɔ⁴⁴。
　　 古　时　候　，有 一 个 年 轻 囝，伯 母 都 勿 在 个

（古时候，有个年轻人，父母都不在了。）

按，勿在：不在人世。伯母：父母。海南话称父为"伯"。个，时态助词，表完成。"勿在个"就是不在了。

2. 在（处所介词）

（1）hu²⁴ ɔk³ au⁴⁴ kai⁴⁴ ti⁴⁴ ia²² kɔ⁵⁵, ɖu⁴⁴ ɕiu²⁴ kai⁴⁴ ti⁴⁴ lau⁴² ɖi⁴⁴。
　　 去 学 校 个 是 兄 哥，在 宿　 个 是 老 弟。

（上学的是哥哥，在家的是兄弟。）

（2）i³¹ ɖu⁴⁴ ɖe²⁴ tɕia³³ kai⁴⁴ moi³¹？
　　 伊 在 带 食 个 糜？

（他在哪儿吃的饭？）

（3）i³¹ ɖu⁴⁴ va⁴² naŋ³¹ ɕiu²⁴ tɕia³³ kai⁴⁴ moi³¹。
　　 伊 在 我 侬 宿 食 个 糜。

（他在我们家吃的饭。）

（4）ɓaŋ²⁴ ɖu⁴⁴ sɔ³¹ kia⁴² tɕiɔ²² ɔ⁴⁴。
　　 放 在 床 囝 上 个。

（搁在桌子上了。）

（5）kɔ²⁴ ɓit⁵ ɓaŋ²⁴ ɖu⁴⁴ ɖe²⁴？
　　 钢 笔 放 在 带？

（钢笔放在哪里了？）

（6）kat³ u⁴⁴ lɔu²² tɕiɔ²² ɔ⁴⁴。
　　 甲 有 路 上 个。

（丢在街上了。）

（7）lau^{42} tɕiaŋ^{22} ʑiaŋ^{31} u^{44} ɕiu^{24} lɔ^{33}。
　　　老　张　仍　有　宿　咯。
　　（老张还在家呢。）

（8）vɔ^{33} u^{44} hɔ^{42} ɗe^{24}, za^{42} vɔ^{33} u^{44} tɕi^{55} ɗe^{24}。
　　　勿　有　许　带，也　勿　有　即　带。
　　（没在那儿，也不在这儿。）

（9）tɔ^{42} ʑi^{42} va^{42} tɕia^{55} hau^{44} le^{0}, tɕiu^{44} ka^{42} tiu^{44} ʑia^{42} u^{44} tɕi^{55} ne^{24}。
　　　所　以　我　这　候　嘞　就　感　受　也　有　这　里。
　　（所以我这时候呢，感受也就在这里。）

按，例中所说的感受是指语料三讲的澄迈山好水好，新冠肺炎疫情也不易感染。"有这里"就是在这里。

（10）ʑia^{42} ti^{44} u^{44} vu^{42} han^{24} tɔ^{55} u^{44} ɗua^{22} ɔ^{33} le^{42} tɔ^{55} ka^{24} tiu^{44}。
　　　也　是　有　武　汉　做　有　大　学　里　作　教　授。
　　（也是在武汉在大学里当教授。）

（11）va^{42} naŋ^{31} ti^{44} hia^{44} u^{44} he^{31} ki^{31} lɔ^{0}, nam^{31} ɗu^{53} kiaŋ^{24} ɓi^{24} le^{0}。
　　　我　侬　是　徛　在　河　舷　咯，南　渡　江　边　嘞。
　　（我们是住在河边，南渡江边。）

按，例中表居住义的是"徛"。

（12）ki^{42}tua^{24}u^{44}lou^{44}tɕiɔ^{44}a^{55}ʑiu^{44}kia^{31},kia^{31}kia^{31}kia^{31}。
　　　继　续　有　路　上　啊　又　行，行　行　行。
　　（继续在路上走，走，走。）

按，这个"u^{44}"，当地人可根据语境写"在"写"有"都可以。

（13）u^{22}tin^{22}n̥i^{42}toi^{42}iak^{3}kai^{44}ti^{31}hau^{22}。
　　　有　仙　女　洗　浴　个　时　候。
　　（在仙女洗澡的时候。）

按，从声音上看，"u^{44}"音写作"有"应该是合适的，因为和"有"同为古尤韵（以平赅上去）的"浮、妇、富、副"也读 u 韵。可是实际上用作处所介词的是"在"，由于词义上"在、有"都有健在、存有的意思，于是"在、有"通用。

3. 有（有无的"有"）

（1）i^{42} tai^{31} u^{44} tɔ^{55} kai^{44}, vɔ^{33} tɕia^{33} kai^{44}。
　　　以　前　有　作　个，勿　食　个。
　　（从前有做的，没吃的。）

（2）in^{44} na^{22} u^{44} tɔ^{55} kai^{44}, za^{33} u^{44} tɕia^{33} kai^{44}。
　　　现　旦　有　作　个，亦　有　食　个。
　　（现在有做的，也有吃的。）

（3）sa^{31} vi^{42} iu^{31} iam^{31} tɕi^{55} kai^{44}，u^{44} tuai^{22} la^{55}。
柴　米　油　盐　即　个，有　多　啦。
（柴米油盐这些个，有多啦。）

（4）u^{44} moi^{31} lɔ^{33} vɔ^{33}？
有　糜　咯　勿？
（还有饭没有？）

（5）an^{24} tɕiɔ^{24} hɔ^{42} kin^{44} mua^{33} tɕia^{31} lai^{31} koŋ^{42}, vɔ^{33} u^{44}, vɔ^{33} u^{44} naŋ^{31} ziam^{42} tɕio^{44}。
按　照　许　件　疫　情　来　讲，无　有，无　有　儂　染　上。
（按照那次疫情来说，没有人染上。）

（6）toi^{24} ti^{31} hau^{24} ti^{44} mi^{51} lɔ^{44} vɔ^{33}，mi^{51} lɔ^{44} vɔ^{33} u^{44} nam^{24}。
细　时　候　是　乜　咯　勿，乜　咯　勿　有　玩。
（小时候是什么都没有，什么都没有玩。）

（7）tɕin^{51} na^{24} ti^{44} niau^{53} kia^{42} ti^{44} mi^{51} uan^{44} ki^{44} lɔ^{44} u^{44}。
今　旦　是　孥　团　是　乜　玩　具　咯　有。
（现在是小孩儿什么玩具都有。）

我们注意到，澄迈话用作处所介词的"在"，可读ɗu^{44}或u^{44}，而表示有无的"有"，似乎只用u^{44}。

陈鸿迈（1998）《海口方言词典》第28页，"有"注音为"u^{33}（或ʔdu^{33}）"，和澄迈方言一致。而他的《海口方言的"孬"》（《语言研究》1992年第1期）中，陈文根据梁猷刚在《方言》1984年第2期上发表的《琼州方言的训读字》的音系注音，"有"注为ʔdu^{33}。例如：

（1）hu^{25} hi^{21} vɔi^{213} mo^{55} kuaŋ^{35} vo^{21} tai^{213} ʔdo^{213} ʔdu^{33}。
去　年　买　孬　罐　无　使　着　有。（第31页）
（去年买的那个罐子还没有用。）

（2）mo^{55} ua^{213} vo^{21} tɔi^{213} ʔdu^{33}。
孬　碗　无　洗　有。（第32页）
（那个碗还没有洗。）

（3）mo^{55} kɔu^{213} kai^{21} tiau^{35} vo^{21} kit^{5} ʔdu^{33}。
孬　月　个　数　无　结　有。（第32页）
（那个月的账目还没有结算。）

在《海口方言词典》"引论"第14页讲到时态表达时，用"无……有"表示尚未进行某个动作或尚未出现某种情况，这个"有"也标ʔdu^{33}：

花无开有（花还没有开）

客侬无来有（客人还没有来）

《海口方言词典》第22、28页（例句整句翻译为引者所作）：

【在】ʔdu³³（或 u³³）1）表示人或事物的位置：我今夜昏无～室（我今晚不在家）

|许脚那个 戒指放～带哪儿？2）介词，表示时间、处所、范围等：他～去年十月底调来 | 铺～外边曝晒日 | 要工年岁招工的年令～二十五岁左右 ‖ 介词"在"常省去不用。训读字，本字不详

【在带】ʔdu³³（或 u³³）ʔde²⁴ 在什么地方。（以上第 22 页）

【有】u³³（或ʔdu³³）

可见，海南闽语"在、有"这两个词，从声音看，都由"住"的音变异而来。

六 句首"了"（接续）、句中句尾"了"（完成）

澄迈话"了 lau⁴²"用于句中或句尾，和普通话的用法和意思一样，表示完结、完成、完了。例如：

na²²naŋ³¹ɓai²⁴koŋ²²lau⁴², mɔ⁵⁵øiɔ²²lei⁴⁴tɕiu⁴⁴kuei²⁴gɔ³³。
那 侬 拜 公 了， 奴 香 哩 就 过 个。
kuei²⁴gɔ³³lau⁴², ʑin³¹hau²²kuei²⁴kuei²⁴ʑitt³hau²²,
过 个 了， 然 后 过 几 日 后，
liau⁴²in²²tɕiu⁴⁴lia³³ i³¹mɔ⁵⁵kuai²²kia⁴²hu²⁴lɔ³³。
老 鹰 就 掠 伊 奴 鸡 囝 去 咯。

（我们祭祀公祖完，那香也就烧完了。烧完了，然后再过几天，老鹰就抓它那小鸡去了。）

但澄迈话的"了 lau⁴²"，也可以用在句首，起到承上启下的连接作用，相当于"然后，之后，于是，这样，而且，然而，接着"等。例如：

（1）u²²tin²²n̠i⁴²toi⁴²øiak³ kai⁴⁴ti³¹hau²²,
有 仙 女 洗 浴 个 时 候，
iɔ⁴⁴tau⁴²ʑiat³ɗiɔ³¹kua²⁴øu²²ɕiu⁴⁴ tɕiɔ⁴⁴kai⁴⁴ta²²hɔu²⁴,
要 走 一 条 挂 在 树 上 个 衫 裤，
lau⁴² tɕiu⁴⁴ʑiat³lɔu⁴⁴tau⁴²ɗuei⁴²ɕiu²⁴, vɔ³³nen³¹ɗuei⁴²hau³¹。
了 就 一 路 走 转 宿 勿 能 转 头。

（在仙女洗澡的时候，拿走一件衣裳，然后就一路回家，不能回头。）

按，这是牛郎和织女的故事。"了"在句首，表是完了之后，接着是……相当于句和句之间的连接词"然后，之后"等。有：在。要：拿取。衫裤：衣服。转：回。宿：屋，家。转宿：回家。转头：回头。

（2）lau⁴²kua⁵⁵hi⁴²ɗua²⁴uaŋ²² lɔ³³ɗua²⁴ hɔu⁴², tɕi³³n̠i⁴²ɗu³³zan³vɔ³³ki²⁴。
了 刮 起 大 风 落 大 雨， 织 女 突 然 勿 见。

（然后刮风下大雨，织女突然不见。）

（3）lau⁴²hɔ⁴²tuai²²ɕiak⁵me³¹ tɕiu⁴⁴ fuei²²tiaŋ³¹ɗaŋ³¹tɕia³¹ ku³¹laŋ³¹ua³¹tɕi⁵⁵n̠i⁴²。
　　了　许　多　鹊暝　　就　非　常　同　情　牛　郎　和　织　女。
（于是，那些喜鹊就非常同情牛郎和织女。）

按，此句句首"了"，表示于是，这样。

（4）hɔ⁴²me³¹uei²²mɔ⁵⁵ɦi²²ti⁴⁴mua²²ɦi⁵⁵se²², mɔ⁵⁵ɦi⁵⁵seŋ²² seŋ²² seŋ²² seŋ²²,
　　那　暝　昏　奀　天　是　满　天　星，奀　天　清　清　　清　　清，
　　lau⁴²ŋam⁵⁵ŋam⁵⁵ ti⁴⁴sɔu²²kuei⁴², na²²ti⁴⁴ɓua²⁴ɓai³¹vuei³³。
　　了　啱　啱　是　初　几，乃　是　半　排　月。
（那晚这天是满天的星，清晨极了。而且刚刚在初几，才半轮月。）

按，此句句首"了"，是表示递进的意思。

（5）lau⁴² mɔ⁵⁵ tu⁴²hau⁴²kua²² tɕiu⁴⁴koŋ⁴²：tɔ⁵⁵mi³³ lu⁴²tɕi⁵⁵tiŋ⁴²ʑin²⁴lei³³？
　　了　奀　主　考　官　就　讲：作　乜　汝　即　顶　瘾　哩？
（接着主考官就讲：你怎么那么有趣呢？）

（6）lau⁴²lu⁴² hak³kuei²⁴tu²²vɔ³³？ i³¹tɕiu⁴⁴ koŋ⁴²："va⁴¹ hak³kuei²⁴。"
　　了　汝　读　过　书　勿？伊　就　讲："我　读　过"。
（那么你读过书吗？他就说："我读过"。）

（7）lau⁴²mɔ⁵⁵tu⁴²hau⁴²kua²² tɕiu⁴⁴muai²²i³¹ koŋ⁴²："lu⁴² hak³kuei²⁴mi³³tu²²？"
　　了　奀　主　考　官　　就　问　伊　讲："汝　读　过　乜　书？
（然后那主考官就问他说："你读过什么书？"）

（8）va⁴²lau⁴²tiɔ⁴²iɔ²⁴lu⁴²la⁵⁵, na²²ti⁴⁴lu⁴²ʑiat⁶ɓai³¹mak³³lau⁴² sa²²me³³kɔ⁴⁴lɔ,
　　我　了　想　要　汝　啦，乃　是　汝　一　排　目　了　沙　目　个　咯，
　　ɗioŋ⁴²tɔ⁵⁵iɔ²⁴？
　　[底样]作要？
（我就算想录用你[当官]啦，只是你一边的眼瞎眼了，怎么用你？）

按，例中的"了"，不是用在动词后表示结束，而是在主语"我"后动词"想"前说明状况的副词，表示"就算"的意思。我以为这和处于句首的"了"至少在功用上属于同类。再看下例：

（9）i³¹hak³hɔ⁴²iam²⁴tu²², naŋ³¹lau⁴²vɔ³³ɓat⁵ tɕi⁵⁵tuai²²mi³³lɔ³³。
　　伊　读　许　厌　书，　侬　了　勿　别　即　多　物　咯。
（他读那么多书，咱完全不懂这些东西啊。）

按，和例8相类，例中"了"也是在主语后动词前，用作副词"完全"。

琼南的黄流话，也有句首"了"的用法。例如：

（1）liau⁴²zi⁴²øau⁵³vi³³ti⁴²iə⁴⁴ɓe⁴²in⁴⁴ɗaŋ²¹kaŋ⁴⁴to³³
　　了　以　后　咪　是　要　把　烟　筒　共　笃

to³³kiə⁴²hu²⁴tɕiəʔ⁵øiaʔ³kai⁴²liau⁴²lai⁴²hai。
笃 团_木屐_去 隻 一 个 寮 里 放。
（完了以后呢就是要把烟筒和木屐去放在这个寮房里。）

按，咪：就。共：和。笃笃团：木屐。"隻"此处用作指示词。

（2）liau⁴² tɕiəʔ⁵ naŋ²¹øaŋ²⁴ɗuə⁴⁴kai⁴², nan⁴²lai²¹thau⁴⁴i⁴⁴kai⁴²tai⁴⁴kuə⁴⁴khai³³,
了 隻 侬 样 大 个， 侬 来 偷 伊 个 西 瓜 吃，
a²⁴ti⁴² so⁴⁴mi⁴⁴i⁴⁴ɗui⁴²lai²¹phoŋ²¹ɗoʔ³ne³⁰, moʔ³ti⁴²phaʔ⁵tu⁴²tɕiə²¹ɓan⁴²ki⁴⁴?
阿 是 仓 物 伊 转 来 碰 着 呢， 勿 是 拍 汝 成 坂 枝？
（而且，那人个儿么大，咱们来偷他的西瓜吃，如果那东西回来
碰到呢，不要被他打扁？）

按，例中句首"了"，表示而且、再说之类意思。

壮语龙州土话句首也有个"了 ja⁵⁵"，或"于是了 pin²⁴ ja⁵⁵"。

李方桂《龙州土语》（商务印书馆 1940 年版），句末表示完成、完了的动态助词有 a⁵⁵ / ia⁵⁵，句中用 jia⁵⁵。而在句首出现的 jia⁵⁵，就演变成了连接词了。和澄迈、黄流句首的"了"完全一致。例如《龙州土语》"鬼三煞"故事篇：

句末、句中：

（1）van³¹ niŋ²⁴ jum⁵⁵ jum⁵⁵ ha:i³³ pai³³ a⁵⁵。（第76页）
日 那 不知不觉 死 去 了。
（第158页译文：那天不知不觉就死了。）

按，例中句末表完成用"a⁵⁵"。

（2）kən³¹ ti¹¹ me¹¹ni³³ ma³¹ ɬi³³ ɫo⁵⁵ ja⁵⁵ hou²⁴ la:i³³ hən³³ a⁵⁵。（第76页）
个 人 妻 你 来 赊 数 了 好 多 久 了。
（第158页译文：你的妻子赊了许久的账了。）

按，例中句末完成用"a⁵⁵"，句子中间表完成用"ja⁵⁵"。又如：

（3）kən³¹ ti¹¹ me¹¹ ha:i³³ ja⁵⁵ hou²⁴ la:i³³ pi³³ a⁵⁵。（第76页）
个 人 妻 死 了 好 多 年 了。
（第158页译文：妻子死了好多年了。）

按，例3和例2，"a⁵⁵"和"ja⁵⁵"的用法和位置完全一致。

下面看"了"或"便了"在句首的用法，用在句首都读 ja⁵⁵。例如：

（4）ja⁵⁵ mən³¹ tɕau¹⁴ lun⁵⁵ kʻau²⁴ ŋe⁵⁵ fan³¹ pai³³。（第78页）
了 他们 就 穿 今 个 坟 去。
（第158页译文：于是他们就钻进那个坟去。）

按，李方桂先生把句首的"了"译成"于是"。用作连接词了。

（5）ja^{55} mən^{31} tɕau^{11} kia:ŋ^{24}, kau^{33} bo^{55} mo:n^{31} mauɯ^{31}kia:ŋ^{24}……（第 80 页）
　　了　她　就　说　我　不　瞒　你　说……
（第 159 页译文：于是她就说，我不瞒你说……）

（6）ja^{55} mən^{31} tɕau^{11} kən^{33} ha:ŋ^{33} kau^{33} ma^{31} du:i^{24} kan^{33} a^{55}。（第 80 页）
　　了　他　就　跟　尾　我　来　一同　了。
（第 159 页译文：于是他就跟着我一块儿来了。）

按，句首是"了 ja^{55}"，句末是"了 a^{55}"。

（7）ja^{55} tu^{33} me^{11} mən^{31} tɕau^{11} pai^{33} kʻai^{33} ŋe^{55} tɕit^{21}。（第 81 页）
　　了　妻　他　就　去　开　个　箩。
（第 159 页译文：于是他的妻子就把那个箩打开。）

（8）ja^{55} tu^{33} po^{11} mən^{31} tɕau^{11} ʔo:k^{55}ma^{31} ɕau^{55} tu^{33} pʻi^{33} nai^{24} to^{31} han^{33}。
　　了　夫　她　就　出　来　同　只　鬼　这　相见。
（第 81 页）
（第 159 页译文：那么她丈夫就出来跟这个鬼相见。）

按，例 4、5、6、7 的句首"了"，作者都译为"于是"。只有第 8 句，译文作"那么"。其实，"那么"在此也是用作连接词。

我们注意到，句首"了"，也可以用"pin^{24} ja^{55}（于是了）"来表示，译文"那么"或"于是"，都是连接词。例如：

（9）pin^{24} ja^{55} tʻən^{33} ta:i^{11} ji^{11} van^{31} lo^{33}。（第 77 页）
　　于是了　到　第　二　日　了。
（第 158 页译文：那么到第二日了。）

（10）pin^{24} ja^{55} tu^{33} me^{11} mən^{31} tɕau^{11} kia:ŋ^{24} a^{55}。（第 77 页）
　　于是了　妻　他　就　说　了。
（第 158 页译文：于是他的妻子就说了。）

（11）pin^{24} ja^{55} tu^{33} po^{11} mən^{31} tɕau^{11} kia:ŋ^{24}。（第 79 页）
　　于是　了　夫　他　就　说。
（第 159 页译文：那么他的丈夫说。）

（12）pin^{24} ja^{55} tu^{33} pʻi^{33} nai^{24} tɕau^{11} ʔau^{33} tu^{33} mu^{33} ɕau^{55} tu^{33} kai^{55} pai^{33}
　　于是了　只　鬼　这　就　拿　只　猪　同　只　鸡　去
muɯ^{31} ja^{55} la^{33}。
回　了。
（第 160 页译文：那么这个鬼就拿那只猪和那只鸡回去了。）

所以，我们看到，澄迈话的句首"了"，和龙州土语句首的"了"或"于是了"用法完全一致，都变成上下句之间的连接词了。

第四章　口语语料

一　碰糕（吴坤朋发音）

kin^{22} hua^{24} va^{42} ti^{44} kai^{24} ɕiau^{22} hai^{42} nam^{31}naŋ^{31} tɕia^{33} kuei^{24} foŋ^{24} kau^{22}。ɗua^{22} ɓɔu^{44}
今　旦　我　是　介　绍　海　南　人　吃　过　碰　糕[1]。大　部
fen^{22} hai^{42} nam^{31} naŋ^{31} hɔ^{42}neŋ^{31} tu^{22} u^{44} tɕia^{33} kuei^{24}，na^{44} ti^{44} vɔ^{33} tai^{22} i^{31} kai^{24}
分　海　南　侬　可　能　都　有　食　过，但　是　勿　知　伊　个
kuei^{24} sin^{31} ti^{44} tai^{42} tɔ^{55} kai^{22}。
过　程　是　咋　作[2]　个。

tɔ^{55} foŋ^{24} kau^{22} tɕi^{22} tai^{31} iau^{24} fa^{55} suai^{24}，fa^{55} suai^{24} iau^{44} zoŋ^{44} tut^{5} vi^{42}，tut^{5} vi^{42}
作　碰　糕　之　前　要　拍　粞[3]，拍　粞　要　用　秫　米，秫　米[4]
sau^{24} ɗua^{22} vi^{42} tɔ^{22} sam^{22}，nɔ^{24} tɕiaŋ^{42} vi^{42} toŋ^{42} iau^{44} fa^{44} suai^{24}。fa^{44} suai^{24} hɔ^{42} zi^{42}
凑[5]　大　米　相　掺，两　种　米　总[6]　要　拍　粞。拍　粞　好　以
au^{44} tɕiu^{22} ɓaŋ^{24} hɔ^{31} lɔ^{33}kau^{42}，suai^{24} sau^{24} hɔ^{31} tɔ^{22} sau^{24} kau^{42}，ɓaŋ^{24} ziat^{3} kai^{42} hɔ^{42}
后　就　放　糖　落[7]　搅，粞　凑　糖　相　凑　搅，放　一　个　可
neŋ^{31}nɔ^{44} kai^{24} tsoŋ^{22} hau^{31}，na^{22} ʑiu^{44} ɓaŋ^{24} tɕiɔ^{44} tau^{24} tseŋ^{22}，tseŋ^{22} kai^{44} tsoŋ^{22} hau^{31}
能　两　个　钟　头，乃　又　放　上　灶　蒸，蒸　个　钟　头
hɔ^{42}neŋ^{31} ɓua^{24} kai^{24} tiau^{42} ti^{31} tɕiu^{44} hɔ^{42}，tseŋ^{24} ʑiu^{44} zoŋ^{44} ɗau^{22} kua^{55} e^{55} hɔ^{42} zi^{42}
可　能　半　个　小　时　就　好，仍　又　用　刀　割　下　可　以
tɕia^{33} lɔ^{22}。foŋ^{24} kau^{22} lai^{42} min^{22} u^{44} ɓe^{33} hɔ^{31}，ɓaŋ^{24} ɓe^{33} hɔ^{31} lɔ^{33} tɔ^{42} zi^{42} u^{44} ȵik^{3}
吃　咯。碰　糕　里　面　有　白　糖，放　白　糖　落　所　以　有　滴
kia^{42} ɗiam^{31}，vi^{42} ɗau^{22} ti^{44} vɔ^{33} sɔ^{24} ge^{22}。na^{44} ti^{44} ɗua^{44} ɓu^{22} fen^{44} naŋ^{31} tɕia^{33}
囝[8]　甜，　味　道　是　勿　错　个。但　是　大　部　分　侬　食
foŋ^{24} kau^{22} toŋ^{42} vɔ^{33} ɓat^{5}　i^{31} tai^{42} tɔ^{55} tɔ^{55}，va^{42} za^{33} vɔ^{33} ɓat^{5}　i^{31} tai^{42} tɔ^{55} tɔ^{55}，
碰　糕　总　勿　别[9]　伊　咋　作　作，我　亦　勿　别　伊　咋　作　作，
na^{44} ti^{44} va^{42} a^{33}ma^{33} ti^{44} tɔ^{55} foŋ^{24} kau^{22} vuai^{22} kai^{24}，va^{42} tɕiu^{44} ki^{24} i^{31} tɔ^{55} foŋ^{24}
但　是　我　阿　嬷[10]　是　作　碰　糕　卖　个　我　就　见　伊　作　碰

kau²² tɔ⁵⁵ ɗɔ³³ va⁴² tɕiu⁴⁴ ɓat⁵, tɕi⁵⁵ ioŋ²² kai²⁴ tɕiu⁴⁴ ti⁴⁴ tɔ⁵⁵ foŋ²⁴ kau²² kai²⁴
糕，作 着 我 就 别， 这样 个 就 是 作 碰 糕 个
kuei²⁴ sin³¹。
过 程。

注释：

1. 碰糕：一种米糕。《海口方言词典》第 246 页作"膨糕"。取其发松增大意。
2. 咋作：怎么。
3. 拍粞：把米粒打成粉末。
4. 秫米：糯米。
5. 凑：和。
6. 总：都。
7. 落：入，进入。
8. 滴囝：tik⁵⁵ kia⁴² 或 nik5 kia⁴²，一些，一点儿。
9. 别：懂，识。有的写作"八"。
10. 阿嫲：奶奶。

翻译：

今天我是介绍海南人吃过（的）碰糕。大部分海南人可能都吃过。但是不懂它的（制作）过程是怎么做的。

做碰糕之前要拍打米粒成粉。打粉要用糯米，糯米和大米掺和，两种米都要打成粉。打粉以后就放糖进去搅，米粉和糖一起搅拌，待一两个钟头后，再放灶上蒸，蒸一个钟头或半个钟头就好，才用刀切了可以吃了。碰糕里面有白糖，放白糖进去所以有点甜。味道是不错的。但是大部分人吃碰糕都不懂它怎么做，我也不懂它怎么做。但我奶奶是做碰糕卖的，我就见她做了就懂了。这样的就是做碰糕的过程。

二　公期（李颜舟发音）

koŋ²² hi³¹ ti⁴⁴ hai⁴² nam³¹ kai²⁴ ʑiat³ tɕiaŋ⁴² ɗi⁴⁴ faŋ²² un³¹ uei²⁴ foŋ²² tɔk³, ti⁴⁴
公 期¹ 是 海 南 个 一 种 地 方 文 化 风 俗，是
uei⁴⁴ liau⁴² ki⁴² ɳiam²² ɕin⁴² fu²² in³¹ ɗe³³ ʑiat³ tɕiaŋ⁴² tat⁵ ʑit³ ua³³ haŋ⁴⁴。muei⁴²
为 了 纪 念 洗 夫 人 的 一 种 节 日 活 动。 每

kai²² ɗi⁴⁴ faŋ²² kai²² koŋ²² hi³¹kai²² ti³¹ kan²² ti⁴⁴ vɔ³³ ʑiat³ iɔ⁴⁴ kai²², va⁴² naŋ³¹
个　地方　个　公　期　个　时　间　是　勿　一　样　个，　我　侬
suei²² kai²² koŋ²² hi³¹ ti⁴⁴ tɕiaŋ²² vuei³³ tap³ ti³¹ ti²⁴ tɕiaŋ²² vuei³³ tap³ lak³ tɕi²²
村　个　公　期　是　正　月　十　四　至　正　月　十　六　之
kan²²。muei⁴² kau²⁴ tɕi⁵⁵ kai²² ti³¹ hau⁴⁴, toŋ⁴² ti⁴⁴ suei²² lai³¹ tsuei²⁴ maŋ³¹ kaŋ⁴⁴
间。　每　遘[2]　即　个[3]　时　候，　总　是　村　里　最　忙　共[4]
tsuei²⁴ ʑit³ nau⁴⁴ kai²² ti³¹ hau⁴⁴, muei⁴² ke²² muei⁴² hou⁴⁴ toŋ⁴² uei⁴⁴ u⁴⁴ ɕin²² tɕia³³
最　热　闹　个　时　候，　每　家　每　户　总　会　有　亲　戚
voŋ³¹ ʑiu⁴² lai³¹ ɕiu²⁴ lai⁴² mai⁴⁴ hi³¹，ɕiu²⁴ lai⁴² toŋ⁴² uei⁴⁴ tɔ⁵⁵ hɔ⁴² tɕiu⁴² tia³³ lai³¹
朋　友　来　宿[5]　里　遘年[6]，　宿　里　都　会　做　好　酒　席　来
tɕiau²² ɗai⁴⁴ ɕin²² tɕia³³ voŋ³¹ ʑiu⁴²，suei²² lai⁴² tɕiaŋ³¹ uei⁴⁴ u⁴⁴ koŋ²² tɔ⁴² kia³¹
招　待　亲　戚　朋　友，　村　里　仍[7]　会　有　公　祖[8]　行
suei²², muei⁴² ke²² muei⁴² hou⁴⁴ toŋ⁴² uei⁴⁴ tun⁴² ɓi⁴⁴ hɔ⁴² ɓai²⁴ koŋ²² kai²² mi³³ lai³¹
村[9]，　每　家　每　户　总　会　准　备　好　拜　公[10]　个　乜[11]　来
ɗan⁴² koŋ²²。ɓaŋ²² se⁴² ɗi⁴⁴ ʑiat³ me³¹ am²⁴ kai²⁴ ti³¹ hau⁴⁴ uei⁴⁴ u⁴⁴ koŋ²² tɔ⁴² lɔk³
等　公[12]。　并　且　第　一　暝[13]　暗　个　时　候　会　有　公　祖　落
koŋ²²、sɔk⁵ tɕiaŋ⁴⁴、kuei²⁴ huei⁴² tua²² tɕi⁵⁵ kai²² ua³³ haŋ⁴⁴。na²⁴ muei⁴² muei⁴²na²⁴
公[14]、　戳　杖[15]、　过　火　山[16]　即　个　活　动。　每　每　乃
kau⁴² me³¹ am²⁴ kai²² ti³¹ hau⁴⁴，toŋ⁴² uei⁴⁴ u⁴⁴ hɔ⁴² ɗuai²² naŋ³¹ tɕiəp³ toŋ²² kau²⁴
遘　暝　暗　的　时　候，　总　会　有　好　多　侬　集　中　遘
hɔ⁴² hua⁵⁵ kai²² ɗi⁴⁴ faŋ²²，mɔ⁴⁴ koŋ²² tɔ⁴² lɔk³ koŋ²², tɕiaŋ³¹ uei⁴⁴ u⁴⁴ hɔ⁴² ɗuai²²
很　阔　个　地　方，　看　公　祖　降　公，　仍　会　有　很　多
seŋ²² i³¹ kia⁴² fa⁵⁵ lɔ³¹ fa⁵⁵ kou⁴²，tɕiaŋ³¹ uei⁴⁴ u⁴⁴ in²² huei²² hɔ⁴² ʑi⁴² mɔ²²。
青　年　仔[17]　拍　锣　拍　鼓[18]，　仍　会　有　烟　花　可　以　望[19]。
　　　　na⁴⁴ ti⁴⁴ in²² uei³¹ n̡iau⁴² kai²² ti³¹ hau⁴⁴ va⁴² vɔ³³ hai²⁴ i⁴² hua²² fa⁵⁵ lɔ³¹ fa⁵⁵ kou⁴²
　　　　乃[20]　是　因　为　孥[21]　的　时　候　我　不　太　喜　欢　拍　锣　拍　鼓
kai²² ɔ⁴² tuai²² ɗua⁴⁴ tia²² kai²² mi³³，
个　许　多　大　声　的　乜，
tɔ⁴² ʑi⁴² muei⁴² ɕi²⁴ toŋ⁴² vɔ³³ uei⁴⁴ mɔ⁴⁴ hai²⁴ ku⁴² n̡i⁰ tɕiu²² ɗuei³¹ siu²⁴ lɔ²²。
所　以　每　次　总　勿　会　看　太　久　密/匿　就　转　宿　了。
　　　　kau²⁴ ɗi⁴⁴ ʑi⁴⁴ ɗi⁴⁴ tam²² ʑit³ kai⁴⁴ ti³¹ hau⁴⁴，
　　　　到　第　二　第　三　日　的　时　候，
suei²² lai⁴² tɕiu²² uei⁴⁴ ɕiaŋ⁴² fii²⁴ ɓa²² lai³¹ ɕiaŋ²⁴ heŋ³¹ fii²⁴，
村　里　就　会　请　戏　班　来　唱　琼　戏，

muei⁴² ɕi²⁴ ta⁴² ta⁴² toŋ⁴² vɔ³³ kau²⁴ am²⁴ tɕiɔ⁴⁴,
每 次 早 早 总²² 不 邁 暗 上,
tɕiu²² uei⁴⁴ u⁴⁴ naŋ³¹ han²⁴ ɕiu²⁴ lai⁴² ɓua²² ɗin²⁴ kia⁴² sau²⁴ sau⁴² tia³³ hu²⁴ tɕiam²⁴
就 会 有 人 趁²³ 厝 里 搬 凳 团 凑²⁴ 草 席 去 占
ɗi⁴⁴ faŋ²², in²² uei²² heŋ³¹ hi²⁴ ti⁴⁴ lau⁴² naŋ³¹ tsuei²² i⁴² hua²² mɔ⁴⁴ kai²²。
地 方, 因 为 琼 戏 是 老 人 最 喜 欢 看 个。
za⁴² u⁴⁴ ɔ⁴² tuai²² ua⁴⁴ suei²² kai²² lau⁴² naŋ³¹ za⁴² uei⁴⁴ ka³¹ ɗin²⁴ kia⁴² kau²⁴
也 有 好 多 外 村 的 老 人 也 会 衔²⁵ 凳 子 邁
va⁴² naŋ³¹ suei²² lai⁴² mɔ⁴⁴, za⁴² uei⁴⁴ u⁴⁴ han⁴² tuai²² ȵiau⁴⁴ kia⁴² ȵiam³¹ ɗɔ³³ lau⁴²
我 们 村 里 望, 也 会 有 很 多 小 孩 黏²⁶ 着 老
naŋ³¹ hu²⁴ mɔ⁴⁴, in²² uei⁴⁴ ȵiau⁴⁴ kia⁴² vɔ³³ ɓat⁵ mɔ⁴⁴ heŋ³¹ hi²⁴,
人 去 看, 因 为 孥 团 勿 别²⁷ 望 琼 戏,
na⁴⁴ ti²⁴ i³¹ naŋ³¹ i⁴² hua²² ʑit³ nau²⁴, i³¹ naŋ³¹ hɔ⁴² ʑi⁴² u⁴⁴ fu⁴⁴ kin⁴⁴ kai²² ɗi⁴⁴ faŋ²²
乃 是 伊 侬 喜 欢 热 闹, 伊 侬 可 以 有²⁸ 附 近 个 地 方
hu²⁴ nan²⁴ ʑiu³¹ hi²⁴, hu²⁴ ɔ⁴⁴ saŋ²⁴ hi²⁴ kai²² huei²⁴ tɔ²² fa⁵⁵ ɓan⁰。
去 玩 游 戏, 去 望 唱 戏 个 化 妆 拍 扮²⁹。
va⁴² hik⁵ ɗik³ ȵiau⁴⁴ kai²² ti³¹ hau⁴⁴ ȵiam³¹ a⁵⁵ koŋ²² a⁵⁵ fɔ³¹ hu²⁴ mɔ⁵⁵ hi²⁴,
我 忆 得 孥 个 时 候 黏 阿 公 阿 婆 去 望 戏,
i³¹ naŋ³¹ tɕin²² mɔ⁴⁴ ɗik³ hɔ⁴² ʑit³ vi³¹, i³¹ naŋ³¹ tɕin²² ɗik³ han⁴² i⁴² hua²² mɔ⁴⁴
伊 侬 真 望 得 好 入 迷, 伊 侬 真 的 很 喜 欢 望
heŋ³¹ hi²⁴, muei⁴² ɕi²⁴ i³¹ naŋ³¹ toŋ⁴² ti han²⁴ huei²² ti⁴² mɔ⁴⁴ kau²⁴ tuk⁵ vuei⁴²,
琼 戏, 每 次 伊 侬 总 是 趁³⁰ 开 始 望 邁 笃 尾³¹,
i³¹ naŋ³¹ za⁴² ti⁴⁴ han²⁴ tseŋ²² tin³¹ lɔ⁰。 na²⁴ ti⁴⁴ tɔ⁵⁵ uei²² ȵiau⁴⁴ kia⁴² kai⁴⁴
伊 们 还 是 很 精 神 咯。 乃 是 作 为 孥 团 个
va⁴², keŋ²² tiaŋ³¹ na⁴⁴ ti⁴⁴ mɔ⁴⁴ kau²⁴ ʑiat³ ɓua²⁴ tɕiu²² hiak⁵ ɗik³ mak³ tap⁵ lɔ⁰。
我, 经 常 乃 是 望 邁 一 半 就 觉³² 得 目 涩³³ 了。
koŋ²² hi³¹ ɗuei²⁴ ʑi⁴² ȵiau⁴⁴ kai⁴² lai³¹ koŋ⁴² tɕiu²² ti⁴⁴ han²⁴ hua²² i⁴² kai²⁴ ʑiat³ kai²⁴
公 期 对 于 小 孩 来 讲 就 是 很 欢 喜 个 一 个
ti³¹ hau⁴⁴, in²² uei³¹ i³¹ naŋ³¹ uei²⁴ tiu²² kau²⁴ han⁴² tuai²² han⁴² tuai²² kai²⁴
时 候, 因 为 伊 侬 会 收 到 很 多 很 多 的
aŋ³¹ ɓau²², hɔ⁴² ʑi⁴² vuai⁴² han⁴² tuai²² kai²² leŋ³¹ tɕia³³ kaŋ⁴⁴ hɔ⁴² ʑi⁴² nam²⁴
红 包, 可 以 买 很 多 的 零 食 共 可 以 玩
ʑiu³¹ hi²⁴, in²² uei³¹ ua⁴⁴ ɓin⁴⁴ kai²⁴ naŋ³¹ uei⁴⁴ kau²⁴ suei⁴² lai⁴² vuai²² mi³³。
游 戏, 因 为 外 面 个 侬 会 到 村 里 卖 乜。

ɗuei²⁴ ʑi⁴² lau⁴² naŋ³¹ lai³¹ koŋ⁴², i³¹ naŋ³¹ hɔ⁴² ʑi⁴² mɔ⁴⁴ kau²⁴   i³¹ naŋ³¹ tuei²⁴
对 于 老 人 来 讲， 伊 侬 可 以 望   遘   伊 侬 最
i⁴² hua²² kai²⁴ heŋ³¹ hi²⁴, hɔ⁴² ʑi⁴² mɔ⁴⁴ kau²⁴ feŋ³¹ ti³¹ vɔ³³ ki²⁴ dik⁵ ɗiɔ³³ kai²⁴
喜 欢 的 琼 戏， 可 以 望   到   平 时 勿 见 得 着 个
ɕin²² tɕia⁵⁵, i³¹ naŋ³¹ hɔ⁴² ʑi⁴² sau²⁴ ɕin²² tɕia⁵⁵ liau³¹ i²².
亲 戚， 伊 侬 可 以 凑 亲 戚 聊 天。

注释：

1. 公期：海南岛汉人的一种纪念冼夫人和祖宗神灵的活动。
2. 遘：到。
3. 即个：这个。即：这。
4. 共：和。
5. 宿：屋；家。
6. 迈年：贺年，拜年。
7. 仍：还。
8. 公祖：祖宗神像
9. 行村：在村里游行。
10. 拜公：给祖宗上供。
11. 乜：物，东西。
12. 等公：迎接祖宗神像。
13. 暝：夜。暝暗：夜晚。
14. 落公：祖宗神像降座。
15. 戳杖：一种民俗活动。用拇指粗的钢筋或铁杆将自己的腮帮穿破，有的甚至刺穿喉咙部位，然后铁杆上挂着供奉的钱币、苹果等。据说，表演者一定要在灵异附体的情况下才可穿刺。穿刺的银杖，因为银有止血杀菌功能。穿刺在脸颊部位，神经末梢较少，不会太疼痛。
16. 过火山：把一堆石子儿和稻草烧红以后，人们从上面飞快走过去。祈求辟邪求福。
17. 青年仔：年轻人。
18. 拍锣拍鼓：敲锣打鼓。
19. 望：看。
20. 乃：但。
21. 挐：幼小。
22. 总：都。
23. 趁：从。

24. 凑：和。
25. 衔：拿。
26. 黏：跟。
27. 别：懂，会。
28. 有：在。
29. 拍扮：打扮。

翻译：

公期，是海南的一种地方文化风俗，是为了纪念冼夫人的一种节日活动。每个地方公期的时间是不一样的。我们村的公期是正月十四至十六之间。每到这个时候，总是村里最忙和最热闹的时候。每家每户都会有亲戚朋友来家里拜贺。家里都会做好酒席来招待亲戚朋友。村里还会有祖宗的神像抬着游行，每家每户都会准备好拜祭祖宗的贡品来迎接。而且第一个晚上会有祖宗神像落座、脸部穿杖、走火堆这种活动。每当天黑时候，都会有很多人集中到宽阔的地方，看祖宗神像落座。还会有很多年轻人敲锣打鼓，还会有烟花观看。

只是因为小时候我不喜欢敲锣打鼓这些大声的东西，所以每次都不会看太久就回家了。

到第二第三天的时候，村里就会请戏班来唱琼戏。每次早早都没天黑，就会有人搬凳子和草垫去占地方，因为琼戏是老人最喜欢看的。也有好多外村的老人会拿凳子到我们村里看，也会有很多小孩跟着老人去看。因为小孩不懂看琼戏，只是他们喜欢热闹，他们可以在附近的地方去玩游戏，去看唱戏的化妆打扮。

我记得小时候跟阿公阿婆去看戏，他们看得很入迷，他们真的很喜欢看琼戏，每次他们都是从开始到最后，他们看得很精神。只是作为小孩的我，经常只是看到一半就眼睛睁不开了。公期对于小孩来说是很喜欢的一个时候，因为他们可以收到很多很多红包，可以买很多的零食，和玩很多游戏，因为外面的人会到村里卖东西。对于老人来说，他们可以看到他们最喜欢的琼戏，可以看到平时见不到的亲戚，他们可以和亲戚聊天。

三 山好水好（邱珠发音）

ɗeŋ³¹ mai⁴⁴ kai²⁴ tuei⁴² na⁴⁴ ku²⁴ hɔ⁴², kiəm²² kiaŋ²² kai²⁴ tuei⁴² na⁴⁴ ku²⁴ hɔ⁴²。
澄　迈　个　水　但　顾[1]　好，　金　江　个　水　但　顾　好。
tɔ⁴² ʑi⁴² le⁰ van⁴² tɕi⁵⁵ ɓi²² tɕi⁵⁵ lun³¹ ʑi²² leŋ³¹ ʑi²² leŋ³¹ hi³¹ tɕi⁵⁵ mɔ⁵⁵ mua³³
所　以　嘞我　侬　即　边　即　轮[2]　二　零　二　零　年　即　奀　疫
tɕia³¹ le⁰, ɗuei²⁴ hai⁴² nam³¹ tɕi⁵⁵ ɓi²² lɔ⁰ vɔ³³ u⁴⁴ mi³³ o⁴² iaŋ⁴²。
情[3]　嘞, 对　海　南　即　边　咯　勿　有　乜[4]　影　响。
tɕiu⁴⁴ an²⁴ va⁴² naŋ³¹ ɗeŋ³¹ mai⁴⁴ kai⁴⁴ lai³¹ koŋ⁴² le⁰,
就　按　我　侬澄迈　个　来　讲　嘞,
u⁴⁴ hɔ⁴² tuai²² ti hu²⁴ vu⁴² han²⁴ hia⁴⁴ ɔ³³ ge²² a⁰, ɗuei⁴² lai³¹ ɓaŋ²⁴ ke⁴²,
有　好　多　是　去　武　汉　倚　学[5]　个啊, 转[6]　来　放　假,
kua³¹ ke⁴² ɓaŋ²⁴ ke⁴², ɗuei⁴² liau⁴² au²² le⁰,　i³¹ naŋ³¹ toŋ⁴² ti⁴⁴
寒　假　放　假, 转　了　后　嘞　伊　侬　总　是
kaŋ⁴⁴ kin²² ki⁴² naŋ³¹ ke⁵⁵ li³¹, kaŋ⁴⁴ kin²² ki⁴² naŋ³¹ ke⁵⁵ li³¹ liau⁴² au⁴⁴,
共[7]　根　己[8]　侬　隔离, 共　根　己　侬　隔　离　了　后,
ʑia⁴² vɔ³³ u⁴⁴ mi³³ tɕia³¹ huaŋ²⁴。
也　勿　有　乜　情　况。
ɕiaŋ⁴⁴ va⁴² naŋ³¹ tɕi⁵⁵ ɓi²² u⁴⁴ mɔ⁵⁵ hɔk⁵ tɕiaŋ⁴², ti⁴⁴ hu²⁴ vu⁴² han²⁴ huei²² uei⁴⁴
像　我　侬　即　边　有　个　局　长，　是　去　武　汉　开　会
liau⁴² vu⁴² han²⁴ ɗuei⁴² liau⁴² au⁴⁴, ɗuei⁴² liau⁴² au⁴⁴ i³¹ ʑiu⁴⁴ sau²⁴ ɗan²² uei⁴⁴ ge²²
了　武　汉　转　了　后, 转　了　后　伊　又　凑[9]　单　位　個
naŋ³¹ ʑiat³ khi⁴⁴² uei⁴⁴ ɓɔ²⁴ kaŋ²² tɔ⁵⁵。 kaŋ⁴⁴ ke²² naŋ³¹ tɕiap⁵ tɔk⁵。
儂　一　起　汇　报　工　作。　共　家　儂　接　触。
i³¹ ti⁴⁴ tap³ ɓoi⁵⁵ hɔ⁴⁴ hu²⁴ vu⁴² han²⁴ ʑi²² tap³ hɔ⁴⁴ ɗuei⁴² kau²⁴ kuei²⁴ sun²² tap³
伊　是　十　八　号　去　武　汉　二　十　号　转　逓[10]　过　春　节
au⁴⁴ ʑi²² tap⁵ ŋɔu²² hɔ⁴⁴ ti⁴⁴ sun²² tap⁵, kuei²⁴ sun²² tap⁵ au⁴⁴ i³¹ ti⁴⁴ ʑi²² tap³ ɓoi⁵⁵
后　二　十　五　号　是　春　节, 过　春　节　后　伊　是　二　十　八
hɔ⁴⁴ na⁴⁴ huat⁵ ɦin²², huat⁵ ɦin²² liau⁴² au⁴⁴ le⁰, i³¹ ti⁴⁴ hin²² tseŋ²⁴ ge²²。
号　乃[11]　发　现, 发　现　了　后　嘞, 伊　是　轻　症　个。
hin²² tseŋ²⁴ ŋe⁴⁴ le⁰,　i³¹ na⁵⁵ hu²⁴ i²² zuan²⁴ hɔ⁴² tɕiɔ²² hu²⁴ lau³¹ i²² ɗɔ³³ kuei⁴²
轻　症　个　嘞, 伊　乃[12]　去　医　院　许[13]　上　去　留　医　着[14]　几
ʑit³, tɕiu⁴⁴ ɗuei⁴² lai³¹ liau⁴², kaŋ⁴⁴ ki⁴² u⁴⁴ ɕiu⁴⁴ ke⁵⁵ li³¹ tap³ ti²⁴ ʑit³ au⁴⁴ ʑia⁴² vɔ³³
日, 就　转　来　了　共　己　有　就　隔　离　十　四　日　后　也　无

mi³³ tɕia³¹ huaŋ²⁴。nan⁴² naŋ³¹ u⁴⁴ va⁴² naŋ³¹ ɗeŋ³¹ mai⁴⁴ le⁰ , tɕi⁵⁵ tuai²² hɔu⁴² tuei⁴²
乜 情 况。那 侬[15] 有[16] 我 侬 澄 迈 嘞,即 多 土 水
ti⁴⁴ ɓi⁴² kiau⁴² hɔ⁴²,tɔ⁴² ʑi⁴² an⁴² tɕi⁵⁵ mɔ⁵⁵ mua³³ tɕia⁴² tɕiu⁴⁴ ti⁴⁴ kɔŋ⁴² vɔ³³ u⁴⁴ kai⁴⁴
是 比 较 好,所 以 按 这 坏[17] 疫 情 就 是 讲 勿 有 个
mi³³ kai⁴⁴, taŋ²² ɗua²² kai⁴⁴ suan³¹ ʑiam⁴⁴。tɔ⁴² ʑi⁴² u⁴⁴ ɗeŋ³¹ mai⁴⁴ ɓi⁴² kiau⁴² hɔ⁴²
乜 个。重 大 个 传 染。 所 以 在 澄 迈 比 较 好
kai⁴⁴,hai⁴² nam³¹ ʑia⁴² ti⁴⁴ ɓi⁴² kiau⁴² an²² suan³¹ kai⁴⁴,ɗeŋ³¹ mai⁴⁴ ɓi⁴² kiau⁴² an²²
个, 海 南 也 是 比 较 安 全 个,澄 迈 比 较 安
suan³¹ kai⁴⁴。mɔ⁵⁵ tɕiɔ²² mɔ⁵⁵ hɔk⁵ tɕiaŋ⁴² au⁴⁴ ɗuei⁴² lai³¹ liau⁴² au⁴⁴ kaŋ⁴⁴ ke²² naŋ³¹
全 个。 坏 上 坏 局 长 后 转 来 了 后 共 家 侬
tɕiap⁵ tɔk⁵, kaŋ⁴⁴ ɗan²² uei⁴⁴ ge²² naŋ³¹ tɕiap⁵ tɔk⁵,ʑia⁴² vɔ³³ suan³¹ ʑiam⁴⁴ tɕiɔ²² ke²²
接 触,共 单 位 个 侬 接 触, 也 勿 传 染 上 家
naŋ³¹,ʑia⁴² vɔ³³ suan³¹ ʑiam⁴⁴ tɕiɔ²² ɗan²² uei⁴⁴ ge²² naŋ³¹。
侬 , 也 勿 传 染 上 单 位 个 侬。

u⁴⁴ a⁵⁵ mɔ⁵⁵ ti⁴⁴ va⁴² naŋ³¹ ɗeŋ³¹ mai⁴⁴ kai⁴⁴ tɔŋ²² heŋ²² ge²²,
有 一 坏 是 我 侬 澄 迈 个 中 兴 个,
tɔŋ²² heŋ²² ge²² ti⁴⁴ a⁵⁵ mɔ⁵⁵ sut⁵ ke²⁴ ge²² ta³³ vɔu³¹ kia⁴²,
中 兴 个 是 一 坏 出 嫁 个 咋 婆 囝[18],
ʑia⁴² ti⁴⁴ u⁴⁴ vu⁴² han²⁴ tɔ⁵⁵ u⁴⁴ ɗua²² ɔ³³ le⁴²
也 是 有 武 汉 做 有 大 学 里
tɔ⁵⁵ ka²⁴ tiu⁴⁴。liau⁴² le⁰ i³¹ ti⁴⁴ ɗuei⁴² lai³¹ kuei²⁴ sun²² tap³,
作 教 授。 了 嘞伊 是 回 来 过 春 节,
kuei²⁴ sun²² tap³ i³¹ ti⁴⁴ ɗuei⁴² liau⁴² au⁴⁴, ʑia⁴² vɔ³³ huat⁵ ʑiam³¹,
过 春 节 伊 是 转 了 后, 也 勿 发 炎[19],
i³¹ ti⁴⁴ kin²² ki⁴² ɗɔ³³ lɔ⁰, zuan⁴² tɕiɔ⁴⁴ tɕi⁵⁵ mɔ⁵⁵ kuan²⁴ tuaŋ²² ɓe²² ɗɔk³,
伊 是 根 己 得 咯,染 上 这 坏 冠 状 病 毒,
i³¹ ɗuei⁴² lai³¹ ʑia⁴² sau²⁴ ɗua²² tɕi⁴² lɔ⁰、ia²² kɔ²² lɔ⁰、
伊 转 来 也 凑 大 姊 咯、兄 哥 咯、
ua⁴⁴ ke²² naŋ³¹ ʑiat³³ khi⁴² tɕiap⁵ tɔk⁵、tɕia³³ moi³¹ lɔ⁰, ʑiu⁴⁴ ti⁴⁴ ɓai²⁴ ɕin²² faŋ⁴² ʑiu⁴²,
外 家 侬 一 起 接 触、食 糜 咯,又 是 拜 亲 访 友,
hu²⁴ mai⁴⁴ ɕin²² tɕiɔ⁴⁴ ɗɔk³ a⁴⁴ te⁰,va⁴² naŋ³¹ ɗeŋ³¹ mai⁴⁴ ti⁴⁴ kiɔ²⁴ tɔ⁵⁵ mai⁴⁴ ɕin²²。
去 迈 亲[20] 就 着 啊 的,我 侬 澄 迈 是 叫 作 迈 亲。
i²⁴ ɗui⁴² lai³¹ liau⁴² au⁴⁴ le⁰, ʑiu⁴⁴ hu²⁴ mai⁴⁴ ɕin²² lɔ⁰ ɗi⁴² ɗe²⁴ liau⁴⁴ kia³¹,
伊 转 来 了 后 嘞, 就 去 迈 亲 咯底 带[21] 了 行,

ɗi⁴⁴ ɗe⁵³ liau²⁴ mɔ²⁴, in²² uei⁴² i²⁴ zi⁴² keŋ²⁴
底 带 了 望， 因 为 伊 已 经
li³¹ huei²² nan⁴² naŋ³¹ ɗeŋ³¹ mai⁴⁴ hɔ⁴² ku⁴² ge⁰ lɔ⁰。
离 开 那 侬 澄 迈 好 久 个 咯，
ɗau²⁴ soŋ²⁴ ta⁴⁴ vɔu³¹ kia⁴² ɗuei⁴² ua²⁴ ke⁰ lɔ⁰, na²⁴ ti⁴⁴ ɲiam²² hu⁵³
倒 像 炸 婆 囝 转 外 家²² 咯， 那 是 冉²³ 去
tɕi⁵⁵ ne²⁴ hɔ⁴² ne² lɔ⁰, kaŋ⁴⁴ tɕi⁴² moi⁴⁴ lɔ⁰,
这 里 许 里 咯， 共 姊 妹 咯，
kaŋ⁴⁴ tɕi⁴² moi²⁴ tun³¹ sui² lɔ⁰, kaŋ⁴⁴ tɕi⁴² moi²⁴
共 姊 妹 寻 村²⁴咯， 共 姊 妹
fa⁵⁵ lɔm⁵⁵ fa⁵⁵ lɔm⁵⁵ e²² lɔ⁰, kɔŋ⁴² zi⁴² tai³¹ kai³¹ se⁴⁴ a⁰,
拍 隆 拍 隆²⁵个 咯， 讲 以 前 个 事 啊，
tɔ⁴² zi⁴² le⁰, i²⁴ ziu⁴⁴ ti²⁴ tua²⁴ kia⁵³ liau⁴²,
所 以 嘞伊 又 四 散²⁶ 行 了，
na²⁴ ti⁴⁴ ʑia⁴² vɔ³¹ ʑia⁴² vɔ³¹,
但 是 也 勿 也 勿，
ke²⁴ naŋ³¹ kaŋ⁴⁴ i²⁴ tɕiap⁵ tɔp⁵ au⁴⁴ ʑia²⁴ vɔ³¹ ʑiam⁴² tɕiɔ⁴⁴,
家 儂 共 伊 接 触 后 也 勿 染 上，
tɔ⁴² zi⁴² va⁴² ti⁴⁴ hiak⁵ ɗik⁵ kɔŋ⁴²,
所 以 我 是 觉 得 讲，
nan⁴² naŋ³¹ hai⁴² nam³¹ ɗeŋ³¹ mai⁴⁴ ge²² tuei⁴² hɔ⁴², tua⁴⁴ tuei⁴² toŋ⁴² hɔ⁴²,
那 侬 海 南 澄 迈 个 水 好， 山 水 总 好，
khaŋ²² huei²⁴ hɔ⁴²。an²⁴ tɕiɔ²⁴ hɔ⁴² kin⁴⁴ mua³³ tɕia³¹ lai³¹ kɔŋ⁴², vɔ³³ u⁴⁴、
空 气 好。 按 照 许 件 疫 情 来 讲， 勿 有、
vɔ³³ u⁴⁴ naŋ³¹ ʑiam⁴² tɕiɔ⁴⁴。
勿 有 侬 染 上，
tɔ⁴² zi⁴² va⁴² tɕia⁵⁵ hau⁴⁴ le⁰, tɕiu⁴⁴ ka⁴² tiu⁴⁴ ʑia⁴² u⁴⁴
所 以 我 这 候 嘞就 感 受 也 有
tɕi⁵⁵ ne²⁴, va⁴² naŋ³¹ ziat³ hi⁴² le⁰ tɕiu⁴⁴ kɔŋ⁴² lɔk³ ni⁵¹ kia⁴² im²²,
这 里， 我 侬 一 起 嘞就 讲 录 点 囝 音，
tɕiu⁴⁴ kɔŋ⁴² lɔk³ nan⁴² hai⁴² nam³¹ ɗeŋ³¹ mai⁴⁴ kai³¹ uei⁴⁴,
就 讲 录 那 侬 海 南 澄 迈 个 话，
zoŋ⁴⁴ ɗeŋ³¹ mai⁴⁴ kai³¹ uei⁴⁴ lai³¹ kɔŋ⁴²
用 澄 迈 个 话 来 讲

ni⁵⁵ kia⁴² zi⁴² tai³¹ u⁴⁴ ɗeŋ⁴² ʑin²⁴ le⁰,
点 团 以 前 有 顶 瘾 嘞,
kɔk⁵ uei²⁴ ti⁴⁴ kiɔ²⁴ u⁴⁴ vi²⁴ u⁴⁴ɕi²⁴,
国 话 是 叫 有 味 有 趣,
na²⁴ ti⁴⁴ hai⁴² nam³¹ uei⁴⁴ ti⁴⁴ kiɔ²⁴ tɔ⁵⁵ ɗeŋ⁴² ʑin²⁴,
那 是 海 南 话 是 叫 作 顶 瘾,
ɗeŋ⁴² ʑin²⁴ kai³¹ se⁴⁴。
顶 瘾 个 事。

注释：

1. 但顾：真是，那么。俗写"但顾"，从音看就是"那个"，形容程度之甚。
2. 即轮：这次。
3. 疫情：疫，训读"没"。
4. 乜：什么。
5. 徛学：上学。
6. 转：回。转来：回来。
7. 共：和。
8. 根己：自己。根己侬：自己人，家里人。
9. 凑：和，跟。
10. 遘：到。
11. 乃：才。
12. 乃：只。
13. 许：那。远指词。
14. 着：动态助词。表状态或结果。
15. 那侬：咱们。
16. 有：在，住。
17. 妷：个，可用作量词，也可用作指代。
18. 岞姞团：女孩子。
19. 发炎：发烧。
20. 迈亲：走亲戚，拜访亲戚。
21. 底带：什么地方；哪里；到处。
22. 外家：娘家。
23. 冉：爱，愿。冉去：爱去。
24. 寻村：到处游逛。

25. 拍隆：聊天、随便谈论。由象声词变来。拍隆拍隆个：随便聊那样。
26. 四散：四处。
27. 行：走。
28. 点团：一点儿，一些。
29. 顶瘾：有趣味。
30. 国话：国语，普通话。

翻译：

澄迈的水真的好，金江的水真的好。所以我们这边这次 2020 年这次疫情嘞，对海南这里没什么影响。就拿我们澄迈说，有好多是去武汉上学啊，回来后他们都是和自己家人隔离，和自家人隔离后也没什么情况。

像我们这边有个局长，是去武汉开会了。武汉回来后，回了后又和单位的人一起汇报工作，和家人接触。他是 18 号去武汉，20 号回，到过春节后 25 号后，25 号是春节，过春节后他是 28 号才发现。发现了后嘞，他是轻症的，轻症的嘞他就去医院那里去留医了几天，就回来了，和自己人隔离 14 天后，也没有什么情况。我们在我们澄迈嘞，这些水土比较好，所以按这个疫情，就是说没有什么重大的传染，所以在澄迈比较好，海南也是比较安全的，澄迈也是比较安全的。那上面那局长回来了后和家人接触，和单位的人接触，也没有传染上家人，也没有传染上单位的人。

有一个是我们澄迈的中兴（村）的，中兴（村）的是一个出嫁的女孩子，也是在武汉，她是在武汉的大学当教授。这样她是回来过春节，过春节她是回了后也没有发烧。她是自己染上这个冠状病毒，她回来也和大姐、兄弟、娘家人一起接触，吃饭，又是拜亲访友去贺年这些。我们澄迈叫"迈亲"。她回来后就"迈亲"，哪里都走，哪里都看，因为她已经离开我们澄迈好久了，好像女孩子回娘家，那是想去这里那里咯，和姐妹们逛街咯，和姐妹们闲聊，讲以前的事啊。所以她又四处走动，但是也没有，和家人接触后也没有家人染上。所以我是觉得讲，咱们海南、澄迈的水好，山水都好，空气好，按照这次疫情来讲没有人染上。所以我这时候嘞就感受也在这里，我们一起嘞就讲录点音，就讲录我们海南澄迈的话，用澄迈的话来讲点以前有趣的，国语叫有趣味，那是海南话叫作"顶瘾"的事。

四 小时候（邱珠发音）

va⁴² naŋ³¹ toi²⁴ ti³¹ hau⁴⁴ le⁰ ti⁴⁴ vɔ³³　u⁴⁴ mi⁵¹nam²⁴, toi²⁴ ti³¹ hau vɔ³¹ u⁴⁴
我　侬　细[1]时　候　嘞　是　勿[2]有　乜[3]玩，　细　时　候　勿　有
mi⁵¹ nam²⁴, na²⁴ ti⁴⁴ vɔ³³ soŋ²⁴ tɕin²² na²⁴ te⁴⁴ huei⁴⁴ huat⁵ ɖak³ liau⁴² au⁴⁴ le⁰。
乜　玩，　那　是　勿　像　今　旦[4]社　会　发　达　了　后　嘞。
toi²⁴ ti³¹ hau²⁴ ti⁴⁴ mi⁵¹ lɔ⁴⁴ vɔ³³。mi⁵¹ lɔ⁴⁴ vɔ³³ u⁴⁴ nam²⁴, tɕin⁵¹ na²⁴ ti⁴⁴ niau⁵³
细　时　候　是　乜　咯　勿，　乜　咯　勿　有　玩，　今　旦　是　孥
kia⁴²ti⁴⁴ mi⁵¹ uan⁴⁴ ki⁴⁴ lɔ⁴⁴ u⁴⁴, va⁴² naŋ³¹ hau²⁴ le⁰ na²⁴ ti⁴⁴ hu⁵³ o⁵⁵ iau⁴⁴ na²⁴
团[5]是　乜　玩　具　咯　有，我　侬　候　嘞乃[6]是　去　学　校　乃
ti⁴⁴ ɓat⁵ hek⁵ seŋ³¹ lɔ⁰, ɓoi⁴² a³³ ɖiau³¹ lam²⁴ ɖɔ⁴² lɔ⁴², tɕiu⁴⁴ ti⁴⁴ nɔ⁴⁴ naŋ³¹
是　别[7]跳　绳　咯，　把　一[8]条　缆　索　咯，　就　是　两　侬
tɕi⁵⁵ ɓi²² hɔ⁴² ɓi²² liau⁴² tɕiu⁴⁴ hek⁵ seŋ³¹。ziu⁴⁴ ti⁴⁴ kua⁴² kau⁴², kua⁴²
这　边　许　边　了　就　跳　绳。又　是　赶　狗，　赶
kau⁴² le⁰ ti⁴⁴ ɓoi⁴² ziat³ ki²⁴ suei³¹, ɓoi⁴² ziat³ ki²⁴ suei³¹ liau⁴², tɕiu⁴⁴ ɓoi⁴² a³³ mɔ⁵⁵
狗　嘞　是　把　一　枝　槌　把　一　枝　槌　了，　就　把　一　妖[9]
hɔ⁴² toi²⁴ hi⁵⁵ kɔk⁵, hi⁵⁵ kɔk⁵ le⁰ ɓaŋ²⁴ mɔ⁴⁴ hou⁴⁴ lai⁴⁴ lau⁴²。 tɕiu⁴⁴ ti⁴⁴
许　细　铁　角[10]，铁　角　嘞　放　妖　土　里[11]了。　就　是
lu⁴² kua⁴² kuei²⁴ tɕi⁵⁵ ɓi²²，va⁴² tɕiu⁴⁴ kua⁴² kuei²⁴ hɔ⁴² ɓi²², lau⁴² kua⁴² lai³¹ kua⁴²
汝　赶　过　即　边，我　就　赶　过　许　边，了　赶　来　赶
hu²⁴ tɕiu⁴⁴ liau⁴² u⁴⁴ a⁴⁴ mɔ⁵⁵, liau⁴² u⁴⁴ a⁴⁴ mɔ⁵⁵ huaŋ⁵³ ɖɔ³³, ɖiaŋ⁴⁴ mɔ⁵⁵
去　就　了　有　一　妖，　了　有　一　妖　框　着，底　侬　妖[12]
ɓoi⁴² tɕiɔ⁴⁴ mɔ⁵⁵ kau⁴² le³¹ ɓaŋ²⁴ tɕiɔ⁴⁴ mɔ⁵⁵ lai⁴⁴, kua⁴² kau²⁴ mɔ⁵⁵ huaŋ²²
把　上　妖　狗　来　放　上　妖　里　赶　狗　妖　框
lai⁴⁴ ɖiaŋ⁴⁴ tɕiu⁴⁴ ia³¹。
里　底　侬　就　赢。
na²⁴ ti⁴⁴ ɓak⁵ hɔk³ tse⁴² ti⁴⁴ hɔk³ tse⁴² ti⁴⁴ seŋ³¹ foi²² lɔ⁰, seŋ⁴² foi³¹ ti⁴⁴
乃　是　识　或　者　是　或　者　是　乘非[13]咯，乘非　是
hio⁵⁵ toi²⁴ hio⁵⁵ toi²⁴ tɕiɔ⁴⁴ vɔ³¹ kia⁴² lai³¹, lau⁴² hio⁵⁵ ziat³ hio⁵⁵ nɔ⁴⁴ lɔ⁴⁴, hio⁵³
抾[14]细　抾　细　石　婆　团[15]来，了　抾　一　抾　两　咯，抾
nɔ⁴⁴ hio⁵³ ta²⁴ lɔ⁴⁴, na²⁴ ti⁴⁴ ɓat⁵　tɔ⁵⁵ tɕi⁵⁵ tuai²²。va⁴² naŋ³¹ toi²⁴ ti⁵³ hau²⁴ ti⁴⁴
二　抾　三　咯，乃　是　别　作　即　多[16]。我　侬　细　时　候　是
ɖu⁴⁴ nam³¹ ɖu⁴⁴ kiaŋ²² ɓi²² tɕiaŋ⁴² ɖua²² kai³¹, nam³¹ ɖu⁴⁴ kiaŋ²² ɓi²⁴ tɕiaŋ⁴² ɖua²⁴ le⁰
在　南　渡　江[17]边　长　大　个，　南　渡　江　边　长　大　嘞

ti⁴⁴ vɔ³³ u⁴⁴ mi³³ tɔ⁵⁵, na²⁴ ti⁴⁴ ɓat⁵ hu⁵³ hoi²² lai⁴⁴ le⁰，hoi²² lai⁴⁴ tɕiu⁴⁴ ti⁴⁴ koi²⁴
是 勿 有 乜 作，乃 是 识 去 溪 里 嘞，溪 里 就 是 过
u⁵³ ɓi²⁴　hoi²² ki²⁴ liau⁴² au⁴⁴, hu⁵³ kian²⁴ nam³¹ hɔ⁴² ɓi²⁴ kuei²⁴ hoi²²。
许 边[18]溪 际[19] 了 后，去 江 　南 　那 边 过 溪。
ziu³¹ tui⁴² kuei²⁴ hoi²² liau⁴² au⁴⁴ le⁰, tɕiu⁴⁴ zoŋ⁴⁴ tian²⁴ ha²⁴ lai³¹ loi²¹ toi²⁴ hau³¹ tua²²,
游 水 过 　溪 了 后 嘞， 就 用 双 骸[20]来 犁[21]细 土 沙，
hou³¹ tua²⁴ hi⁴² lai³¹ le⁰ toi²⁴ hai⁴² tɕiu⁴⁴ suan³¹ ɓu⁴⁴ lak⁵ lɔ³³ tuai²² kau²² le⁴⁴ gou⁴⁴,
土 沙 起 来 嘞细 海[22]就 全 部 落 咯 多[23] 沟 里 个[24],
suan³¹ ɓu⁴⁴ lak⁵ lɔ³³ tuai²² kau²² le⁴⁴ lɔ⁰。　hio⁴⁴ hai⁴², na²⁴ ti⁴⁴ ɓat⁵ tɔ⁵⁵ tɕi⁵⁵ tuai²²
全 部 落 咯 多 沟 里 咯。 抾海[14]，那 是 别 作 即 多
ziu³¹ ɦi²⁴, ȵiau⁴⁴ ti³¹ hau²⁴ ti⁴⁴ vɔ³¹ mi⁵⁵ nam⁵³。 na²⁴ ti⁴⁴ tsuei²⁴ dua²² kai²⁴ zi³¹
游 戏 挐 时 候 是 勿 乜 玩。 那 是 最 大 个 娱
lɔk³ dĩɔ³¹ tɔ⁴², tɕin²² na²⁴ ti⁴⁴ kiɔ²⁴ tɔ⁵⁵ zi³¹ lɔk³ dĩɔ³¹ tɔ⁴²。
乐 场 所， 今 旦 是 叫 作 娱 乐 场 所。
　va⁴² naŋ³¹ hɔ⁴² ti²⁴ hau²⁴ ȵiau⁴⁴ kia⁴² ti⁴⁴ vɔ³³ ɓat⁵ mi⁵⁵, tɕiu⁴⁴ ti⁴⁴ na²⁴ ti⁴⁴ ɓat⁵ hu²⁴
我 儂 许 时 候 挐 团 是 无 别 乜，就 是 乃 是 别 去
ɔ³³ din⁴⁴ o⁴², seŋ³¹ foi²², ɦiau²⁴ seŋ³¹, kua⁴² kau⁴²。 ȵiau⁴² kia⁴² kai³¹ di³¹ hau⁴⁴ lɔ⁴⁴ vɔ³³
望 电 影 乘 非 跳 绳， 赶 狗。 挐 团 个 时 候 咯 勿
mi⁵⁵ nam⁵³。 tɕin²⁴ na²⁴ kai³¹ ȵiau⁴² kia⁴² le⁰,　te⁴⁴ uei⁴⁴ hɔ⁴² lɔ⁰, mi⁵⁵ uan⁴⁴ ki⁴⁴ lɔ⁰
乜 玩。 今 旦 个 挐 团 嘞， 社 会 好 咯， 乜 玩 具 咯
u⁴⁴, hɔ⁴² tuai²⁴ uan⁴⁴ ki⁴⁴ lɔ⁰ u⁴⁴ lɔ⁰。
有， 好 多 玩 具 咯 有 咯。

注释：

1. 细：幼，小。细时候：小时候。
2. 勿有：没有。勿：不；没。
3. 乜：什么。来自"物"。
4. 今旦：方言用字。今天，现在。
5. 挐团：小孩。
6. 乃：也作。但：只。乃是：只是。
7. 别：识。方言中有多种写法：会、识；八。澄迈话"别人"读ɓat³，会、识读ɓat⁵。来源相同。如"辨别、识别、区别"。崇明话"别"有阴入阳入两读，"分别"一词表示分析、区别，读阴入调。
8. 一：口语音 a³³。
9. 妚：量词；指代；领属；词头；等。

10. 铁角：铁罐。角：瓶，罐。

11. 了：多种读法。在句首表示然后。

12. 底侬妠：谁的。

13. 乘非：小孩河边捡石子玩的一种游戏。

14. 抾：捡，拾。抾海：捡拾水边、滩涂的蛤蚌类小生物。

15. 石婆囝：小石子。

16. 即多：这些。

17. 南渡江：指从海口入海的那条江。上游经过澄迈县城那段叫"金江"。澄迈县城金江由此得名。

18. 许边 u^{53} 6i^{24}：那边。又读音。

19. 溪际：河边。际，方言用字写"舷"。

20. 骹：脚。

21. 犁：此处是用脚扒拉。

22. 海：河、海滩涂的蛤蚌类动物。细海：小蛤蚌。

23. 多：这些，那些。

24. 个：句末语气词。表示肯定。

翻译：

我们小时候啊是没有什么玩，小时候没有什么玩，那是不像现在社会发达了以后呢，小时候是什么都没有，什么都没有玩，现在小孩儿是什么玩具都有。我们那时只是去学校只会跳绳啊，把一条绳呢，就是两人这边那边（拿了）就跳绳。还有是赶狗，赶狗呢是拿一条棍、一条棍了，就把一个那么小的铁罐放在那沙土上。就是你赶去这边，我就赶去那边，这样赶来赶去就这样有一个圈了。谁把你那个狗赶进圈里谁就赢。

只是会或者是"乘非"咯，"乘非"是捡小的小的石子来，捡一个两个（就抛入空中），捡两个三个（抛入空中）。只是会做这些（玩）。我们小时候是在南渡江边长大的，南渡江边长大呢是没有什么玩的，只是会去河里啊，河里就是过那边河滩了到江南那里，过河，游水过河了后呢，就用双脚扒拉细沙，细沙扒拉出来了小蚌就全部落到沟里了，全部落到沟里了。捡蛤蚌，只是会玩这些游戏，小时候是没什么玩。那是最大的娱乐场所，现在叫娱乐场所。

我们那时候小孩儿是不会玩，就只是会去看电影，"乘非"、跳绳、赶狗。小时候啊没什么玩。现在的小孩啊，社会好了，什么玩具都有，好多玩具都有了。

五　过年（邱珠发音）

tsui⁵³ ɗua²² kai³¹ ki²⁴ ik⁵ tɕiu⁴⁴ ti⁴⁴ n̪iau⁴⁴ kia⁴² ti⁴⁴ hɔ⁴² hau²⁴ ti⁴⁴ kiaŋ³¹，vɔ³³ mi³³
最　大　个 记 忆 就　是 孥[1] 团 时 那 候 是 穷， 勿[2] 乜[3]

tɕia³³，vɔ³³ mi³³ tɕia³³ le⁰ na²⁴ ti⁴⁴ tiɔ⁴² kɔŋ⁴² kau²⁴ hi³¹ lɔ⁰, kau²⁴ hi³¹
食， 勿 乜 食 嘞乃[4] 是 想 讲　遘年[5] 咯 遘 年

na⁴⁴ u⁴⁴ tin²⁴ ta²⁴ hou²⁴ ɕiaŋ²², feŋ³¹ ti³¹ le⁰ ti⁴⁴ ɓe⁵⁵ mai⁴² le⁰ ti⁴⁴ vɔ³¹ ka²⁴ ta²⁴
乃[4] 有 新 衫 裤[6] 像[7]，平 时 嘞是 伯[8] 母 嘞是 勿 铰[9] 衫

hou²⁴ kai³¹, ʑi⁴² tai³¹ le⁰ ti⁴⁴ ka⁴² ɓɔu²⁴ lɔ⁰ tɔ⁵⁵ ta²² hɔu²⁴, vɔ³³ sɔŋ²⁴ tɕin²² na²⁴
裤 个[10]， 以 前 嘞是 铰 布 咯 作 衫 裤， 勿 像[11] 今 旦[12]

ti⁴⁴ in²² tɕia³¹ kai²⁴, tɔŋ⁴² u⁴⁴ in²² tɕia³¹ kai³¹ u⁴⁴ ua²⁴ vuai⁴², ʑi⁴² tai³¹ le⁰ ti⁴⁴
是 现 成 个， 总 有 现 成 个 有 外 买， 以 前 嘞是

ham²⁴ ka⁴² ɓɔu²⁴, ka⁴² ɓɔu²⁴ liau⁴² au⁴⁴ le⁰, va⁴² naŋ³¹ ti³¹ hau²⁴ ti⁴⁴ u⁴⁴ iɔk⁵
欠[13] 铰 布， 铰 布 料 后 嘞， 我 侬 时 候 是 有 欲[14]

ɓɔu²⁴ tseŋ²⁴ kai³¹, iɔk⁵ ɓɔu²⁴ tseŋ²⁴ lai³¹ hu²⁴ ɓɔu²⁴ fɔu⁵³ lai³¹ ka⁴² ɓɔu²⁴,
布 证[15] 個， 欲 布 证 来 去 布 铺 来 铰 布，

ka⁴² ɓɔu²⁴ le⁰ lu⁴² mɔ⁵⁵ ɓɔu²⁴ hau³¹ ti⁴⁴ na⁴⁴ ti⁴⁴ teŋ⁴² ɓɔu²⁴ tseŋ²⁴, ti⁴⁴ vɔ³³
铰 布 嘞汝 奀 布 头[16] 是 那 是 省 布 证， 是 勿

tiu²²² ɓɔu²⁴ tseŋ²⁴, ɓɔu²⁴ vuei⁴² ʑia²⁴ ti⁴⁴ vɔ³³ tiu²⁴ ɓɔu²⁴ tseŋ²⁴。liau⁴² le⁰ ɗiaŋ⁴⁴
收 布 证， 布 尾[17] 也 是 无 收 布 证。 了 嘞底侬

mɔ⁵⁵ ai³¹ ti⁴⁴ tiɔ⁴² kɔŋ⁴² ka²⁴ mɔ⁵⁵ ɓɔu²⁴ hau⁵³ kaŋ²⁴ mɔ⁵⁵ ɓɔu²⁴ vuei⁴², uei⁴⁴
奀[18] 来 是 想 讲 铰 奀 布 头 共[19] 奀 布 尾， 为

teŋ⁴² ti⁵⁵ kia⁴² ɓɔu²⁴ tseŋ⁵³， liau⁴² ka²⁴ ɗuei⁴² lai³¹ liau⁴², tɕiu⁴⁴ ti⁴⁴ hu⁵³ kiɔ²⁴ ta²⁴
省 滴 囝[20] 布 证， 了[21] 铰 转[22] 来 了， 就 是 去 叫 师

ɓe⁴⁴ sau⁵³ lu⁴² ka⁴² liau⁴², fii³¹ ɗɔ³³ liau⁴², fii²² ɗɔ³³ liau⁴² tɕiu⁴⁴ ɕiaŋ⁴⁴ kuei²⁴ fii³¹。
伯[23] 凑[24] 汝 铰 了 绎 着[25] 了 绎 着 了 就 像[26] 过 年。

kuei⁴⁴ fii³¹ ti⁴⁴ ɕiaŋ⁴⁴ tin²² ta²² hɔu²⁴。 kuei²⁴ fii³¹ ti⁴⁴ u⁴⁴ tin²² ta²² hɔu²⁴ ɕiaŋ⁴⁴，
过 年是 像 新 衫裤。 过 年是 有 新 衫裤 像，

u⁴⁴ iɔk³ tɕia⁴⁴. feŋ³¹ ti³¹ vɔ³¹ mi³³ iɔk³ tɕia³³ kai³¹。va⁴² naŋ³¹ hau⁴⁴ u⁴⁴ ɕi⁴⁴
有 肉 食。平 时 勿 乜 肉 食 个。 我 侬 候 有[27] 市

tɕiɔ⁴⁴ na²⁴ ti⁴⁴ tsuei²⁴ tuai²² kai²⁴ tɕiu⁴⁴ ti⁴⁴ ʑiat³ kɔu²² ti⁴⁴ ʑi²² tap³ it⁵ kin²² vi⁴²，
上 乃 是 最 多 个 就 是 一月[28] 是 二十 一 斤 米，

kai²⁴ naŋ³¹ ti⁵³ liɔ⁴² iu³¹, vɔ³¹ u⁴⁴ iu³¹ sa⁴² sai⁴² kai³¹。lau⁴² tɔŋ⁴² ti⁴⁴ lau⁴² kaŋ²⁴ ɔ⁴²
个 侬[29] 四 两 油， 勿 有 油 炒 菜 个。 了[21] 总 是 了 共 许[30]

ẓi³¹ tai³¹ le⁰ ti⁴⁴ naŋ³¹ ti⁴⁴ huat⁵ lu⁴² mi⁵⁵ ti⁴⁴ çi⁴⁴ mɔ⁵⁵ ɗu²² lɔ⁰, vuai⁴² fu²⁴ tçia³³ fin⁴².
以 前 嘞是 侬 是 发 汝 密 是³¹饲 妳 猪 咯， 买 副 食 品。

naŋ³¹ ti⁴⁴ huat⁵ te³¹ ti⁴⁴ iɔk³ tseŋ²⁴, fuat⁵ iɔk³ tseŋ²⁴ le⁰, ɲiau⁴⁴ ti³¹ hau²⁴le⁰ɓe³³ mai⁴² le⁰
侬 是 发 的 是 肉 证， 发 肉 证 嘞， 孥 时 候 嘞伯 母 嘞

kiɔ²⁴ koŋ⁴² ɓoi⁴² tçi⁵⁵ tuai⁴² iɔk³ tseŋ²⁴ ɗɔ³³ hu²⁴ ɓai³¹ ɗuei⁴⁴ ɗɔ³³ vuai⁴² iɔk³, toŋ⁴² ti⁴⁴
叫 讲 把³² 即 多³³ 肉 证 着³⁴ 去 排 队 着³⁴ 买 肉， 总 是

ɓai³¹ ɗuei⁴⁴ ɗɔ³³ kua⁵⁵ ɓe³³ iɔk³ ɗuei⁴² tɔ⁵⁵ iu⁵¹, kua⁵⁵ ɓe³³ iɔk³ ɗuei⁴² tɔ⁵⁵ iu⁵¹ na²⁴ ti⁴⁴
排 队 着³⁴ 割 白 肉 转 作 油， 割 白 肉 转 作 油，乃 是

tiɔ⁴² koŋ⁴² kau²⁴ ɦi³¹ kau²⁴ toi⁵⁵ lɔ⁰, u⁴⁴ ɓuei²² tçia⁴⁴, u⁴⁴ iɔk³ tçia⁴⁴。kau²⁴ ɦi⁵ na⁵⁵ tia⁴²
想 讲 遘 年 遘 节 咯， 有 糒³⁵ 食， 有 肉 食。 遘 年 乃 舍

ɗik⁵。ɓe³³ mai⁴² mi⁵⁵ ti⁴⁴ çi²⁴ mɔ⁵⁵ kuai²² a⁴⁴, çi²⁴ mɔ⁵⁵ a⁵⁵ a⁰, toŋ⁴² ti⁴⁴ kau²⁴ ɦi³¹ na⁴⁴
得。 父 母 密³⁶ 是 饲 妳 鸡 啊， 饲 妳 鸭 啊， 总 是 遘 年 乃³⁷

tia⁴² ɗik⁵ hai³¹ lɔ⁰。kau²⁴ ɦi³¹ ẓiu⁴⁴ ẓia⁴² tɔ⁵⁵ ɗau⁴⁴ u⁴⁴, ti⁴⁴ ẓia⁴² tɔ⁵⁵ ɓua⁴², tɔ⁵⁵ ɓua⁴²
舍 得 刣³⁸ 咯。 遘 年 又 也 做 豆 腐， 是 也 做 粄³⁹， 做 粄

kai³¹ lɔ⁰, tɔ⁵ ɓua⁴² hiaŋ³¹ lɔ⁰, ẓiu⁴⁴ u⁴⁴ iɔk³ u⁴⁴ moi³¹ tçia³³。tsuei²⁴ ɗua²² kai⁴² tiəm²²
kai³¹ 咯，作 粄 筐⁴¹ 咯， 又 有 肉 有 糜 食。 最 大 个 心

zuan⁴⁴ na²⁴ ti⁴⁴ tiɔ⁴² kau²⁴ ɦi³¹, kau²⁴ ɦi⁵ hai⁴² nam³¹ uei⁴⁴ ti⁴⁴ koŋ⁴² kau²⁴ ɦi³¹, fu⁴²
愿 乃 是 想 遘 年， 遘 年 海 南 话 是 讲 遘 年， 普

hoŋ²² uei⁴⁴ ti⁴⁴koŋ⁴² kuei²⁴ sun²²tat⁵, va⁴² naŋ³¹ hai⁴⁴ nam³¹ uei⁴⁴ tçiu⁴⁴ti⁴⁴ kuei²⁴ ɦi³¹。
通 话 是 讲 过 春 节，我 侬 海 南 话 就 是 过 年。

kau²⁴ lɔ⁰ ɦi³¹ liau⁴² kau²⁴ na⁴⁴ ti⁴⁴ ẓi²² ti⁴⁴ ŋou⁴⁴ le⁰ tçiu⁴⁴ huei²² ti⁴² hi⁴², vɔ³³ soŋ⁴⁴
遘 嘞年 了 遘 那 是 二 四 五 嘞就 开 始 起， 勿 像

sin⁴⁴ na²⁴ kai²⁴ tsoŋ⁵³ ti⁴⁴ u⁴⁴ ki²² fa⁵⁵ suai⁴⁴, ẓi³¹ tai³¹ le⁰ ti⁴⁴ iɔ²⁴ mɔ²² laŋ³¹ lai³¹
现 旦⁴² 个 总 是 有 机 拍 粞⁴³， 以 前 嘞是 要 磨 笼⁴⁴ 来

mɔ²⁴ kai³¹, toŋ⁴² ti⁴⁴ toŋ⁴² ti⁴⁴ nɔ⁴⁴ naŋ³¹iɔ²⁴ mɔ²² mɔ²² laŋ³¹, nɔ⁴⁴ naŋ³¹mɔ²²,
磨 个 总 是 总 是 两 侬 要 磨 磨 笼 两 侬 磨，

ẓiat³ mɔ⁴⁴ ɗe⁵⁵。
一 妳 砥⁴⁵。

mɔ²² lau⁴² mɔ²² lau⁴² mɔ²⁴ tuai²² suai⁴⁴ lau⁴² ɓoi⁴² lai³¹ ɓe⁵⁵ kan²⁴ lau⁴² au⁴⁴ na⁵⁵ ɗe⁵⁵
磨 了 磨 了 磨 多 粞 了 把 来 逼 干 了 后 乃 砥

ɓua⁴², tɔ⁵⁵ ɓua⁴²。ɔ⁴⁴ hau⁴⁴ ɲiau⁴⁴ kia⁴² ti⁴⁴ ẓiat³ çiu²⁴ ki⁴⁴ kik³ tia⁴² lau⁴² ɗua²⁴ tçi⁴²
粑， 作 粑， 那 候 孥 团 是 一 宿 聚 结 捨 了 大 姊

ku³¹ hiaŋ³¹ lɔ⁰ ẓiat³ çiu²⁴ naŋ³¹ lɔ⁰ tɔ⁵⁵ a⁴⁴ tuai²² lɔ⁰ vɔ³³ kam²⁴ tçia⁴⁴。vɔ³¹ soŋ²⁴ sin⁴⁴
姑 襁⁴⁶ 咯 一 宿⁴⁷ 侬 咯 做 那 多 咯 勿 够⁴⁸ 食。 勿 像 现

na²⁴ kai²⁴ naŋ³¹ ti⁴⁴ mi⁵⁵ a⁴⁴ u⁴⁴ tɕia⁴⁴ku⁵³ lɔ⁵, na²⁴ nɔ⁴⁴ ta²⁴ kai³¹ le⁰ lɔ⁴⁴ tɕia⁴⁴
旦 个 侬 是 乜 也 有 食 个 咯, 乃⁴⁹ 两 三 个 嘞咯 食
ɓa⁴²。ʑi³¹ tai³¹ ti⁴⁴ tɔ⁵⁵ a⁴⁴ ɗua²⁴ hiaŋ²⁴ kai³¹, tɔ⁵⁵ a⁴⁴ ɗua²² hiaŋ²² kai⁴⁴ lɔ⁰ vɔ³¹ kam⁴⁴
饱。以 前 是 作 一 大 筐 个, 作 一 大 筐 个 咯 勿 够
tɕia³³ lɔ⁰。tɔ⁴² ʑi⁴² a⁴⁴ hau⁴⁴ na⁴⁴ ti⁴⁴ tsuei²⁴ ɗua²⁴ kai³¹ zuan⁴⁴ maŋ⁴⁴ tɕiu⁴⁴ ti⁴⁴ kɔŋ⁴² ɔ⁰
食 咯。所 以 那 候 那 是 最 大 个 愿 望 就 是 讲 啊
kau²⁴ ɦi⁵¹ lɔ⁰, kau²⁴ ɦi⁵¹ liau⁴² ɓe³³ mai⁴² le⁰ na²⁴ ti⁴⁴ kau²⁴ ɦi³¹ na²⁴ kɔŋ⁴² ɓun²² kia⁴²
遘 年 咯 遘 年 了 伯 母 嘞 乃 是 遘 年 乃 讲 分⁵⁰ 团
tɕi³¹ lu⁴² hu²⁴ kiɔ²⁴ tɔ⁵⁵ ɗe⁵⁵ huei²⁴ lɔ⁰。e³¹muei⁴² kai³¹ naŋ³¹ɓun²² kai³¹ ŋin³¹ hu²⁴ ɗe⁵³
钱 汝 去 叫 做 砥 岁⁵¹ 咯。每 个 侬 分 个 银⁵² 去 砥
huei²⁴ ti⁴⁴ kiɔ²⁴ tɔ⁵⁵ ua²² ɦi⁴² ɔ²² lɔ⁰。hau²⁴ hu²⁴ ɔ³³ iau⁴⁴ le⁰ na²⁴ ti⁴⁴ hik⁵ e²⁴ tɕiu⁴⁴
岁 是 叫 做 欢 喜 啊 咯 候⁵³ 去 学 校 嘞 乃 是 乞 下⁵⁴ 就
na²⁴ ti⁴⁴ ɓun²² nɔ⁴⁴ un²² tɕi³¹, hau²⁴ ti⁴⁴ nɔ⁴⁴ un²⁴ tɕi³¹ ʑiat³ ki²² ɓeŋ²²? ki²²,
乃 是 分 两 分 钱, 候 是 两 分 钱 一 支 冰 枝⁵⁵,
nɔ⁴⁴ un²⁴ tɕi³¹ ki²⁴ ɓeŋ²⁴ ki³¹, ta²⁴ un²⁴ tɕi³¹ kai³¹ ti⁴⁴ ku³¹ ne²⁴ kai³¹, nɔ⁴⁴ un²⁴
两 分 钱 支⁵⁶ 冰 枝,三 分 钱 个 是 牛 奶 个, 两 分
tɕi³¹ le⁰ ti⁴⁴ hɔ³¹ kai⁴⁴。hɔ⁵³ hau²⁴ u⁵³ iau⁴⁴ tɕiu⁴⁴ ti⁴⁴ na²⁴ ti⁴⁴ ɓat⁵ kɔŋ⁴² kɔŋ⁴² vuai⁴²
钱 嘞 是 糖 个 。那 候 去 校 就 是 乃 是 别⁵⁷ 讲 讲 买
ɓeŋ²⁴ ki³¹ tɕia⁴⁴ lɔ⁴⁴, lau⁴⁴ vɔ³¹ mi⁵⁵ tɕia⁴⁴。ɲiau⁵³ ɲiau⁵³ kia⁴² kai³¹ ti³¹ hau²⁴ ti⁴⁴ hai⁴²
冰 枝 食 咯,了 勿 乜 食。孥 孥 团 个 时 候 是 海
ki³¹ ɔ⁴⁴ tuai²⁴ naŋ³¹ ti⁴⁴ hu²⁴ tuai⁴² tuai²² hai⁴² vut³ lɔ⁰ ti⁴⁴ vɔ³³, hu²⁴ tuai⁴² tuai²⁴
舷 那 多⁵⁸ 侬 是 去 洗 多 海 物 咯 是 勿⁵⁹, 去 洗 多
hai⁴² vut³。tɕin³¹ na²⁴ ti⁴⁴ kiɔ²⁴ tɔ⁵⁵ le⁵³。hai⁴² vut³ liau⁴⁴ le⁰ mɔ⁵⁵ vuei⁴² ti⁴⁴ tɕiam²²
海 物 今 旦 是 叫 作 螺。海 物 了 嘞 妚⁶⁰ 尾 是 尖
tɕiam²², ʑia²⁴ hu⁵³ ɓoi⁴² lai³¹ ak³ mɔ⁵⁵ vuei⁴² tɕi⁵⁵ hu⁵³ na⁵³ tuei³³ kaŋ²⁴ vi⁵⁵ e²⁴。
尖 也 去 把 来 压 妚 尾 即 去 乃 嘬(象声)下。
lau⁴² le⁰ i²⁴ naŋ²⁴ ti⁴⁴ iɔk⁵ hau³¹ keŋ²² lai³¹ ham²⁴ kai³¹, un²⁴ tɕi³¹ a³³ hau³¹ keŋ²²,
了 嘞 伊 儂 是 要⁶¹ 调 羹⁶² 来 探⁶³ 个 , 分⁶⁴ 钱 一 调 羹,
a⁴⁴ hau³¹ keŋ²² lai³¹ ham²⁴ vuai⁴², ta²⁴ ɗɔ³³ vuai²² liau⁴², tɕiu⁴⁴ kai³¹ naŋ³¹ le⁰ ti⁴⁴
一 调 羹 来 探 卖,担⁶⁵着 卖 了,就 是 个 侬 嘞 是
ɗua⁵³ a³³ mɔ⁵⁵ tɔ³¹ ti³¹ hou²² lɔ⁰, mɔ⁵⁵ tɔ⁴² ti³¹ vɔ³³ ti⁴⁴ u⁴⁴ a³³ i³³ hou³¹ u⁵³ ne⁵³
带 一 妚 锁 匙 箍 咯,妚 锁 匙 勿 是 有 一 妚 一 箍 有 呢
ma⁴⁴? tɕiu⁴⁴ ɓaŋ²⁴ mɔ⁵⁵ hai⁴² vut³ lɔ⁴⁴ ɓaŋ²⁴ mɔ⁵⁵ tɔ⁴² ti³¹ hou²² lai³¹ kiau⁴² a²⁴ kiau⁴²
吗? 就(象声)妚 海 物 咯(象声)妚 锁 匙 箍 来 搅 啊 搅

Ka⁵ ɓak⁵ e²⁴ tɕiu⁴⁴ ɗuei⁴⁴ mɔ⁵⁵ vuei⁴²ɔ⁰, ɗuei⁴⁴ mɔ⁵⁵vuei⁴²ɔ⁰ tɕiu⁴⁴ mɔ⁵⁵suei²⁴ tuei³³ ka⁰
（象声）下 就 断 奤 尾 个，断 奤 尾 个 就 奤 喙⁶⁶ 嚁 个
vut³ e²⁴, na⁵³ tuei³³ ɗi⁵⁵ sut⁵ kai³¹, na²⁴ ti⁴⁴ ɓak⁵ tɕia⁴⁴ tɕi⁵⁵ tuai²² hai⁴² vut³ lɔ⁰。
物 下， 乃 嚁 得 出 个， 乃 是 别 食 即 多 海 物 咯。
tɕi⁵⁵ ti⁴⁴ ɓan³¹ zi³¹ mi³³ lɔ⁰, un²⁴ tɕi³¹ a⁴⁴ hau²⁴ keŋ²⁴ lɔ⁰.
这 是 便 宜 乜 咯， 分 钱 一 调 羹 咯。

zi⁴² tai³¹ va⁴² naŋ³¹ ti⁴⁴ na⁴⁴ hu⁵³ hik⁵ ɗiɔ³³ hi⁴² tuai²² ti³¹ hau⁴⁴ le⁰
以 前 我 侬 是 那 个⁶⁷ 忆 着 许 多 时 候 嘞
u⁴⁴ kim²⁴ e²⁴ ɕi⁴⁴ le⁰ ti⁴⁴ zia²⁴ huai⁵⁵ tuei⁴², hɔ⁵³ hau⁴⁴ tɕi⁴⁴ lai⁴⁴ tuei⁴² lai⁴⁴
有 金 个 市⁶⁸ 嘞 是 也 缺 水， 许 候⁶⁹ 自 来 水 来
mɔ⁵⁵ tuei⁴² ha⁵⁵ le⁰ zia²⁴ huai⁵⁵ tui⁰ liau⁴², toŋ⁴² ti⁴⁴ iok⁵ loŋ³¹ hu⁵³ ɓai³¹ ɗuei⁴⁴ ɗɔ³³
奤 水 塔 嘞 也 缺 水 了， 总 是 要 笼⁷⁰ 去 排 队 着
lɔ⁰ un²⁴ tɕi³¹ ziat³ ɗa²⁴ tuei⁴², ɗa²⁴ ɗuei⁴² lai³¹ tɕia⁴⁴. toŋ⁴² ti⁴⁴ tuai⁴² ɗɔ³³ lɔ⁰, tuai⁴²
咯 分 钱 一 担 水， 担 水 来 食。 总 是 洗 濯 咯， 洗
ta²² hou²⁴ lɔ⁰, tuai⁴² sai⁵³ lɔ⁰, tseŋ⁴² kai²⁴ tuai⁴² ɗɔ³³ le⁰ tseŋ⁴² ke³¹. va⁴² naŋ³¹ ti⁴⁴
衫 裤 咯，洗 菜 咯，整 个 洗 濯 嘞整 个。 我 侬 是
hia⁴⁴ u⁴⁴ he³¹ ki³¹ lɔ⁰, nam³¹ ɗu⁵³ kiaŋ²⁴ ɓi²⁴ le⁰, va⁴² naŋ³¹ ti⁴⁴ kiɔ²⁴ tɔ⁵⁵ he³¹ ki³¹
徛⁷¹ 有 河 舷⁷² 咯， 南 渡 江 边 嘞，我 侬 是 叫 做 河 舷
tɕiaŋ⁴² ɗua²², na²⁴ u⁴⁴ mi³³ se⁴⁴, mi³³ mi³³ lou²² ti⁴⁴ suan³¹ ɓu⁴⁴ ti⁴⁴ ɓoi⁴⁴ lɔ⁴⁴ kau²⁴
长 大， 乃 有 乜 事， 乜 乜 路⁷³ 是 全 部 是 把 咯 遘
huai³¹ le⁴² u²⁴ tuai⁴². tɕia⁴⁴ tuei⁴² le⁰toŋ⁴² ti⁴⁴ ɓaŋ⁵³ loŋ³¹ u²⁴ ɓai⁵³ɗuei⁵³ɗɔ³³ɗa²⁴ ɗuei⁴²
溪 里 去 洗。 食 水 嘞总 是 放 笼 去 排 队 着 担 转
lai³¹ɗa²⁴ tuei⁴² un²⁴ tɕi³¹ at⁴⁴ ɗa²⁴ tuei⁴²,
来， 担 水 分 钱 一 担 水，
ti⁴⁴tɕia⁴⁴ tuai⁴² ɗɔ³³ kai⁴⁴. tseŋ⁴² kai³¹ le⁰ ti⁴⁴ suan³¹ ɓu⁴⁴ ka³¹ hu⁵³ huai²².
是 食 洗 濯 个。 整 个 嘞是 全 部 衔⁷⁴ 去 溪。

kau⁵³ ɦi⁵¹ le⁰, tɕiu⁴⁴ ti⁴⁴ na²⁴ ti⁴⁴ ɗa²⁴ tuei⁴² ɗuei⁴² lai³¹.
遘 年 嘞， 就 是 乃 是 担 水 转 来。
na²⁴ti⁴⁴ te²² naŋ³¹ le⁰ toŋ⁴²zi³¹ tai³¹ ti⁴⁴ vɔ⁵³ u⁴⁴ mi⁵⁵,
乃 是 多⁷⁵ 侬 嘞总 以 前 是 无 有 乜,
na²⁴ ti⁴⁴ iok⁵ tuai²⁴ huei⁴² u²², ɕiak⁵
乃 是 要 洗 火 灰⁷⁶ 粟⁷⁷
hɔ²²u⁴⁴. tɕiu⁴⁴ ɗa²⁴ tɕi⁵⁵ tuai²² ua⁴² lɔ⁰, kuan⁵³ lɔ⁰, kuan⁵³ loŋ³¹ lɔ⁰ mi⁵⁵ lɔ⁰toŋ⁴² ɗa²⁴ u⁵³
糠 灰。 就 担 即 多 碗 咯， 罐 咯， 罐 桶 咯 乜 咯⁷⁸总 担 去

huai²² ki³¹ hu²⁴ ɓai³¹ ɗɔ³³ lau⁰, tɕiu⁴⁴ ti⁴⁴ ɓai³¹ ɔ³¹ kai⁴⁴ lau⁴², lu⁴² sua⁵⁵ lu⁴² kai⁴⁴
溪　舷　去　排　着　了，　就　是　排　行　个　了，汝　刷　汝　个
va⁴² sua⁵⁵ va⁴² kai⁴⁴。ɔ⁴² hau⁴⁴ na²⁴ ti⁴⁴ u⁴⁴ a⁴⁴ tɕiaŋ⁴² kiɔ²⁴ ɗɔ⁵⁵ hu⁵³ u²⁴ un⁴² vuai²²,
我　刷　我　个。那　候　乃　是　有一　种　　叫　作　去　污　粉　卖，
hu²⁴ u²² un⁴² vuai⁴² le⁰ na²⁴ sua⁵³ ua⁴² sua⁵³ kuan⁵³ ɓi⁴² kiau⁵³ he⁵³ lɔ⁰。vɔ³¹ tɕiu⁴⁴ ti⁴⁴
去　污　粉　买　嘞　乃　刷　碗　刷　罐　比　较　澈⁷⁹ 咯。勿　就　是
iok⁵ ɕiak⁵ hɔ²⁴ lai³¹, sua⁵⁵ tuai⁴² kuan²⁴ lɔ⁰, vɔ³¹ sɔŋ²⁴ ɕin³¹ na²⁴ kɔŋ⁴² hia³¹ vuei³¹ huei²⁴,
要　粟　糠　来，刷　洗　　罐　咯，勿　像　现　在　讲　煨⁸⁰　煤　气，
zi⁴² tai³¹ ti⁴⁴ hia³¹ sa³¹, hia³¹ ku⁴² u⁴⁴ lɔ⁰ un²⁴，tuai⁴² kuan²⁴ ɔu²² ɔu²² lɔ⁰。
以　前　是　煨　柴，煨　久　有　咯　熏⁸¹，洗　　罐　乌　乌　咯。
na²⁴ kau⁵³ ɦi⁵¹ kau²⁴ le⁰ tɕiu⁴⁴ na²⁴ kau⁵³ zi⁴⁴ ŋau⁴⁴ lak³ le⁰
乃　遘　年　遘　嘞　就　乃　遘　二　五　六⁸² 嘞
tɕiu⁴⁴ huei²² ti⁴² hi⁴² lai³¹ lɔ⁰, tɕiu⁴⁴ ɗa²⁴
就　开　始　起　来　咯，就　担
kuan²⁴ ɗa²⁴ ua⁴² lɔ⁰ tau⁴² u²⁴ huai²² ki³¹ kɔ⁵⁵ liau⁴² ɓai³¹ liau⁴² ɓai³¹ a⁵⁵ ɔ³¹ kai³¹ lɔ⁰,
罐　担　碗　咯走　去　溪　舷　搁　了　排　了　排一　行　个　咯,
liau⁴² tɕiu⁴⁴ sua⁵⁵ kuan²⁴ sua⁵⁵ ua⁴² tuai⁴² he⁵⁵ ɗɔ³³ kuei²⁴ ɦi⁵¹ lɔ⁰。
了⁸³ 就　刷　罐　刷　碗　洗　澈　着　过　年　咯。

注释：

1. 孥：幼。

2. 勿：没有；不；别等，表示否定。

3. 乜：什么。来自"物"。

4. 乃：就；总；只；才。音同"那"。

5. 遘年：过年。遘，表示到。

6. 衫裤：衣服。

7. 像：穿。训读穿为像。

8. 伯：称父亲。伯母：父母。

9. 铰：剪。此指缝制。

10. 个：句末表示肯定的语气词。用法很多，可表示领属、修饰等。

11. 勿像：不像。像，读音 sɔŋ²²，吴正伟提出，可能是比较乡土的一种异读。不知来历。

12. 今旦：今天；现在。今旦 kin²²hua²⁴ 连读音合为 kin²² na²⁴。发音人说 tɕin²² na²⁴，受普通话影响而致。

13. 欠：必须。

14. 欲：要。

15. 布证：布票。计划经济时代按量供应的一种票证。

16. 布头：布匹零卖时最开头的部分。

17. 布尾：布匹零卖时最后尾的部分。

18. 奻：常用的人、物量词。此"底侬奻"是名量结构，指无论哪个。奻，也可表示指示。

19. 共：和。

20. 滴囝：一点儿。表示少，小。

21. 了：liau⁴²/lau⁴²，用于句首，然后的意思。用于句末，表示完了意。

22. 转：回。转来：回来。

23. 师伯：师傅，手艺人。

24. 凑：帮；替。

25. 绎：絑：缝。绎着：缝好。

26. 像：穿（衣服）。

27. 有：在。

28. 月：月份读的是kɔu²²（个，又读音）。

29. 个侬：每个人。

30. 許：失落h声母，读作ɔ⁴²。用作指示词"那"。

31. 密是：要是。

32. 把：拿。

33. 即多：这些。即，近指词。多，相当于"些"。

34. 着：用在动宾结构后，表示动作的完成状态。"把即多肉证着"是拿了这些肉票。"排队着"是排了队。

35. 糒：干饭。

36. 密：如果。密是：如果，要是。

37. 乃：才。

38. 刓：方言俗字，用作杀。《龙龛手鑑·刀部》"刓，之容反。"《篇海类编·器用类·刀部》："刓，刮削物。"——引自《汉语大字典》第363页。

39. 粄：一种米糕。

40. 粄个：粄。圆形的，有馅儿。个，是名词词尾。

41. 粄筐：是大如筐的米糕。放红糖或白糖制成，没有馅儿。

42. 现旦：现在。参注12。

43. 机拍粞：机器磨米粉。粞，指米粉。

44. 磨笼：石磨。

45. 矺：压。《广韵》麦韵陟革切："硾也"。

46. 姑襛：妹妹。

47. 一宿：一家。一宿侬：一家人。

48. 够：kam，海口话"啱 ŋam^{55}"。

49. 乃：此处是才、方才能的意思。

50. 分：给。

51. 砥岁：压岁（钱）。

52. 个银：一元（钱）。

53. 候：那时候。

54. 乞下：乞求，恳求。

55. 冰枝：冰棍儿。

56. 支：此指一支。

57. 别：懂，会，识。俗写"八、识"。

58. 那多：那些。"多"也可单用，表示一些。

59. 是勿：用于句末，表示之类，等等。

60. 妚：此表示指示。

61. 要：用。

62. 调羹：小勺。

63. 探：舀。

64. 分：此指一分。分钱：一分钱。

65. 担：背负。

66. 喙：嘴。

67. 那个：非常，特别。俗写作"但顾"。

68. 金个市：指金江镇。

69. 许候：那时候。

70. 笼：一种水桶之类。

71. 徛：住。

72. 舷：边沿。通用俗字。

73. 路：都，全。本字未详。

74. 衔：拿。

75. 多：些，用作指称：这些，那些。

76. 火灰：柴火烧的灰。

77. 粟：稻谷。粟糠：稻谷的糠。

78. 乜咯：什么等等，指前面列举的碗、罐、桶等。

79. 澈：清洁，干净。

80. 煆：烧。

81. 熏：烟，烟灰。

82. 二五六：指阴历二十五、二十六。
83. 了：用在句首，表示"这样了"的意思。

翻译：

最大的记忆是小时候很穷，没有什么东西吃，没有吃呢，就只想着过年咯。过年就有新衣服穿，平时呢爸妈是不做新衣服的，以前是要剪了布做的，不像现在有现成的，总有现成的有外面买的，以前是要剪布，剪布料后嘞，我们那时候还要布票的，要用布票到布布店去剪的，你剪布呢剪布匹的开头部分是省布票的，开头部分不要布票，末尾部分也不要布票，这样呢谁都要剪布头和布尾，为省点布票。剪回家了就叫师傅裁衣缝衣，缝好了就穿着过年。过年是穿新衣服。过年是有新衣服穿，有肉吃。平常是没有肉吃的，我们那时候在镇上一个人最多只有二十一斤米，每人只有四两油，没有油炒菜的。这样呢以前那时候有的人要是养猪的，买些副食品。每人发肉票，发肉票呢小时候父母就说要拿着这些肉票去排队去买肉。买肉呢都是排队割肥肉回家好炸油，就是想讲用来过年过节咯，有干饭吃有肉吃，过年才舍得吃。父母如果养只鸡只养鸭呢，总是过年才舍得杀。过年也要做豆腐，也做圆形有馅儿的米糕和筐那样大的没馅儿的甜米糕，有肉吃有饭吃。最大的心愿是过年。过年海南话说"到年"，普通话说"过春节"，我们海南话就是过年。到年了到（农历）二十四、五就开始（准备），不像现在都有机器粉碎米粒，以前都是磨子磨的。都是两个人来推磨的，一人是压。磨啊磨，米粉磨多了拿来挤干了再压成圆米糕，做米糕，那时候一家小孩聚在一起，大姐小妹，一家人做那么多也不够吃，不像现在每个人什么都有吃的，米糕只吃两三个就饱了。以前是做一大筐的（米糕），一大筐也不够吃的咯。所以那时候那是最大的愿望就是说啊是过年咯。过年了父母亲才给几个钱给你作为压岁钱，每个人给一元压岁那是叫高兴啊！那时候去学校就是要个二分钱，那时候二分钱一根冰棍，二分钱一根的是冰棍，三分钱一根的是有牛奶的，二分钱的是放糖。那时候去上学就知道买冰棍吃咯，别的什么都没有吃的。小孩时候是在海边，很多人去捡"海物"（水生动物）之类。捡的最多的是那些海物，现在叫"螺"。那些海物（螺）尾巴是尖尖的，拿去把尾巴压了，就去"kaŋ^{24} vi^{55}"一下嗍着吃。这样呢他们是要用勺来舀的。给钱是一勺一勺舀了卖的，背着卖的。就是人们自己带着个钥匙圈，这钥匙不是一个钥匙一个窟窿眼吗？这海物螺放在窟窿眼里"6aŋ^{24}""6aŋ^{24}"这样撬，"Ka^5 6ak^5"一下，螺的尾巴就断了，尾巴断了就用嘴嗍着吸，嗍得出来的，那就是懂得吃海物的。这是很便宜的东西咯，一勺一分钱。

以前我们特别记得我们很多时候在金江镇也缺水，那时候自来水呢水塔也缺水，都是拿着桶去河边排队买水，一分钱一担水。一担水呢都是洗濯，洗衣裳、洗菜，洗濯全部。我们住河边，南渡江边，我们叫河边长大，要是有什么事，什么都拿到河里去洗。吃水呢总是放桶去河边排队挑回来，一分钱一担水。就是挑回水来吃、洗，整个都拿到溪边。过年嘞，就是挑水回来。那么多人，以前要洗没有什么东西，就用火灰、稻糠灰来洗。就把那么多碗啊、罐啊、桶啊，什么都拿去河边排着队，排着行，你刷你的，我刷我的。那时候只有一种叫去污粉卖，去污粉买了刷碗刷罐比较干净，否则要用稻糠刷罐咯。不像现在烧煤气，以前是烧柴火，烧久了有熏烟，洗起来黑黑的。那过年到了就是从二十五、六就开始了，就拿罐拿碗到河边搁着排队排成行了，就刷罐刷碗洗干净了过年了。

六 在宫院（邱珠发音）

（括弧内是普通话翻译。方括号内表示注释。）

ɗu⁴⁴koŋ²²zuan⁴⁴, ua⁴²lia⁴²liɔ⁴²van²²suei⁴⁴tɕi⁴²i²⁴,
在   宫   院，我 领 了 万 岁 旨意，
（[皇后：]在宫廷，我领了万岁旨意，）

tɕiɔ⁴⁴tai³¹hu²⁴hin²⁴nu⁴²ɕi²⁴lɔ³³i³¹。
上 前 去 劝 女 婿 咯伊。
（上前去劝女婿。）

nu⁴²ɕi²⁴ua³³mai⁴²hau⁴⁴,(ua i ia lo a ha i ia lo a ha pi lo)
女 婿 哇 母 后,（哇咦 啊咯啊 哈 伊 呀咯 哈 比咯）
（女婿啊，母后）

mai⁴²hau⁴⁴tɕiɔ⁴⁴tai³¹mɔ³³a，
母   后   上 前 么 啊，
（母后上前啊）

hin²⁴kan⁴²nu⁴²ɕi²⁴，lu⁴²vɔ³³、lu⁴²vɔ³³、lu⁴²vɔ³³zoŋ⁴⁴hi²⁴,
劝 谏 女 婿 汝勿、汝勿、汝勿 用 气。
（劝谏女婿你不用生气。）

mai⁴²sik⁵mɔ⁵⁵nu⁴²ɕi²⁴teŋ²⁴a³³ nu⁴²ʑi³¹。
母 惜 奷 女 婿 胜 啊 女 儿。
（母亲疼爱女婿更胜女儿。）

i²⁴ɗai³¹ʑit³, an²²luk³tua²² ɓan⁴⁴luei²², i³¹ɓan⁴⁴luei²² seŋ²²ɗi²⁴,
忆 前 日，安 禄 山 叛 乱 伊叛乱 称 帝，
（想以前安禄山叛乱称帝，）

lu⁴²suei³¹ɓe³³ɗua²⁴ɓia²²sut⁵lɔ³³ɕi²²,
汝　随　父　带　兵　出　咯　师，
（你随父皇带兵出师，）
ta⁴²ɓia³¹ɗua⁴⁴luei²²ɗia⁴⁴ a³³ɗia⁴⁴ ua³¹i³¹。
扫　平　大　乱　定　啊　定　华 夷。
（扫平大乱安定华夷。）
kuɔk⁵ke²²hai²⁴pheŋ³¹uan⁴⁴na³³min³¹hi⁴²,
国　家　太　平　万　呐　民　喜，
（国家太平万民喜。）
tin²²kin²²ɓe⁵⁵tɕin²⁴、lu⁴²vɔ³³、lu⁴²vɔ³³、lu⁴²vɔ³³uei²⁴ki²²,
身　经　百　战　汝勿　, 汝勿 、汝勿　畏　惧，
（身经百战你不畏惧，）
lau³³¹hɔu⁴²kaŋ²²kɔ²²vɔ³³tse²²ki²²。
劳　苦　功　高　不　自　居。
（劳苦功高不自居。）
ɓe³³uaŋ³¹ki²⁴lu⁴²soŋ²²meŋ³¹、lu⁴²soŋ²²meŋ³¹、soŋ²²meŋ³¹leŋ³¹li⁴⁴,
父　王　见　汝　聪　明、　汝　聪　明、　聪　明　伶　俐，
（父王见你聪明伶俐，）
na²²ɓe⁴²koŋ²²tu⁴²hɔ⁴²lu⁴²uei⁴⁴ lɔ³³ɕi²²。
乃　把　公　主　许　汝　为　咯妻。
（才把公主许配你。[乃，才。]）
koŋ²²tu⁴²soŋ³¹tai²⁴ɗu⁴⁴ua⁴²lɔ³³tin²²ɓi²²,
公　主　从　细　在　我　咯　身边，
（公主从小在我身边，[细：幼小。]）
kiau²²te²²kuan²⁴ʑiaŋ⁴⁴vɔ³³ɗoŋ⁴²li⁴²ŋi³¹。
娇　生　惯　养　勿　懂　礼　仪。
（娇生惯养不懂礼仪。）
ɓe³³uaŋ³¹koŋ⁴²i³¹suei⁴²hiau²⁴lɔ³³tɕiɔ⁴⁴fii²²。
父　王　讲　伊　喙　跷　咯　上　天。
（父王说她她就嘴跷上天。）
i³¹vɔ³³ɓai²⁴tiu⁴⁴ti⁴⁴lɔ³³i³¹uei³³vɔ³³li⁴²,
伊勿　拜　寿　是　咯　伊　畏　无　理，
（她不拜寿是她无礼，）
lu⁴²vɔ³³eŋ²²kai²²tɕia³³tɕiu⁴²nau⁴⁴ɕi⁴⁴。
汝　勿　应　该　食　酒　闹　事。
（你不该喝酒闹事。）

tiaŋ³¹te⁵⁵tɔ⁵⁵ tɕiɔ⁴⁴ka²⁴kia⁴²,
常　说　桌　上　教　囝，
（常言说饭桌上教孩子，）
tɕiəm⁴²ai⁴⁴loŋ³¹ai³³ tɕiəm⁴²tɕiɔ⁴⁴ka²⁴lɔ³³ɕi²²。
枕　哎咙哎　枕　上　教　略妻。
（枕头上教妻子。）
ie³¹nɔ³¹kɔ²²tɔ⁴²ki²⁴ɗɔ³³i⁴² tiau²⁴lɔ³³vi²²vi²²。
爷 娘 哥 嫂 见 着 喜 笑 咯 咪咪。
（父母哥嫂见了笑咪咪。）
fu⁴⁴ve⁴²a³³, mai⁴²koŋ⁴²kai⁴⁴uei⁴⁴uei⁴⁴lu⁴²hɔ⁴²,
驸 马 啊，母　讲　个 话　为 汝 好，
（驸马啊，母亲说话为你好，[个：的。]）
in²²ai²⁴fu²²ɕi²²ɦai³lau⁴²ɓe⁵⁵ɦi³¹。
恩 爱 夫 妻 偕 老 百　年。
（恩爱夫妻百年偕老。）
ua⁴²kaŋ²²na²²hin²⁴ɓa²²nu⁴²ɕi²⁴,
我　刚　乃　劝　罢 女 婿，
（我刚才劝罢女婿，[乃：才。]）
zɔk³mai⁴²tɔ⁵⁵ua³¹hap³ua³¹hap³tin²²tɕi⁴²。
岳　母　做 和 合 和　合　仙 子。
（岳母做和合仙子。）
kiɔ²⁴ziat³tia²²ua⁴²kai⁴⁴kiəm²²ŋe³¹n̩i⁴²,
叫　一 声　我　个　金　杈女，
（叫一声我的金枝女，[杈：树枝。]）
lu⁴²vɔ³³kai²²ɓe⁴²koŋ²²fu³¹hi²²,
汝 勿 该　把 公 婆 欺，
（你不该对公婆不礼貌，）
ɓe³³uaŋ³¹ki²⁴i³¹ɗou²²ɗaŋ⁴²tɕi⁵⁵。
伯　王　见 伊 都　迎　接。
（父王见他们都要迎接。）
lu⁴² vɔ³³ɓai²⁴tiu⁴⁴ti⁴⁴vɔ³³li⁴²。
汝 不 拜　寿 是 无 理。
（你不拜寿是无礼。）
ɕin²²lu⁴²ɓe³³tiu⁴⁴ɗan⁴²khi³¹,
亲　汝 父 寿　诞　期，
（比如你父亲庆寿，[亲：如。训读"如"为"亲"。]）

lai³¹ɓai²⁴tiu⁴⁴tɕiaŋ²²tin³¹tɕi⁴²,
来 拜 寿 众 臣 子,
(众臣子来拜寿,)
fu²⁴ve⁴²vɔ³³lai³¹lu⁴²tiəm²²lu⁴²²tiəm²² l ai³³¹hɔ³¹ʑi³¹?
驸 马 勿 来 汝 心 汝 心 哎 何 如?
(驸马不来拜寿你心里如何?)
tiɔ⁴²tiɔ⁴²ɓie³³naŋ³¹, lu⁴²na²²tiɔ⁴²tse⁴⁴ki⁴²。
想 想 别 侬, 汝 乃 想 自 己。
(想想别人再想想自己。[乃：再。])
lu⁴²tuei²²ti⁴⁴ɗi⁴⁴uaŋ³¹nu⁴²ʑi³¹,
汝 虽 是 帝 王 女 儿,
(你虽是帝王女儿,)
ke²⁴kau²⁴min³¹ke²²ti⁴⁴min³¹ɕi²²。
嫁 遘 民 家 是 民 妻。
(嫁到平民家就是平民妻。[遘：到。])
lu⁴²kiəm²²ʑit³hau³¹hi³¹hi³¹, naŋ⁴⁴ti⁴⁴fuei²², ɓe⁴²ɓe³³uaŋ³¹hi²²。
汝 今 日 嚎 啼 啼, 弄 是 非, 把 父 王 欺。
(你今天嚎哭闹事,无视父王。 [啼：哭。])
lu⁴²huai²⁴ɗuei⁴²phuei³¹vɔ³³ti⁴⁴, ɗuei⁴²koŋ²²fu²²ɕiəm²²lɔ³³li⁴²。
汝 快 转 赔 不 是, 对 公 婆 深 落 礼。
(你快回去赔不是,对公婆好好道歉。[转：回去。落礼：赔礼道歉。])
mai⁴²tɔ⁵⁵kai⁴⁴uei⁴⁴iɔ²⁴kin⁴²ki²⁴,
母 嘱 个 话 要 谨 记,
(母亲嘱咐的话要好好记住,[个：的。])
ua³¹ua³¹lɔ³³lɔ³³in²²ai²⁴phua⁴⁴li⁴², in²²ai²⁴phua⁴⁴li⁴²
和 和 睦 睦 恩 爱 伴 侣 恩 爱 伴 侣。
(和和睦睦恩爱相伴。)

七 拾贰月（邱珠发音）

tɕia²⁴ɓuei³³lai³¹, hɔ³¹huei²²huei²²,
正 月 来, 桃 花 开,
(正月里桃花开,)
ɓe⁵⁵huei²²huei²²lai³¹fuaŋ²²ia³³huaŋ³¹。
百 花 开 来 蜂 蝶 狂。
(百花开了蜂蝶忙。)

ta³³me³¹su²²ke²²muei³¹vɔ³³kuan²²,
昨 暝 苏 家 门 勿 关,
(昨夜苏家门未关,)

hɔ³¹huei²²hau²²tau⁴²lai³¹ɗu⁴⁴kiaŋ²²。
桃 花 偷 走 来 渡 江。
(桃花偷跑来渡江。)

vɔ³³ke²²ka²⁴, tɕin²²ɗiau²²ŋuan³¹, ai⁴⁴ia²² tɕin²²ɗiau²²ŋuan³¹。
勿 家 教, 真 刁 顽, 哎 呀 真 刁 顽。
(无家教,很调皮啊很调皮。)

ʑi⁴⁴ɓuei³³lai³¹uei²²phin²²ze⁴²,
二 月 来 花 遍 野,
(二月里花遍野,[遍,书面音读 phin²²。])

mɔk³³mi³¹huei²²huei²²aŋ³¹ʑiu⁴⁴ɓe³³,
木 棉 花 开 红 又 白,
(木棉花开红花结白花絮,)

ɓe³³huei²²lak³³u⁴⁴lu⁴²mɔ⁵⁵hau³¹le³¹。
白 花 落 有 你 奴 头 颅。
(木棉白花絮落在你的头上。[有:在。奴,此表领属])

tun³¹ɓi²²lak³kak⁵hɔ⁴²an²²ke。
船 边 落 角 好 安 家。
(船边角落好安家。)

zoŋ⁴²tɕiaŋ²²tun³¹, ʑit³kaŋ⁴⁴me, ai⁴⁴ʑia⁴⁴ʑit³kaŋ⁴⁴me。
永 掌 船, 日 共 暝, 哎 呀 日 共 夜。
(一直撑船,日和夜,日和夜。[共:和。])

ta²²ɓuei³³lai³¹, in⁴⁴tiaŋ²²ɓuei²²。
三 月 来, 燕 双 飞。
(三月里,燕双飞。)

tiaŋ²²ɓuei²²in⁴⁴tɕi⁴²tiɔ²²ɲiam²²suei³¹。
双 飞 燕 子 相 黏 随。
(双飞燕子相跟随。[粘:跟随。])

lu⁴²ɓi⁴²øin²⁴tɕi²vɔ³³tɕia³¹ɗuei²⁴,
汝 比 燕 子 勿 成 对,
(你比燕子不成双,)

hɔ³¹vɔ³³tɕiau⁴²kai⁴⁴lai³¹tiɔ²²fuei³¹, ai⁴⁴ʑia⁴⁴lai³¹tiɔ²²fuei³¹.
何 不 找 个 来 相 陪， 哎呀 来 相 陪。
（何不找个人来相陪。）
ti²⁴vuei³³lai³¹, ɗua⁴⁴hɔu⁴²kiaŋ²⁴.
四 月 来，大 雨 降。
（四月里，大雨降。）
lu⁴⁴ti²²kua⁴²tuei⁴²tɕiɔ⁴⁴kat⁵ʑiaŋ³¹.
鸬 鹚 赶 水 上 揭 阳。
（鸬鹚趁水去揭阳。）
lu⁴²ɓi⁴²lu³¹ti²²tuai²²tɕi²²tɕiaŋ²⁴,
汝 比 鸬 鹚 多 痴 怅，
（你比鸬鹚多惆怅，）
ʑiat³hi³²ti⁴⁴kuei²²⁴tiu⁴²hɔ³¹kiaŋ²².
一 年 四 季 守 河 江。
（一年四季守江河。）
tɔ⁵⁵ʑiat³ti²⁴ɗan²²tin²²naŋ³¹, ai⁴⁴ʑia⁴⁴ɗan²²tin²²naŋ³¹.
做 一 世 单 身 侬， 哎 呀 单 身 侬。
（作一世单身人啊单身人。）
ŋɔu²²ɓuei³³ ŋɔu²², sai²⁴liaŋ³¹tun³¹.
五 月 五， 赛 龙 船。
（五月五，赛龙船。）
aŋ³¹nam³¹liak³ɲi⁴²ɕin²²kia³¹un³¹.
红 男 绿 女 亲 行 云。
（红男绿女像行云。[亲，训读"如"。]）
hɔ⁴⁴kai⁴⁴ɗaŋ²²ɗit⁵lu⁴²laŋ³¹kun²²,
许 个 当 得 汝 郎 君，
（哪个当得了你的郎君，）
a⁴⁴ɓe³³tɔ⁵vuei³¹lai³¹ɗia²⁴hun²².
阿 伯 做 媒 来 订 婚。
（阿伯做媒来订婚。）
min⁴²ʑiat³ti²⁴hɔu⁴²ku²²ɗɔk³, ai⁴⁴ʑia⁴⁴hɔu⁴²ku²²ɗɔk³.
免 一 世 苦 孤 独 哎呀 苦 孤 独。
（免得一世苦孤独啊苦孤独。）
lak³ɓuei³³lak³, ʑiam³zua³³fii²².
六 月 六， 炎 热 天。
（六月六，炎热天。）

ŋɔu²²n̠iɔ³¹lau³¹tɕiɔ⁴⁴fau²²lai³³tɕi²²。
五　娘　楼　上　抛　荔　枝。
（五娘楼上抛荔枝。）
fau²²lai³³tɕi²² kan⁴²phuan²²li⁴²,
抛　荔　枝　拣　伴　侣,
（抛荔枝来选伴侣,）
kit⁵vɔ³³zoŋ⁴⁴llu⁴²phuei²⁴tiəm²²ɕi²²。
决　勿　用　汝　费　心　思。
（你不用费心思。）
lu⁴²hɔ³¹ɓit⁵lai³¹sau²²ɕi³¹, ai⁴⁴ʑia⁴⁴ lai³¹sau²²ɕi³¹。
汝　何　必　来　操　持，哎呀　来　操　持。
（你何必来操心啊来操心。）
ɕit⁷ɓuei³³ɕit⁷, ʑit³tɕi⁴²hɔ⁴²。
七　月　七，日　子　好。
（七月七，日子好。）
ku³¹laŋ³¹tɕit⁵nu⁴²lai³¹tiɔ²²mɔ⁴⁴。
牛　郎　织　女　来　相　望。
（牛郎织女来相会。）
va⁴²tɔ⁵⁵ɕiak⁵tɕiau⁴²ke²⁴hi²²kiɔ³¹,
我　作　鹊　鸟　架　天　桥,
（我当鹊鸟架天桥,）
min⁴²lu⁴²lɔ³³ hau³¹ɗuei⁴⁴ɗɔ³¹, ai⁴⁴ʑia⁴⁴hau³¹ɗuei⁴⁴ɗɔ³¹
免　汝　落　嚎　断　肠　哎呀　嚎　断　肠
（免得你见不到了苦断肠啊哭断肠）
ɓuai⁵⁵vuei³³lai³¹, hi²²huei²⁴ua³¹。
八　月　来，天　气　和。
（八月里，天气温和。）
liak³³liau⁴²huai²²tuei⁴²uei³¹ma⁴²tua²²。
绿　了　溪　水　黄　满　山。
（绿了溪水黄花满山。）
a⁴⁴ɓe³³lu⁴²tɕiaŋ⁴²tun³¹kua²⁴ua³³。
阿　伯　汝　掌　船　过　活。
（阿伯撑船过活。）

lu²²tɕin²²ti⁴⁴tuai²²tiəm²²ɗɔ³¹ai⁴⁴ʑia⁴⁴ tuai²²tiəm²²ɗɔ³¹。
汝 真 是 多 心 肠 哎 呀 多 心 肠。
(你真是好心肠啊好心肠。)
kau⁴² ɓuei³³kau⁴², ti⁴⁴soŋ³¹ʑiaŋ³¹。
九 月 九，是 重 阳。
(九月九是重阳。)
aŋ³¹nam³¹liak³n̩i⁴²ʑiu³¹tua²²kaŋ²²。
红 男 绿 女 游 山 冈。
(红男绿女游山冈。)
lu⁴²vɔ³³tɕia³¹laŋ³¹ɕi²²vuei⁴⁴vaŋ³¹。
汝 勿 情 郎 须 备 防。
(你无情郎须防备。 [勿：不；无。此"勿"指没有。])
lu⁴²zuan³¹ua⁴⁴naŋ³¹ɗeŋ²²vɔ³³uaŋ⁴⁴。
汝 员 外 侬 丁 勿 旺。
(你主人家里人丁不旺。["勿"，此指不。])
tiɔ⁴²ɗaŋ⁴²lu⁴²a⁴⁴tɔ⁵⁵ʑi²ɓaŋ³¹ai⁴⁴ʑia⁴⁴tɔ⁵⁵ʑi²ɓaŋ³¹。
想 等 汝啊 作 二 房，哎 呀 做 二 房。
(想迎你做二房。[此"等"是"迎"的训读。])
tap³ɓuei³³lai³¹ɓuei²²hi²²kɔ³¹。
十 月 来 飞 天 鹅。
(十月里天鹅飞。)
tɕin⁴²tit⁵kau²²ɓuei²²sai²²li⁴²ɗɔ³¹。
展 翼 高 飞 千 里 长。
(展翅高飞千里长。)
hɔ³¹huei²²huei²⁴ɓia²²ki²⁴uei⁴⁴tiɔ⁴²,
桃 花 退 兵 计 会 想，
(桃花有退兵之计，)
ʑiu⁴⁴u⁴⁴an²²naŋ³¹tɕiɔ⁴⁴kia³¹ɓɔu⁴²。
又 有 安 侬 上 行 保。
(又有婆母上方保。[安侬：安人。广东一些地方指婆母，媳妇称婆婆。])
lu⁴²vɔ³³ɓit⁵tuai²²tiəm²²ɗɔ³¹, a⁴⁴ʑia⁴⁴ tuai²²tiəm²²ɗɔ³¹。
汝 勿 必 多 心 肠，啊 呀 多 心 肠。
(你不必多操心啊多操心。)
tap³ʑiat³ɓuei³³tɕia²⁴foŋ²²ɗeŋ²²,
十 一 月 蔗 丰 登，
(十一月甘蔗丰登，)

ku³¹ua²²tɕia²⁴ɓua²²lɔu⁴⁴vɔ³³tɕin。
牛 拖 蔗 搬 路 勿 尽。
(牛车拉拖满路尽是。)
ɕiau⁴²tɕie⁴²u⁴⁴ʑit³kit⁵tu²²ɕin⁴²,
小 姐 有 日 结 朱 陈,
(小姐有日结朱陈之好,)
hɔ⁴⁴ti³¹lu⁴²an²²naŋ³¹tiəm²²ɓi²⁴,
那 时 汝 安 侬 心 变,
(那时你婆母心变,)
vɔ³³keŋ²²lu⁴²a⁴⁴vɔ³³øeŋ²²teŋ³¹, a⁴⁴ʑia⁴⁴vɔ³³eŋ²²teŋ³¹。
勿 惊 汝 啊勿 应 承, 哎呀 勿 应 承。
(不怕你不答应啊不答应。["惊",指怕。])
tap³ʑi⁴⁴ɓuei³³, kuei²⁴hi²²ti³¹,
十 二 月, 过 年 时,
(十二月,过年时,)
ɓak⁵fuaŋ²²ɕi²²lai³¹leŋ⁴²ɕi²²ɕi²²。
北 风 吹 来 冷 凄 凄。
(北风吹来冷凄凄。["吹",此读ɕi²²,文读。])
fu²⁴ke²²naŋ³¹saŋ²⁴iəm⁴²ɗu⁴⁴hi³¹,
富 家 侬 畅 饮 度 年,
(富家人畅饮过年,)
lu⁴²uan³¹iau²⁴ɗɔk³tiu⁴²kiaŋ²²ɓi²²。
汝 还 要 独 守 江 边。
(你还有独守江边。)
lu⁴²hɔ³¹ɓit⁵a⁴kuan⁴²ai³¹ɕi⁴⁴, a⁴⁴ʑia⁴⁴ kuan⁴²ai³¹ɕi⁴⁴。
汝 何 必 啊管 闲 事, 啊呀 管 闲 事。
(你何必管闲事啊管闲事。["事"此读ɕi²²,文读。])

八 忆当年（邱珠发音）

i²⁴ɗaŋ²²hi³¹,ɗi⁴⁴ɗi⁴⁴ɓua⁴⁴ua³⁴ɗaŋ³¹sai²⁴suan²²,
忆 当 年, 弟 弟 伴 我 同 采 桑,
(想当年,弟弟陪我同采桑,)

kim²²ʑit³sai²⁴suaŋ²²ʑia⁴²tiəm²²tiaŋ²²。
今　日　采　桑　惹　心　伤。
（今日采桑惹心伤。）
tɕiau²²ɗi⁴⁴ti²⁴ɗe²⁴ɓaŋ²⁴ɓaŋ⁴²，
　招　弟　四　处　放　榜，
（为找你四处张榜，　[放榜：张榜。]）
uei⁴⁴hɔ³¹kɔ²⁴ti³¹tɕi³¹kiəm²²ʑit³ɓɔ³³ki²⁴naŋ³¹？
为　何　故　时　至　今　日　不　见　侬？
（为什么到今天还没见到人？[侬：人。]）
ɓɔ³³ʑiu³¹ua³⁴，i³¹li⁴⁴ʑit³ɗaŋ⁴⁴tin³¹ke²⁴huaŋ²²。
不　由　我，疑　虑　日　重　神　更　慌。
（不由我，疑虑重重心更慌。[不ɓɔ³³：琼剧书面音。]）
tɕiaʔ³suaŋ²²tɕi⁴²kai²⁴naŋ³¹ɗai⁴⁴hɔ³¹faŋ²²？
　食　　桑　子　个　人　在　何　方？
（吃桑葚的人在哪里？[个：的。]）
tiɔ⁴²ɗi⁴⁴ɗi⁴⁴，au⁴⁴koŋ²²leŋ⁴²vue³³ɕi²² mak³mɔ⁴⁴。
　想　弟　弟，后　宫　冷　月　痴　眼　望。
（想弟弟，在后宫痴望冷月。）
tiɔ⁴²ɗi⁴⁴ɗi⁴⁴，ɗɔʔ³tse⁴⁴iɔ²⁴ɓit⁵am²⁴ɕi²²lian³¹。
　想　弟　弟，独　自　向　壁　暗　凄　凉。
（想弟弟，独自向壁暗暗凄凉。）
tiɔ⁴² ɗi⁴⁴ ɗi⁴⁴，ɓan²²tiɔ³³ŋe³¹ŋe³¹ luei⁴⁴luei⁴⁴uaŋ²²uaŋ²²。
　想　弟　弟，斑　竹　枒　枒　泪　泪　汪　汪。
（想弟弟，像斑竹枝枝泪汪汪。[枒：树枝。]）
fan²⁴ɗi⁴⁴ɗi⁴⁴，ɕiu²²tuei⁴²mɔ⁴⁴suan²²ɓua⁴⁴ke²²san³¹。
　盼　弟　弟，秋　水　望　穿　伴　更　残。
（盼弟弟，望眼欲穿伴夜深。）
ɗi⁴⁴ ua²²ɗi⁴⁴，ɗɔu⁴⁴fa³³suei³¹tin²²ɕian³hi⁴⁴n̥ian⁴⁴。
　弟　啊　弟，肚　帕　随　身　常　系　念。
（弟弟啊，肚兜随身常系常念。）
ɗi²⁴ut³huai³¹ʑin³¹，hi⁴²ɓɔk³ka²⁴tse⁴²hia²⁴ɗuei⁴⁴ kua²²ɕian³¹？
　睹　物　怀　人，岂　不　教　姐　痛　断　肝　肠？
（睹物思人，怎不叫姐痛断肝肠？[不ɓɔk³：琼剧书面音。]）

九　牛郎和织女（王亮发音）

kɔu⁴² ti³¹hau²², u⁴⁴ ziat³ kai⁴⁴ɦi³¹ hin²²kia⁴², ɓe³³mai⁴²ɗɔu²²vɔ³³ɗu⁴⁴gɔ⁴⁴。
古　时　候　，有　一　个　年　轻　囝，伯　母[1]　都　勿　住[2]　个[3]。
ɕiu⁴⁴lai⁴²na²²ɵu⁴⁴ ziat³ tɕia⁵⁵lau⁴²ku³¹kaŋ⁴⁴i³¹ ziat³hi⁴²te²²ua³³。ɗua²²ke²²lɔu²²
宿[4]里乃有[5]　一　隻　老　牛　共[6]　伊　一　起　生　活。大　家　路[7]
kiɔ²⁴i³¹ku³¹laŋ³¹。ku³¹laŋ³¹hau²⁴ lau⁴²ku³¹keŋ²²ɗi⁴⁴tɔ⁵⁵te²²ua³³, kaŋ⁴⁴ lau⁴²ku³¹
叫　伊　牛　郎。牛　郎　靠　老　牛　耕　地　做　生　活，共　老　牛
ti²²nɔ⁴⁴naŋ³¹ziat³hi⁴²te²²ɵua³³uei⁴⁴mia²²。lau⁴²ku³¹hi³¹tit³ti⁴⁴ɦi²²tɕiɔ⁴⁴ke⁴⁴ kiəm²²
是　两　侬　一　起　生　活　为　命。老　牛　其　实　是　天　上　个　金
ku³¹se²², i³¹ in²² uei⁴⁴i⁴²ua²²ku³¹laŋ³¹kai⁴⁴hin³¹lau³¹kaŋ⁴⁴ɓe³³ɗik³, tɔ⁴²zi⁴²
牛　星，伊　因　为　喜　欢　牛　郎　个　勤　劳　共　白　直[8]，所　以
ɵi³¹tiɔ⁴²ɓaŋ²²i³¹kin²⁴ ziat³ kai⁴⁴ke²²。
伊　想　帮　伊　建　一　个　家。

ɵu⁴⁴ ziat³zit³, kiəm²² ku³¹se²²tai²²lau⁴² ɦi²²tɕiɔ⁴⁴kai⁴⁴hɔ⁴²tuai²² tin²²n̩i⁴² mi⁵⁵ kau²⁴
有　一　日，金　牛　星　知　了　天　上　个　许　多　仙　女　密[9]　遘[10]
suei²² lai⁴²mɔ⁵⁵ɗaŋ²²ɓi²²tua²²ha²²e²²mɔ⁵⁵ɔu³¹lai⁴² toi⁴²iak³, i²²tɕiu⁴⁴hɔ⁵⁵maŋ²²
村　里　奿[11]　东　边　山　骹[12]下　奿　湖　里　洗　浴，伊　就　托　梦
hu²⁴ ku³¹laŋ³¹, kiɔ²⁴i³¹ɗai²²zi²²zit³ta⁴²tɕiɔ⁴⁴kau²⁴mɔ⁵⁵ɔu³¹ ɓi²², u²² tin²² n̩i⁴²
去[13]牛　郎，叫　伊　第　二　日　早　上　遘　奿　湖　边，有[14]仙　女
toi⁴²ɵiak³kai⁴⁴ti³¹hau²², iɔ⁴⁴ tau⁴²ziat³ɗiɔ³¹kua²⁴u²²ɕiu⁴⁴ tɕiɔ⁴⁴kai⁴⁴ta⁴²hɔu²⁴, lau⁴²
洗　浴　个　时　候，要[15]走　一　条　挂　在　树　上　个　衫　裤[16]，了[17]
tɕiu⁴⁴ziat³lɔu⁴⁴tau⁴²ɗuei⁴²ɕiu²⁴, vɔ³³nen³¹ɗuei⁴²hau³¹。tɕi⁵⁵iaŋ²² ku³¹laŋ³¹ tɕiu⁴⁴
就　一　路　走　转　宿[18]　勿　能　转　头。即　样[19]牛　郎　就
uei⁴⁴ɗit⁵kau²⁴ziat³uei⁴⁴muei⁴²li⁴⁴kai⁴⁴tin²²n̩i⁴²tɔ⁵⁵lau⁴²fɔ³¹。
会　得　遘　一　位　美　丽　个　仙　女　作　老　婆。

tɕi⁵⁵zit³ ta⁴²tɕiɔ⁴⁴, ku³¹laŋ³¹kau²⁴ tua²²ha²²e²², tɕiu⁴⁴ki²⁴kau²⁴(ti⁴⁴e⁴⁴) ɕit⁵kai⁴⁴.
即[19]日早上，　牛　郎　遘　山　骹　下，就　见　遘（四个）七个
muei⁴²n̩i⁴²u²² ɔu³¹ lai⁴²nam²⁴tuei⁴², i³¹tɕiu⁴⁴ma⁴²saŋ⁴⁴ɓoi⁴²hi⁴²ɕiu⁴⁴ tɕiɔ⁴⁴kai⁴⁴
美　女　在　湖　里　玩　水，伊　就　马　上　把　起[20]树　上　个
ziat³ɗiɔ³¹ɦiun⁴²tek⁵ ta²²hɔu²⁴, me⁴²me⁴²tau⁴²tuei⁴²ɕiu²⁴。tɕi⁵⁵kai⁴⁴iɔ²⁴ kip⁵tau⁴²
一　条　粉　色　衫　裤，猛　猛[21]走　转　宿。即　个　要[22]劫走
ta²²hɔu²⁴kai⁴⁴tin²²n̩i⁴²tɕiu⁴⁴ti⁴⁴ tɕi³³n̩i⁴²。ɗaŋ²²zit³me³¹lai⁴², i³¹hin²²hin²²
衫　裤　个　仙　女　就　是　织　女。当　日　暝　里，伊　轻　轻

kua⁵⁵huei²² ku³¹laŋ³¹ɕiu²⁴kai⁴⁴muei³¹, in²²ɕi⁴²nɔ⁴⁴naŋ³¹tɕiu⁴⁴tɕia³¹lɔ³³ziat³ɗuei²⁴
刮 开²³ 牛 郎 宿 个 门， 因 此 两 侬 就 成 咯 一 对
in²²ai²⁴kai⁴⁴fu²²ɕi²²。
恩 爱 个 夫 妻。

　　　　ziat³ɗuei⁴²mak³ta²²ɦii³¹kuei²⁴hu²⁴lɔ³³， ku³¹laŋ³¹ua³¹ tɕi³³n̠i⁴²te²²lɔ³³ziat³
　　一 转 目 三 年 过 去 了， 牛 郎 和 织 女 生 了 一
nam³¹ziat³n̠i⁴²nɔ⁴⁴kai⁴⁴n̠iau⁵⁵kia⁴², ziat³ke⁴²naŋ³¹kuei²⁴ɗit³ fuei²²tiaŋ³¹kai⁴⁴huei²²
男 一 女 两 个 孥 囝²⁴， 一 家 侬 过 得 非 常 个 开
tiəm²²。na²²ti⁴⁴, tɕi⁵⁵n̠i⁴²se²²lɔ³³naŋ³¹kan²²kai⁴⁴se⁴⁴ iɔ²⁴zi³³uaŋ³¹ɗua²²ɗi²⁴tai²²
心。 乃 是²⁵ 织 女 星 落 侬 间 个 事 要 玉 皇 大 帝 知
gɔ⁴⁴lɔ³³。u⁴⁴ziat³zit³, hi⁴²tɕiɔ⁴⁴ɗu³³zan³¹fa⁵⁵luei³lau⁴²kua⁵⁵hi⁴²ɗua²⁴øuaŋ²² lɔ³³ɗua²⁴
个 了。有 一 日， 天 上 突 然 拍 雷， 了 刮 起 大 风 落 大
hou⁴², tɕi³³n̠i⁴²ɗu³³zan³vɔ³³ki²⁴, nɔ⁴⁴kai⁵⁵n̠iau⁵⁵kia⁴²tɕiu⁴⁴ɦii³¹ɗɔ³³ɗuei²⁴mai⁴²,
雨， 织 女 突 然 勿 见， 两 个 孥 囝 就 啼²⁶着 寻 母，
ku³¹laŋ³¹kip⁵ a³⁰, vɔ³³tai²² ɗi⁴²ioŋ⁴⁴tɔ⁵⁵hɔ⁴²。tɕi⁵⁵ti³¹hau²², hɔ²⁴mɔ⁵⁵hɔ²⁴
牛 郎 急 啊， 勿 知 底 样 做 好。即 时 候， 许 奵²⁷许
tɕia⁵⁵ lau⁴²ku³¹ tɕiu⁴⁴ɗu³³zan³¹huei²²hau⁴², koŋ⁴²vɔ³³zoŋ⁴⁴ ɔ⁵⁵nai²², lu⁴²ɓoi⁴²
只 老 牛 就 突 然 开 口， 讲 勿 用 恶 耐²⁸, 汝 把
va⁴²kai⁴⁴ku³¹kak⁵ɓoi⁴² lɔ³³lai³¹, ɓin²²tɕia³¹nɔ⁴⁴kai⁴⁴lam³¹, tuaŋ²²tɕiɔ⁴⁴nɔ⁴⁴kai⁴⁴
我 的 牛 角 把 落 来 变 成 两 个 篮²⁹， 装 上 两 个
n̠iau⁵⁵kia⁴², tɕiu⁴⁴hɔ⁴²zi⁴²ɓuei⁴²tɕiɔ⁴⁴i²²koŋ²²ɗuei⁴⁴ tɕi³³n̠i⁴²la³³。
孥 囝 就 可 以 飞 上 天 宫 寻 织 女 啦。
ku³¹laŋ³¹tɕiu⁴⁴ti⁴⁴fuei²²tiaŋ⁴²hi³¹kuai⁴⁴kai⁴⁴ti³¹hau²², ku³¹kak⁵tɕiu⁴⁴lak³e²²
牛 郎 就 是 非 常 奇 怪 个 时 候， 牛 角 就 落 下
mɔ⁵⁵hou³¹øe²², tɕin²²kai⁴⁴ti⁴⁴ ɓin²²tɕia³¹nɔ⁴⁴kai⁴⁴lam³¹, ku³¹laŋ³¹tɕiu⁴⁴la³¹ nɔ⁴⁴
奵 土 下， 真 个 是 变 成 两 个 篮， 牛 郎 就 拿 两
kai⁴⁴n̠iau⁵⁵kia⁴²ɓaŋ²⁴tɕin²⁴mɔ⁵⁵lam³¹lai³¹, iɔ⁴⁴ɓun²⁴ɗa²⁴ ɗa²²hi⁴²lai³¹,na²²kam⁴²
个 孥 囝 放 进 奵 篮 里， 要³⁰粪 担³¹担 起 来，乃³²感
hiak⁵ziat³ tun⁴⁴uaŋ²²hau²⁴kuei²⁴, ɓun²⁴ɗa²⁴ tɕiu⁴⁴ɕiu⁴⁴te²²lɔ³³tit⁵ziat³ziaŋ⁴⁴,
觉 一 阵 风 透³³过， 粪 担 就 像 生 咯翼³⁴一 样，
ɗu³³zan³¹ɓuei²² hi⁴²lai³¹, ɗa³³ɗɔ³³ziat³fa²² un³¹tɕiu⁴⁴ɓuei²²hu²⁴i²²koŋ²²。
突 然 飞 起 来， 踏 着 一 蔀³⁵云 就 飞 去 天 宫。
ɓuei²²ia²²ɓuei²²ia²², mɔ⁴⁴mɔ⁴⁴tɕiu⁴⁴mi⁵⁵kua⁴²tɕiɔ⁴⁴ tɕi³³n̠i⁴²kai⁴⁴ti³¹hau²²,
飞 呀 飞 呀， 望 望 就 密³⁶赶 上 织 女 的 时 候，

ɗu³³zan³ iɔ²⁴ uaŋ³¹mai⁴²n̠iaŋ³¹n̠iaŋ³¹uat⁵in²⁴, i³¹tɕiu⁴⁴fian²⁴mɔ⁵⁵hau³¹mɔ³¹
突 然 要 王 母 娘   娘   发 现, 伊 就 趁³⁷ 妚 头 毛
tɕiɔ⁴⁴ma⁴²sut⁵ziat³kai⁴⁴kiəm²²sai²², u⁴⁴ku³¹laŋ³¹ua³¹tɕi³¹n̠i⁴²toŋ²²kan²²ziat³
上 把³⁸出 一 个   金 钗,   在 牛 郎 和 织 女 中 间 一
uei⁵⁵, liəp³het⁵sut⁵in²⁴lɔ³³ziat³ɗiɔ³¹i²²hɔ³¹,   hua⁵⁵hɔ⁴²mɔ⁴⁴vɔ³³kau²⁴ɗuei²⁴
划, 立 刻 出 现 咯 一 条 天 河, 划 好 望 勿 邁 对
min⁴⁴kai⁴⁴huai²²ɓi²², ɓoi⁴² nɔ⁴⁴naŋ³¹ke⁵⁵huei²²lɔ³³。lau⁴²hɔ⁴²tuai²²ɕiak⁵me³¹
面 的 溪 边, 把 两 侬 隔 开 咯。了³⁹许 多⁴⁰ 鹊 暝⁴¹
tɕiu⁴⁴ fuei²²tiaŋ³¹ɗaŋ³¹tɕia³¹ ku³¹laŋ³¹ua³¹tɕi⁵⁵n̠i⁴², muei⁴²fii³¹noŋ³¹lik³ɕit⁵vuei³³
就 非 常 同 情 牛 郎 和 织 女, 每 年 农 历 七 月
sɔ²²ɕit⁵kai⁴⁴ti³¹hau²², u⁴⁴tɕia³¹sai²² tɕiɔ⁴⁴øuan²²tɕia⁵⁵ɕiak⁵me⁴²ɓuei²²kau²⁴
初 七 个 时 候, 有 成 千 上   万   隻 鹊 暝 飞 邁
i²²hɔ³¹, ziat³ tɕia⁵⁵ka²⁴ɗɔ³³ziat³ tɕia⁵⁵kai⁴⁴vuei³, ɗa⁵⁵hi⁴²ziat³kai⁴⁴ɗɔ³¹ɗɔ³¹
天 河, 一   隻 衔⁴²着 一 隻 个 尾, 搭 起 一 个 长 长
kai⁴⁴hɔ⁴²tuai²²ɕiak⁵me³¹kiɔ³¹, iɔ²⁴ ku³¹laŋ³¹tɕi⁴²n̠i⁴²tɔ²²ki²⁴。
个 许 多   鹊 暝 桥, 要⁴³牛 郎 织 女 相 见。

注释:

1. 伯母: 父母。海南话称父亲为"伯"。
2. 住 ɗu⁴⁴: 在, 健在。海南话"住ɗu⁴⁴"还可表在、有。
3. 个 gɔ⁴⁴: 可表示动作完成。"伯母都勿住个", 父母都不在了。
4. 宿: 屋, 家。福建俗写作"厝"。和海南话声音不合。宿里: 家里。
5. 乃有: 只有。《海口方言词典》写作"但"。声音有点隔碍。
6. 共: 和, 连词。
7. 路 lɔu²²: 都。声母 ɗ 和 l 容易发生混同。如"老鹰"说成"叼鹰"。见故事《我家今年》。
8. 白直: 老实, 朴实。
9. 密 mi⁵⁵: 要, 想要。
10. 邁: 到。
11. 妚 mɔ⁵⁵: 可作量词、领属助词、指示词等。海南话用得很多。
12. 骹: 脚。人的脚, 引申作其他事物的底部。
13. 去: 用作表示给予的介词。"托梦去牛郎": 托梦给牛郎。
14. 有 u²²: 此处表示在。参注2, "住、在、有"通用。
15. 要: 此处是拿。
16. 衫裤: 衣服。

17. 了：用于句首，表示完了之后。
18. 转宿：回家。转：回。海南话读"回"为"转"。
19. 即样：这样。即日：这天，那天。即，指示词，这，那。
20. 把起：拿起。此"把"是动词。
21. 猛猛：快快。
22. 要：被。要，可表示拿、给、被、让等。
23. 刮开：打开。
24. 孥囝niau⁵⁵kia⁴²：小孩。
25. 乃是：但是。参注 5。
26. 啼：哭。
27. 许奺：那个。许：指示词。
28. 恶耐：难过，难受。
29. 篮：筐。
30. 要：用
31. 粪担：扁担。
32. 乃：就，于是。
33. 透：吹。
34. 翼：翅膀。
35. 葩：花、云朵等的量词。
36. 密：快要。参注 9。
37. 趁ɕian²⁴：从。
38. 把 ma⁴²：拿，取。
39. 了：同注 17。
40. 许多：那些。
41. 鹊暝：喜鹊。
42. 衔：咬。
43. 要：让。

翻译：

　　古时候，有一个年轻人，父母都不在了。家里就有一只老牛和他一起生活，大家都叫他牛郎。老牛和牛郎在一起生活。牛郎靠着老牛耕地过生活，老牛实际上是天上的"金牛星"，因为喜欢牛郎的勤劳和直白（坦诚），所以想帮他建立一个家庭。

　　有一天，金牛星得知天上的七仙女即将到村东边山脚下的湖里洗澡，它就托梦给牛郎，让他第二天早上到湖边，在那几个仙女洗澡的时候，偷偷取走一件她们挂在树上的衣服，然后径直跑回家，绝不能回头。这样牛郎就可以得到一位美丽的仙女做妻子。

到了那天早上，牛郎来到山脚下，果然看到七个仙女在湖里戏水，他马上悄悄拿起树上的一件粉色衣服，飞快得跑回了家。这个被拿走衣服的仙女就是织女，当天夜里，她轻轻敲开牛郎家的门，后来二人就成了一对恩爱的夫妻。

一转眼过了三年后，牛郎和织女生了一男一女两个小孩，一家人过得非常开心，但是，织女私自下凡的事情被玉帝得知。有一天，天上电闪雷鸣，风雨骤降，牛郎发现织女不见踪迹了，两个孩子哭着找妈妈，牛郎急得不知道如何是好，这时候那只老牛突然开口说话："不用难过，你把我的牛角拿下来，就会变成两个箩筐，装上你的两个孩子，就可以飞上天寻找织女。"在牛郎非常不解的时候，老牛的牛角竟自然而然地掉到了地上，变成了两个箩筐，牛郎把孩子放进了箩筐里，拿扁担挑着箩筐，一阵风吹过，扁担就像长了翅膀一样，突然飞了起来，他踩着一朵云就飞上了天。飞啊飞，眼看就要赶上前面的织女的时候，就被王母娘娘发现了，王母娘娘从她的头发间取出一根金簪，在二人之间一划，二人间立刻出现了一条银河，二人看不见银河的边缘。那些喜鹊非常同情二人，在每年的农历七月初七，便成千上万地飞到银河之上，一只只咬着彼此的尾巴，架起了一座长长的鹊桥，让牛郎织女相见。

十 我家今年（邱珠发音）

va^{42}ɕiu^{24}kin^{22}hi^{31}kuai^{22}tɕin^{22}tuai^{22}, ɗiau^{42}in^{22} ɗiau^{24}hu^{24}eŋ^{22}kɔk^{5}vuai^{22}。
我 宿[1] 今 年 鸡 真 多， 老 鹰[2] 叼 去 英 国 卖。
ɗiau^{24}hu^{24}eŋ^{22}kɔk^{5}vuai^{22}hɔ^{42}ke^{24}, kuei^{24}hiɔ^{22}nan^{31}ʑian^{31}va^{42}mia^{31}kuai^{22}。
叼 去 英 国 卖 好 价， 过 乡 侬 扬 我 名 高。
tɕi^{55}ti^{24}ku^{42}se^{44}lei^{44}ti^{44}kuei^{24}fii^{31}kai^{44}ti^{31}hau^{22}, na^{22}nan^{31}ɓai^{24}koŋ^{22}lau^{42}mɔ^{55}
这 是 故 事 哩 是 过 年 个 时 候， 那 侬[3] 拜 公 了 妖
ɸiɔ^{22}lei^{44}tɕiu^{44}kuei^{24}gɔ^{33},kuei^{24}gɔ^{33}lau^{42}ʑin^{31}hau^{22}kuei^{24}kuei^{42}ʑitt^{3}hau^{22}, liau^{42}øin^{22}
香 哩 就 过 个， 过 个 了[4] 然 后 过 几 日 后， 老 鹰[2]
tɕiu^{44}lia^{33}i^{31}mɔ^{55}kuai^{42}kia^{42}hu^{24}lɔ^{33}。 tɔ^{42}ʑi^{42}lei^{33}ɗuei^{44}nan^{31}lai^{31}koŋ^{42}tɕi^{55}
就 掠 伊 妖 鸡 囝 去 咯。 所 以 哩 转 侬[5] 来 讲 这
ti^{24}ku^{42}uei^{44}lai^{31}kuai^{42}tɕiau^{24}。 tɕi^{55}ti^{44}ɗeŋ^{31}mai^{44}ɗaŋ^{22}ɗi^{44}kai^{44}fuaŋ^{22}tɔk^{5}。
四 句 话 来 解 咒。 这 是 澄 迈 当 地 个 风 俗。

tsai²⁴lɔ³³lai³¹va⁴²kaŋ⁴⁴ɗua²²ke²²koŋ⁴²ʑiat³kai⁴⁴ku⁴²se⁴⁴。kɔu⁴²ti³¹hau²²,
　再　落　来　我　共⁶　大　家　讲　一　个　故事。古　时　候,
u⁴⁴nɔ⁴⁴kɔ²²ɗi⁴⁴, mɔ⁵⁵ia²²kɔ²²lei³³ti⁴⁴hak³tu²², mɔ⁵⁵lau⁴²ɗi⁴⁴lei³³ti⁴⁴,
有 两 哥弟, 奀 兄哥⁷哩是读书, 奀⁷ 老弟 哩是,
ʑiat³ɓai²²sa²²me³¹kai, øi³¹lei³³ti⁴⁴vɔ³³hak3ɗɔ³³tu²²。mɔ⁵⁵øia²²kɔ²²lei³³tɕiu⁴⁴mi³³
一 排沙目⁸个, 伊哩是勿读着书。 奀兄哥 哩就 密⁹
hu²⁴kua⁴²hau⁴², tɕiu⁴⁴kin²²kua⁴²hau⁴²。mɔ⁵⁵lau⁴²ɗi⁴⁴lei³³tɕiu⁴⁴kiau²⁴ŋe⁴⁴mi³³
去 赶 考, 上 京 赶考。 奀老弟哩就 较硬¹⁰密
n̠iam²²mɔ⁵⁵ia²²kɔ²² hu²⁴kua⁴²hau⁴², mɔ⁵⁵øia²²kɔ²²tɕiu⁴⁴kua⁴²i³¹ɗuei⁴²,
粘¹¹ 奀兄哥去赶 考, 奀兄哥就 赶伊转¹²,
i³¹vɔ³³hin⁴²ɗuei⁴², i³¹vɔ³³hin⁴²ɗuei⁴²a⁵⁴ʑiu⁴⁴n̠iam⁴⁴
伊勿 肯转, 伊勿 肯 转, 一又¹³粘
mɔ⁵⁵ia²²kɔ²², mɔ⁵⁵ia²²kɔ²²ʑiu⁴⁴kua⁴²ʑia⁴²vɔ³³kua⁴²ɗit³ɗuei⁴²。
奀兄哥, 奀兄哥又 赶 也勿 赶 得¹⁴转。
mɔ⁵⁵ia²²kɔ²² tɕiu⁴⁴ŋai⁴⁴ i³¹n̠iam⁴⁴ hu²⁴。ŋai⁴⁴i³¹n̠iam⁴⁴hu²⁴kau²⁴ɓua²⁴lou²²lei³³,
奀兄哥就 挨 伊粘¹⁵去。 挨伊粘 去遘¹⁶半路哩,
ʑiu⁴⁴kia³¹kau²⁴ʑiat³kai⁴⁴ɗi⁴⁴faŋ²², kia³¹kau²⁴ʑiat³kai⁴⁴ɗi⁴⁴faŋ²²lei³³, ti⁴⁴
又 行 遘 一个 地方, 行 遘 一个 地方 哩,是
mɔ⁵⁵ɦi²²kan²²ua²², mɔ⁵⁵ɦi²²kan²²ualɔ³³lei³³, hɔ⁴²tuai²²saŋ³¹suan³¹ɓou⁴⁴te²⁴
奀天干旱,奀天干旱咯哩, 许多 塍 全 部 处¹⁷
ɓit⁵kɔ⁴⁴lɔ³³。ʑiat³ham²⁴ham²⁴kɔ⁴⁴lɔ³³, te²⁴ɓit⁵ɗua²²ɗua²²ʑiat³ham²⁴kɔ⁴⁴,
瘪¹⁷个咯。一 邕 邕¹⁹个咯, 处瘪大大 一 邕 个,
mɔ⁵⁵lau⁴²ɗi⁴⁴tɕiu⁴⁴koŋ⁴² øa³³kɔ²²øa⁵⁵,
奀老弟就讲: 啊哥啊,
lu⁴²a⁴⁴ʑiu⁴⁴hak³tu²², lu⁴¹ɓat⁵tɕi⁵⁵tuai²²mɔ⁵⁵ saŋ³¹te²⁴kan²²ua²²,
汝一又读书,汝识这多 奀田 处干旱,
tuai²²saŋ³¹toŋ⁴²te⁵⁵ɓit⁵kɔ³³, hak³tu²²tɕiɔ⁴⁴ti⁴⁴ɗioŋ⁴⁴tɔ⁵⁵kiɔ²⁴? mɔ⁵⁵ia²²kɔ²² tɕiu⁴⁴
多塍²⁰总²¹处瘪个, 读书 上是怎作叫? 奀兄哥就
koŋ⁴²: tsoŋ⁴⁴tɕiu⁴⁴kiɔ²⁴tɔ⁵⁵in²⁴kan²²lit³, mɔ⁵⁵saŋ³¹te⁵⁵kan²²ua²²kɔ⁴⁴,
讲: 这样就 叫 做显干裂,奀塍处干旱个,
i³¹kiɔ²⁴tɔ⁵⁵øin⁴²kua²²lii³。mɔ⁵⁵lau⁴²ɗi⁴⁴
伊叫做(显)干裂。奀老弟
tɕiu⁴⁴hik⁵liau⁴²ɗɔ³³kɔ⁴⁴lɔ³³, i³¹naŋ³¹tɕiu⁴⁴ki⁴²tua²⁴tɕiɔ⁴⁴kua⁴²hau⁴²
就 忆 了 着个咯,伊侬 就继续上 赶考,

tɕiɔ⁴⁴kin²² kua⁴²hau⁴², ki⁴²tua²⁴u⁴⁴lou⁴⁴tɕiɔ⁴⁴a⁵⁵ʑiu⁴⁴kia³¹,kia³¹kia³¹kia³¹,
上 京 赶 考,继续在 路 上 一 又¹³行, 行 行 行,
i³¹naŋ³¹ tɕiu⁴⁴kia³¹kau²⁴hɔ⁴²tuai²²ɗiam²⁴kia⁴²,
伊 侬   就 行 遘 许多²² 店 囝²³,
am²⁴kɔ⁴⁴lɔ³³ti⁴⁴vɔ³³, i³¹nɔ⁴⁴ kɔ²²ɗi⁴⁴ tɕiu⁴⁴lɔ³³ mɔ⁵⁵ɗiam²⁴kia⁴²
暗 个²⁴咯是 勿²⁵,伊两哥弟 就落²⁶ 奀 店   囝
hɔ⁴²le²⁴kɔ⁴⁴, hu²⁴le²⁴kɔ⁴⁴kuei²⁴me³¹。kuei²⁴me³¹øai²⁴huai⁵⁵。ai⁴²huai⁵⁵lei³³,
许里²⁷个, 去里个 过 暝²⁸。过 暝 偓 瞌²⁹。偓 瞌 哩,
hɔ⁴²me³¹uei²²mɔ⁵⁵ɦi²²ti⁴⁴mua²²ɦi⁴⁴se²², mɔ⁵⁵ɦi⁵⁵seŋ²² seŋ²² seŋ²² seŋ²²,
那 暝 昏 奀天是 满 天 星, 奀天 清 清   清 清,
lau⁴²ŋam⁵⁵ŋam⁵⁵ ti⁴⁴sou²²kuei⁴², na²²ti⁴⁴ɓua²⁴ɓai³¹vuei³³,
了³⁰ 啫 啫³¹是 初 几, 乃是³²半 排月³³,
ɓua²⁴ɓai³¹vuei³mɔ⁵⁵hi²²seŋ² seŋ²²mua⁴²ɦi²²se²²。
半 排 月奀 天清 清 满 天星。
tɕi²²e²² nɔ⁴⁴ kɔ²²ɗi⁴⁴tɕia³³moi³¹lɔ³³hau⁵⁵ tɕiu⁴⁴ai⁴², ai⁴²u⁴⁴
这 下 两 哥弟 食 糜 了 后 就 偓, 偓在
kou⁴² ti³¹hau²²ti⁴⁴iɔ²⁴⁴hɔ⁴²tuai²²ɕiɔ³³lai³¹ai⁴²u⁴⁴ mɔ⁵⁵ ka²²ɗia³¹lai⁴²lɔ³³,
古 时 候 是 要 那 多 席 来 偓 有³⁴ 奀 个 庭³⁵里 咯,
ai⁴²u⁴⁴ka²² ɗia³¹lai⁴²lɔ³³ ɔ⁴⁴ ɦi²²tɕiɔ⁴⁴kai⁴⁴se²², mɔ⁵⁵lau⁴²ɗi⁴⁴
偓 有个 庭 里 咯 映³⁶天 上 个星, 奀老 弟
tɕiu⁴⁴muei²² mɔ⁵⁵ia²²kɔ²²koŋ⁴²:
就 问   奀兄 哥讲:
"a³³kɔ²²a⁵⁵, a²⁴ti⁴⁴ tioŋ⁴² mɔ⁵⁵hi²² tɕi⁵⁵seŋ²²lɔ³³, suan²²ɦi²¹toŋ⁴²ti⁴⁴se²²lɔ³³,
"阿哥 啊, 阿是³⁷[底样]³⁸奀 天 即³⁹清 咯, 全⁴⁰ 天 总 是星 咯,
na²²ɓua²⁴kai⁴⁴vuei³³,
乃⁴¹半 个 月,
ɗioŋ⁴²tɔ⁵⁵koŋ⁴²a³³?" mɔ⁵⁵ia²²kɔ²²tɕiu⁴⁴koŋ⁴²: "toŋ⁴²seŋ²²san²⁴lan²²,
[底样]作 讲 啊? 奀兄 哥 就   讲:"众 星 灿 烂
vɔ³³ɓi⁴²ɓua²⁴zuat³tse²²kuan²²mia³¹。" tɕi²²e²² mɔ⁵⁵lau⁴²ɗi⁴⁴ hik⁵ɗiɔ³³ɗɔ³³
勿比半 月 之 光   明。 这下 奀 老 弟 忆 着 着
tɕi²²tuai²²uei⁴⁴kɔ⁴⁴。 au⁴⁴lai³¹kau²⁴kin²²lɔ³³au⁴⁴lei³³, i²² mɔ⁵⁵ia²²kɔ²²
即 多⁴² 话 个。 后 来 遘 京 了 后 哩, 伊 奀兄 哥
tɕiu⁴⁴lɔ³³hu²⁴ kua⁴² hau⁴², tɕiu⁴⁴i²² mɔ⁵⁵ia²²kɔ²² lɔ³³hu²⁴ hau⁴²ɕi²⁴ kɔ⁴⁴。
就 落去⁴³ 赶 考 , 就伊 奀兄 哥落去 考 试 个。

mɔ⁵⁵lau⁴²ɗi⁴⁴lei³¹ ti⁴⁴vɔ³³hak⁵tu²² kai⁴⁴, i³¹tɕiu⁴⁴
伲 老 弟 哩 是 勿 读 书 个， 伊 就
tse⁴⁴u⁴⁴tɕi⁵⁵ua²²ɗan⁴²。 ɗan⁴²mɔ⁵⁵ia²²kɔ²²lai³³hau⁴²ɕi²⁴ɓaŋ²⁴fiai²²lɔ³³ , ɗan⁴²
坐 在 即 外 等。 等 伲 兄 哥 来 考 试 放 个 咯， 等
mɔ⁵⁵ia²²kɔ²²sut⁵, i³¹lei³³tɕiu⁴⁴tse⁴⁴hɔ⁴²ɗan⁴²。 mɔ⁵⁵tu⁴²hau⁴²kua²² tɕiu⁴⁴
伲 兄 哥 出， 伊 哩 就 坐 好 等。 伲 主 考 官 就
kia³¹kia³¹kia³¹ lei⁴⁴tɕiu⁴⁴sut⁵lai³¹ki²⁴øi³¹, ki²⁴i³¹
行 行 行 哩 就 出 来 见 伊， 见 伊
tse⁴⁴tɕi⁵⁵øua²², tɕiu⁴⁴muai²²i³¹koŋ⁴²: lu⁴²tɔ⁵⁵mi³³lɔ³³vɔ³³hu²⁴ hau⁴²ɕi²⁴lei³³?
坐 即 外， 就 问 伊 讲： 汝 做 乜⁴⁴咯 勿 去 考 试 哩？
i³¹koŋ⁴² i³¹tɕiu⁴⁴tse⁴⁴tse⁴⁴i³¹vɔ³³in²⁴ mɔ⁵⁵ tu⁴²hau⁴²kua²²lɔ³³。 lau⁴²
伊 讲 伊 就 静 静 伊 勿 应 伲 主 考 官 咯。 了³⁰
mɔ⁵⁵ tu⁴²hau⁴²kua²²
伲 主 考 官

tɕiu⁴⁴koŋ⁴²: tɔ⁵⁵mi³³ lu⁴²tɕi⁵⁵tiŋ⁴²ʑin²⁴lei³³, naŋ³¹ɗiaŋ⁴⁴ lau⁴²ti⁴⁴lai³¹ hau⁴²
就 讲： 作 乜 汝 这 顶 瘾⁴⁵ 哩， 侬 [底侬]⁴⁶ 了 是 来 考
ɕi²⁴kai²⁴lɔ³³, lu⁴²tse⁴⁴ tɕi⁵⁵ua²² tɔ⁵⁵mi³³? lau⁴²lu⁴² hak³kuei²⁴tu²⁴vɔ³³? i³¹tɕiu⁴⁴
试 个 咯， 汝 坐 这 外 做 乜？ 了³⁰汝 读 过 书 勿？ 伊 就
koŋ⁴² "va⁴¹ hak³kuei²⁴。" lau⁴²mɔ⁵⁵tu⁴²hau⁴²kua²² tɕiu⁴⁴muai²² i³¹ koŋ⁴²: "lu⁴²
讲 "我 读 过。" 了³⁰伲 主 考 官 就 问 伊 讲： " 汝
hak³kuei²⁴mi³³tu²²? i³¹ koŋ⁴²va⁴¹ hak³kuei²⁴ in⁴²kan²²lit³, mɔ⁵⁵ tu⁴²hau⁴²kua²²
读 过 乜 书？" 伊 讲： 我 读 过 显 干 裂， 伲 主 考 官
tɕiu⁴⁴tiɔ⁴² tiɔ⁴² tiɔ⁴² tiɔ⁴²,
就 想 想 想 想,
naŋ³¹hɔ⁴²tuai²²tu²²lou⁴⁴hak³kuei²⁴, naŋ³¹ lou²²vɔ³³kin²²ki²⁴in⁴²kan²²lit³ɗɔ³³。
侬⁴⁷好 多 书 路⁴⁸读 过， 侬⁴⁷路⁴⁸勿 经 见（显）干 裂 着。
mɔ⁵⁵tiau⁴²kau⁴² tɕi⁵⁵tuai²²ɔ³³ɓat³ʑiaŋ²²ɕiam²²sau²⁴lɔ³³, naŋ³¹lou²²vɔ³³ kin²²ki²⁴
伲 小 狗 即 多 学 识 样 深 凑⁴⁹咯， 侬 路 勿 经 见
in⁴² kan²²lii³, na²²ti⁴⁴naŋ³¹lei³³naŋ³¹iɔ⁴⁴tɔ⁵⁵kua²²kai⁴⁴ toŋ⁴²ti⁴⁴ŋou⁴²kuan²²ɗuan²²
显 干 裂， 乃 是 侬 哩 侬 要 作 官 个 总 是 五 官 端
tɕia²⁴kai⁴⁴lɔ³³, lu⁴²ʑiat³ɓai³¹sa²²me³¹kɔ⁴⁴ɔ³³, ɗioŋ⁴²tɔ⁵⁵ tɔ⁵⁵? va⁴²lau⁴²tiɔ⁴²iɔ²⁴lu⁴²la⁵⁵,
正 个 咯， 汝 一 排 沙 目 个 咯 [底样]作 作？ 我 了⁵⁰想 要⁵¹汝 啦，
na²²ti⁴⁴lu⁴²ʑiat³ɓai³¹mak³³lau⁴² sa²²me³³kɔ⁴⁴lɔ, ɗioŋ⁴²tɔ⁵⁵iɔ²⁴? i³¹tɕiu⁴⁴ɗioŋ⁴²tɔ⁵⁵
乃 是 汝 一 排 目 了 沙 目 个 咯, [底样]作 要？ 伊 就 [底样] 作

koŋ⁴²a³³, i³¹ koŋ⁴²: "toŋ⁴² seŋ²²san²⁴lan²², ti⁴⁴vɔ³³ɓi⁴²ɓua²⁴zuat³ tse²²kuaŋ²²mia³¹."
讲 啊，伊讲："众 星 灿 烂,是 勿 比 半 月 之 光 明。"
kai⁴⁴i²⁴ɕi²⁴lei³³ tɕiu⁴⁴ti⁴⁴ koŋ⁴²mua²²hi²²se²²llɔu⁴⁴vɔ³³ɗaŋ³¹lu⁴²ɓua²⁴ɓai²²vuei³³kai⁴⁴
个 意 思 哩 就 是 讲 满 天 星 路 不 同 汝 半 排 月 个
kuaŋ²²mia³¹, vɔ³³ɓua²⁴ɓai²²vuei³³kuaŋ²²lɔ³³. i³¹ koŋ⁴²: "lu⁴²naŋ³¹uei⁴⁴ lau⁴²
光 明, 勿 半 边 月 光 咯。伊讲："汝 侬 会 了
te²²iɔ⁴⁴？
生 样？
Va⁴²ziat³ɓai³¹me³¹tɕiɔ²⁴iɔ⁴⁴tɔ⁵⁵ɗit³kua²²!" mɔ⁵⁵tu⁴²hau⁴²kua²²tɕiu⁴⁴koŋ⁴², mɔ⁵⁵
我 一 排 目 照 样 做 得 官！" 奺 主 考 官 就 讲， 奺
tio⁴²kau⁴² tɕiu⁴⁴ti⁴⁴øuei⁴⁴a³³, i³¹hak³hɔ⁴²iam²⁴tu²², naŋ³¹lau⁴²vɔ³³ɓat⁵ tɕi⁵⁵tuai²²
小 狗 就 是 会 啊，伊读 许 厌⁵² 书，侬 了 勿 别⁵³ 即 多
mi³³lɔ³³, tɕiu⁴⁴ti⁴⁴ "toŋ⁴² seŋ²²san²⁴lan²²? tɕiu⁴⁴ti⁴⁴ vɔ³³ɓi⁴² "ɓua²⁴zuat³ tse²²
物 咯， 就 是 众 星 灿 烂? 就 是 不 比"半 月 之
kuaŋ²²mia³¹."
光 明。
tɕi²²e²²mɔ⁵⁵ tu⁴²hau⁴²kua²²lei³³ tɕiu⁴⁴ iɔ²⁴ i³¹tɔ⁵⁵kua²², han²⁴øau⁴⁴ i³¹ mɔ⁵⁵
这 下 奺 主 考 官 哩 就 要⁵⁴伊做 官， 趁⁵⁵后 伊 奺
ia²²kɔ²² tɕiu⁴⁴iɔ²⁴ɗaŋ²²ɲiam²²suei³¹, tɕiu⁴⁴ ɗaŋ⁴²zi³¹in⁴⁴na²² kai⁴⁴mit⁵tu²².
兄 哥 就 要 当 粘 随⁵⁶, 就 等 于 现 旦⁵⁷个 密 书⁵⁸。

注释：

1. 我宿：我家。

2. 老鹰 ɗiau⁴²in²²：老, 此读 ɗiau⁴²。可见 ɗ 声母和 l 声母语流中有读同的情形。下文就作 liau⁴²in²²（老鹰）。

3. 那侬 na²²naŋ³¹：咱们。有的读成 nan²²naŋ³¹。都是口语中连读音变的一种现象。

4. 过个了：是完了，表示动作的结果。这里"个""了"都表示完了，是同义叠用。

5. 转侬 ɗuei⁴⁴naŋ³¹：找人。转 ɗuei⁴²，是回去。

6. 共：和。

7. 奺兄哥：那哥哥。奺老弟：那弟弟。上文"掠伊奺鸡团"，就是抓他的小鸡。奺，表领属意。

8. 一排沙目 ziat³ɓai²²sa²²me³¹：一边眼瞎，此指一只眼睛；
沙目 sa²²me³³（又作"青目 se²²me³³"），瞎眼。

9. 密 mi^{33}：要，想。也读：mi^{55}/ ve^{22}。
10. 较硬：硬要。
11. 黏ȵiam^{22}：跟随。
12. 转ɗuei^{42}：回去。参上注5。
13. 一又 a^{44}ziu^{44}：一直。一，又读 a^{44}。
14. 勿赶得：赶走（他弟）不成。就是"赶无得"。
15. 挨伊粘 ŋai^{44} i^{31}ȵiam^{44}：让他跟随。
16. 邌：到。
17. 处：处处，到处。
18. 瘪：干涸状，指土地干裂。
19. 𪒠𪒠ham^{24}ham^{24}：土地干裂得像罩着的壳。
20. 多塍：这些田。这个"多"，相当于量词。此表确指。
21. 总：都。
22. 许多：那些。许：远指词。多：表复数，相当于"些"。
23. 店囝：小店。
24. 暗个：天黑了。
25. 是勿：句末用作语气词"吧"。
26. 落：进入。
27. 许里：那里。
28. 过暝：过夜。
29. 偃瞓：躺下睡觉。
30. 了：处于句首，就像是句首连接词。表示事情完了、接着、那么等。
31. 啱啱：刚刚，才。
32. 乃是：才是。
33. 半排月：半边月。
34. 有：在。有、在同音。
35. 庭：露天的庭院。
36. 映：望。映天上个星：望天上的星。
37. 阿是：这是。
38. [底样] tioŋ^{42}：怎么。是"底样"的合音。可直接写作"底样"。
39. 即 tɕi^{55}：这么。
40. 全：整个。
41. 乃：只。乃半个月：只有半个月亮。
42. 即多：这些。
43. 落去：进去，进入。

44. 做乜：做什么。
45. 顶瘾：有兴味。
46. 侬[底侬] naŋ³¹ɗiaŋ⁴⁴：人谁，人们。侬：人。ɗiaŋ⁴⁴，是[底侬]的合音，表示谁。
47. 侬：咱们，称自己。
48. 路：都，全。
49. 凑：又加上，还。
50. 了：就算。
51. 要：用，录用。
52. 厌 iam²⁴：多。
53. 别：懂。
54. 要：让。
55. 趁：从，从此。
56. 粘随：随从。
57. 现旦：现在。
58. 密书：秘书。

翻译：

"我家今年鸡有很多，老鹰叼了去英国卖。吊去英国卖个好价钱。回到家乡别人赞扬我的名声高"。这则故事是过年的时候人们祭祖的时候，因为点的香灭了，灭了几天后老鹰就把人们养的鸡仔弄走了。所以就找人来讲这四句话来解咒。这是澄迈当地的风俗。

接下来我再给大家讲一个故事。古时候，有两兄弟，哥哥是读书的，弟弟是一只眼睛瞎的。弟弟没有读过书，哥哥要去上京赶考，弟弟非要跟随哥哥一起去。哥哥不同意，把他赶回家，弟弟不肯。弟弟一直跟随着哥哥，怎么赶都不回去。他们走到半路一个地方，这个地方是一个干旱之地，土地都已全部干裂，地上裂开了一道道口子。弟弟问哥哥："哥，你一直读书，那你可知道土地干旱后全部裂开了在书上是怎么说的吗？"哥哥回答：这样就叫（显）干裂，土地全部干旱破裂就叫作（显）干裂。弟弟便记住了，他们继续上京赶考，继续在路上一直走。走啊走，走到了天黑，他们就走到一间小店。他们两兄弟就进了那个小店，在里面住宿过夜。当晚的夜空满天繁星，天空格外得清澈，刚刚好是一个月中的初几，月亮只有一半，是一轮弯月。古时候人们是拿席子躺在空旷的院子里看天上的星星，两兄弟吃过饭后，他们两个也躺着看星星。弟弟又问："哥，这是怎么了这天空如此清澈，满天都是星，只有半轮明月，这个怎么说啊？"哥哥答道：

"众星灿烂，不比半月之光明。"弟弟又记住了这些话语。后来二人抵达京城，哥哥去考试了，因弟弟是没读过书的人，他就坐在考场外面等待，等哥哥考试考完出来。再等考场中的主考官走出来，主考官出来看到了弟弟坐在考场外，便问：你为什么不参加考试？弟弟静静地不回答，后来考官又说：为何你如此搞笑，所有人都来考试，而你在外面做什么？你可曾读过书？弟弟说："我读过啊！"后来考官问他："你读过什么书？"弟弟："我读过显干裂"，考官心想：咱好多书都读过，咱完全没见过"显干裂"。这小子真还有这些学问呢。我们都不懂"显干裂"。只是做官都是五官端正，你一眼瞎了怎么做官啊？我就是想让你当官，你一只眼瞎了怎么让你当呢？他就怎么讲啊，他讲："众星灿烂，是不如半月之光明。"这意思呢就是讲就是满天星了也不如半个月亮的光明。没有半个月亮光明。他说，你们是满天星又怎样呢？我一个眼，照样能做官。那主考官就讲：那小子真能啊，他读那么多书，咱都不懂这些东西，就是"众星灿烂"，就是"不比半月之光明"。

这下那主考官就让他做官了，随后又让他哥当他的随从，就是相当于现在的秘书。

参考文献

北京大学中国语言文学系语言学教研室编：《汉语方言词汇》，语文出版社 1995 年版。
陈波：《海南省志（方言志）》，南海出版公司 1994 年版。
陈鸿迈：《琼州方言训读字补》，《方言》1993 年第 1 期。
陈鸿迈：《海口方言词典》，江苏教育出版社 1998 年版。
陈有济：《儋州话研究》，儋州市文化馆，2019 年。
陈云龙：《旧时正话研究》，中国社会科学出版社 2006 年版。
陈云龙：《马兰话研究》，暨南大学出版社 2012 年版。
澄迈县志编委会：《澄迈县志》，海南出版社 2008 年版。
杜依倩：《海口方言训读字再补》，《语文研究》2008 年第 4 期。
杜依倩：《海口方言语音研究》，海南出版社 2009 年版。
段玉裁：《说文解字注》，上海古籍出版社 1981 年版。
黄雪贞：《梅县方言词典》，江苏教育出版社 1995 年版。
李方桂：《龙州土语》，商务印书馆 1940 年版。
李方桂：《李方桂先生口述史》，清华大学出版社 2003 年版。
李新魁、黄家教、施其生、麦耘、陈定方：《广州方言研究》，广东人民出版社 1995 年版。
梁猷刚：《琼州方言的训读字》，《方言》1984 年第 2 期。
梁猷刚：《琼州方言的训读字（二）》，《方言》1984 年第 2 期。
梁猷刚：《海南岛文昌方言音系》，《方言》1986 年第 2 期。
刘新中：《海南闽语的语音研究》，中国社会科学出版社 2007 年版。
钱奠香：《海南屯昌闽语语法研究》，云南大学出版社 2002 年版。
王彩：《琼南闽语语法研究》，吉林大学出版社 2009 年版。
云惟利：《海南方言》，澳门东亚大学，1987 年。
谢留文：《客家方言语音研究》，中国社会科学出版社 2003 年版。
辛世标：《海南闽语比较研究》，商务印书馆 2013 年版。
徐中舒：《汉语大字典》，四川辞书出版社、湖北辞书出版社 1986 年版。

许宝华、宫田一郎：《汉语方言大词典》，中华书局 1999 年版。
詹伯慧、张振兴主编：《汉语方言学大词典》，广东教育出版社 2016 年版。
张均如等：《壮语方言研究》，四川民族出版社 1999 年版。
张惠英：《闽南方言常用指示词考释》，《方言》1994 年第 3 期。
张惠英：《指示词"者、这"考》，原载香港中文大学《中国文化研究所学报》新第六期"中国文化研究所三十周年纪念"，收入 2001《汉语方言代词研究》，语文出版社 1997 年版。
张惠英：《从〈旧时正话研究〉说起》，《南方语言学》2014 年第 6 辑。
张振兴、蔡叶青：《雷州方言词典》，江苏教育出版社 1998 年版。
赵元任：《赵元任语言学论文集》，商务印书馆 2007 年版。
周长楫：《厦门方言词典》，江苏教育出版社 1998 年版。